히브리 지혜전승의 변천과
기독교의 기원

히브리 지혜전승의 변천과 기독교의 기원

2016년 6월 20일 초판 1쇄 발행
2023년 12월 6일 초판 3쇄 발행

지은이 | 안근조
펴낸이 | 김영호
펴낸곳 | 도서출판 동연
등   록 | 제1-1383호(1992. 6. 12)
주   소 | (03962) 서울시 마포구 월드컵로 163-3
전   화 | (02)335-2630
전   송 | (02)335-2640
이메일 | yh4321@gmail.com / h-4321@daum.net

ISBN 978-89-6447-322-1 93320

이 저서는 2012년 정부(교육부)의 재원으로 한국연구재단의 지원을 받아 수행된
연구임 (NRF-2012S1A6A4017825)

DEVELOPMENT OF THE HEBREW
WISDOM TRADITION AND
THE ORIGIN OF CHRISTIANITY

히브리 지혜전승의 변천과
기독교의 기원

안근조 지음

동연

지혜전승 · 지혜정신 · 지혜신학,
성서신학을 향한 이정표

이 책은 이스라엘 신앙의 지혜전승을 구·신약성경을 아우르는 사상적 틀로 살핀다. 유대교공동체가 '타낙'(Tanakh)이라고 부르는 구약성서에는 신앙공동체의 경전이 토라→ 예언서→ 성문서 순으로 구성되어 있다는 암시가 새겨져 있다. 토라가 예언서를 낳았고, 토라의 일상적 적용이 케투빔으로 이어졌다고 보는 것이다. 즉, 토라를 타낙의 들머리로 본다. 하지만 이 책은 타낙의 본체를 케투빔이 펼쳐놓는 지혜정신으로 본다. 히브리 지혜전승은 타낙의 맺음말이 아니라 타낙 전체를 이끌어가는 이스라엘 신앙의 본바탕이라는 것이다. 여태껏 토라나 예언이 차지하던 자리를 히브리 지혜전승으로 대치해 놓았다. 이 책의 기여가 여기에 있다. 이스라엘 신앙의 바탕을 지혜전승으로, 헤브라이즘(Hebraism)의 본질을 지혜정신으로, 기독교 신앙의 요체를 지혜신학으로 보게 한다.

이 책의 작업은 통시적이다. 제2성전기 당시 에스라의 토라운동에서 시작된 이른바 '율법신학과 지혜신학의 만남'이 구·신약 중간기인 헬레니즘 시대를 거쳐 초기 기독교공동체에 이르게 되는 여정을 해석학적으로 관찰하고 있다. 에스라 시대 때 유대공동체가 '모세의 율법'이라는 틀에서 구현하고자 했던 창조세계의 질서가 신약의 '지혜 기독론'에 도달하기까지, 어떤 해석·재해석·변혁의 과정을 거쳤는지를 살피고 있다. 그런 토대에서 구약의 지혜신앙을 구·신약성경을 아우르는 사상적 틀로 제시한다. 그만큼 구약의 가르침을 신약의 터전으로, 신약의 복음을 구약의 토대에서 보게 하며 독자들로 하여금 성서신학에 성큼 다가서서 구약과 신약을 총체적으로 대하게 만든다.

이 책은 한국교회의 지평 위에 창조신앙의 정당성을 새롭게 구축하는 이정표를 세우고 있다. 전통적으로 교회는 하나님의 역사를 구속사의 맥락에서 수렴해 왔다. 구약에서 신약에 이르는 신학적 맥을 하나님의 구속사라는 흐름으로 새김질해 왔다. 구약의 창조신앙도 구속사의 들머리로 간주하고자 했다. 이 점에서 이 책은 기존의 전통적 신학풍토에 일정 부문 이의를 제기한다. 창조신앙이 구속사의 들머리가 아니라 하나님의 구속사를 창조신앙의 적용과 응용으로 보는 길로 우리를 이끈다. 그만큼 이 책은 구속사신학 일변도의 한국교회에 창조신앙의 정당성과 역동성을 지혜정신에서 되새겨보게 하는 열매를 거두고 있다.

유대신앙공동체는 성경을 가리켜 '미크라'(Miqra)라고 부른다. 성경은 단순한 책이 아니라 그 독자를 하나님의 백성으로 부르는 소리라는 것이다. 즉, 성경말씀을 글자로 보게 하지 않고 그 글자를 읽는 자들로 하여금 하늘의 소리를 듣게 하는 경전으로 곧추세운다. 이 책『히브리 지혜전승의 변천과 기독교의 기원』도 이런 '미크라' 역할을 한다. 저자는 이 책을 진지하게 대하는 독자들을 하나님의 소리 앞에 서게 한다. 무엇이 지혜전승이고, 왜 지혜전승이고, 지혜전승이 어떻게 기독교 신앙의 신학적 사색을 형성하는 진지한 도구가 되는지를 하나씩 새겨듣게 한다. 이 책을 독자들에게 널리, 적극 추천하는 이유가 여기에 있다. 이 책은 한국교회의 신학자, 목회자, 신학생들에게 기독교 신앙의 참 근원이 구약의 샘이라는 것을, 그리고 그 샘의 원천(源泉)이 '히브리 지혜전승'이라는 것을 깨닫게 해주는 소중한 '소리'가 될 것이다.

왕 대 일
(감신대 구약학 교수, 전 한국구약학회 회장)

머 리 말

2008년 봄 한국신학정보연구원 주최 세미나에서 지혜문학의 대가 Leo G. Perdue(텍사스 크리스천 대학교)가 "Current Issues in OT Wisdom Literature"라는 제목으로 특강을 한 적이 있었다. 그의 강의가 끝나자마자 손을 들고 질문했다. "왜 전도서(Ecclesiastes)와 시락서(Ecclesiasticus)는 같은 지혜서인데도 불구하고 내용이 그토록 정반대인가?" 즉 전도서가 반(反)인과응보주의라면 오히려 시락서는 철저히 지혜문학의 인과응보 교리를 강화하고 있는 점이 궁금했다.

내 기억으로는 Perdue 교수가 시대상황적 배경을 간결하게 언급하면서 다른 질문에 대한 답변으로 옮겨갔다. 만족스럽지 못했다. 그때 이후 계속해서 지혜문학의 변천에 대한 질문에 관심을 갖게 되었다. 특히 2003년 보스톤에서 욥기에 대한 박사 논문을 제출한 이래 줄곧 기존의 구약신학 연구에서 밝혀지지 않았던 반전통주의적 지혜전승의 흐름에 집중하고 있었던 터라 히브리사상의 발전과정 가운데 욥기와 전도서에서 나타났던 반인과응보론의 목소리가 이후 시락서나 솔로몬의 지혜서에서는 더 이상 들리지 않는 이유가 항상 의문이었다. 보수적 정경화의 과정이 한 몫을 차지했을 것이며 유대주의 랍비들의 율법중심의 전통적 입장이 또 다른 원인으로 작용했을 것이다. 그러나 흥미로운 사실은 히브리 지혜전승은 유대주의와 정경화의 보수적이고 전통적인 흐름 속에서도 여전히 반전통주의, 변혁주의의 목소리를 들려주고 있다는 사실이다. 더군다나 헬레니즘의 강력한 현실적 도전 속에서 율법과 지혜의 통합이라는 길을 가는 상황에서도 전도서의 목소리는 시락서와 나란히 존재하고 있는 것이다.

히브리 지혜전승의 다양성과 동화능력, 그리고 특정한 역사적 상황에 상응하는 통합적 적응력의 사정을 추적하고 싶었다. 이를 통해 무엇이 구약성서의 지혜문학의 원리이며 지혜자 써클의 주된 관심은 어디에 있었는지, 무엇이 전통과 개혁의 입장을 적절하게 조절할 수 있도록 했는지 관심하고 밝히고 있는 것이 본서의 주된 과제로 다루어지게 되었다. 그러나 연구가 일단락된 현시점에서 여전히 만족스럽지 못하다. 전체적인 히브리 지혜전승의 변천사를 조망하는 단계에 그쳤을 뿐 더욱 날카로운 연구와 분석은 열린 과제로 미루어진 느낌이다. 연구의 미진함은 모두 나의 학문적 역량의 한계와 시간적 제약 때문임을 고백할 수밖에 없다.

그러나 그럼에도 불구하고 본 연구서는 이 분야의 개척자로서 한국 구약학계에서 지혜문학 연구의 새로운 과제를 제시하고 있다고 자평해 본다. 왜냐하면 본 연구서는 구약학과 신약학의 개별적 학제 구분이라는 기존의 학문적 경향을 따르지 않고 도리어 통합적 방향을 선택하고 있기 때문이다. 즉, 기독교 신앙의 경전인 성경 전체의 관점에서 구약학의 히브리지혜문학의 전통이 신약학의 원시 기독교 형성단계에 어떻게 수렴되고 작용하고 있는가를 전체적인 전승사의 흐름 가운데 밝히려고 시도했기 때문이다. 그리고 이러한 시도가 가능했던 것은 연구대상인 지혜전승 자체가 초기 예수 운동과 기독교 형성에 직접적인 관련이 있었기 때문이다. 지혜 여인의 정체성과 역할이 예수의 정체성과 사역에 잇닿아 있고 유대주의의 전통을 그대로 전수한 사도 바울의 기독교 정신에서 변혁되어 드러났기 때문이다: "오직 부르심을 입은 자들에 게는 유대인이나 헬라인이나 그리스도는 하나님의 능력이요 하나님의 지혜니라"(고전 1:24). 과연 히브리 지혜전승의 흐름이 없었다면 공관복음서의 자료인 Q자료가, 요한복음의 로고스기독론이, 바울의 십자가에 달리신 역설적 지혜 기독론이, 일반서신의 가르침이 가능했을까 묻지 않을 수 없다. 구약학에서의 지혜문학 연구가 신약학에서의 원시기독교의 기원 논의와 관련되어 토론되고 있다는 사실에서 본 연구서의 의의를 찾을 수 있겠다.

본서가 저술되고 출판될 수 있었던 것은 한국연구재단의 '인문 저술지원사업'의 혜택으로 가능했다. 특히 이를 소개해준 호서대 기독교학과의 동료인 현우식 교수의 덕이다. 항상 도움을 주고 격려해주는 친밀한 동료에게 이 자리를 빌려 감사의 마음을 전한다. 늘 즐겁고 유쾌한 학문과 토론의 장을 제공해주는 호서대 연합신학 전문대학원 교수님들과 학생들의 통찰이 본 연구서의 바탕이 되었다. 안정되고 든든한 기반인 부모님과 아내 그리고 두 아들은 하나님의 은혜요 선물이다. 바쁘신 일정 가운데 추천의 글을 쾌히 수락해 주신 평생의 은사 왕대일 교수님께 감사를 드린다. 끝으로, 동연의 김영호 사장님과 편집부 관계자분들에게 졸저를 명저답게 꾸며 출판해 주심에 심심한 감사를 전한다.

2016년 5월 아름다운 창조의 계절에

안 근 조

차 례

일러두기
이 책에서 인용되는 시락서와 지혜서의 본문은 한국 천주교 주교회의 2005년 『성경』
임을 밝힌다.

서 론
왜 지혜전승인가?

기독교의 경전인 성경을 해석함에 있어서 '전승'이라는 개념은 무척 중요하다. 성경형성의 역사가 크고 작은 전승들의 총합으로 설명되기 때문이다. 본 책에서 '히브리 지혜전승'을 논하는 이유는 다양한 구약성서의 사상적 흐름들 가운데 오경전승이나 예언전승에 비하여 그동안 간과되어져 왔던 그러나 뚜렷한 한 흐름인 지혜전승을 제대로 주목함으로써 온전한 구약성서의 이해를 도모하고자 함이다. 더 나아가 구약성서와 신약성서 사이에도 여전히 수많은 고대 이스라엘의 흐름들이 유대주의라는 새로운 옷을 입고 또 동시에 헬레니즘이라는 용광로를 통과하여 초기 기독교로 수렴되고 있기에 이 격동기에 지혜전승 변천의 분석은 예수의 활동과 기독교의 복음형성의 본질적 의미를 밝혀주는 또 다른 해석학적 틀을 제공해 줄 수 있다. 따라서 이 책의 목적은 고대 이스라엘의 지혜전승이 신·구약 중간기의 헬레니즘 시대에 어떠한 변천과정을 겪는가를 추적하고 더 나아가 초기 기독교 형성에 어떠한 사상적 토대를 마련하고 있는가를 발견하는 데 있다. 이를 통하여 그동안 묻혀 있었던 구약성서의 지혜정신의 유산이 신약성서의 복음 그리고 예수 그리스도의 삶에 어떻게 반영되는가를 문학전승사적으로 관찰할 수 있게 될 것이다.

히브리 지혜전승을 주요 과제 대상으로 삼고 있는 본 연구의 집필 동기에 대하여 위에서 밝힌 문학전승사적인 이유와 더불어 신학적인 이유를 이곳 서론에서 언급할 필요가 있다. 한국의 기독교 교회에 있어서 구속사적 신학(soteriological theology)에 기반을 둔 기존의 '선민사상'과 '계약사상'의 교리적 강조가 이제는 창조신학(creation theology) 중심의 '섭리사상'과 '지혜 사상'으로 보완되어야 할 당위성이 부각되기 때문이다.[1] 이를 성서신학의 방법론적 차원과 실천적 차원으로 나누어 살펴보면 다음과 같다.

성서신학의 방법론은 성서신학의 아버지라 불리는 가블러(Johan Philip Gabler, 1753-1826) 이후, 성서신학(biblical theology)이 교의학(dogmatic theology)을 위한 기초적 자료를 제공해주는 부차적인 도구로 전락하기보다는 하나의 독립된 학문으로 발전되어 왔다.[2] 특히, 19세기 말 종교사학파의 대두는 구약성서신학을 이스

---

1) '섭리사상'은 특정한 교리를 넘어선 우주적 하나님의 경륜을 염두에 둔다면 '지혜 사상'은 일상에서의 인간의 경험을 통한 보편적 원리를 가리킨다.
2) Ben C. Ollenburger, "Old Testament Theology: A Discourse on Method," in *Biblical Theology: Problems and Perspectives In Honor of J. Christiaan Beker.* ed. by Steven J. Kraftchick, Charles D. Myers, JR., Ben C. Ollenburger. (Nashville: Abingdon, 1995), 91.

라엘의 종교사 연구와 다름없는 것으로 규정하는 결과를 빚었다. 소위 역사비평적 성서연구의 갈래가 여기에서 형성된다. 그러나 제2차 세계대전 이후 칼 바르트의 신정통주의 사상의 영향으로 성서의 계시적 신앙을 주목하며 다시금 역사비평 이전 구속사 중심의 성서신학 또한 대두되어 왔다. 문제는 이러한 역사적 성서신학 방법론과 교리적 성서신학 방법론 사이에서 구약성서의 지혜전승은 그 마땅히 논의되어야 할 신학적 자리를 잃고 말았다. 왜냐하면, 역사비평적 관점에서는 이스라엘의 지혜문학이 고대근동의 이웃문화 즉 이집트 문명이나 메소포타미아 문명의 국제적 지혜 성격과 다를 바 없는 것으로 나타나기 때문이다.[3] 반면에 구속사 중심의 교리신학적 관점에서는 지혜전승 내에서 선민사상이나 계약사상과 같은 이스라엘 민족의 고유한 종교적 사상이 발견되지 않음으로 구약성서신학의 논의에서 지혜전승은 태생적으로 배제될 운명이었고 논의가 되더라도 이스라엘 종교사의 발전단계 중 후대의 시기로 밀려날 수밖에 없었다.[4] 특히 프로테스탄트 성서신학자들에게 있어서 자연신학적 관념의 지혜전승을 논의한다는 것은 본래의 정통적 기독교 신학을 위배하는 듯한 인상을 주었기에 지혜문학은 더욱 관심을 받지 못했었다.[5] 그러나 성서신학적 방법론의 편향된 태도로 인해 구약성서 내의 엄연한 하나의 구성요소인 지혜 논의가 간과된 것은 명백한 오류가 아닐 수 없다. 특히 지혜의 중심 사상인

---

3) Ronald E. Clements, *Wisdom for a Changing World: Wisdom in Old Testament Theology*(Berkeley: Bibal, 1990).

4) G. von Rad, *Theologie des Alten Testaments I*(Munich, 1957), 1.

5) Leo G. Perdue, *Wisdom Literature: A Theological History*(Louisville: John Knox Press, 2007), 3.

창조신학의 섭리 사상과 지혜 사상이 구약성서신학에서 본격적으로 다루어져야 한다는 것은 필연적 과제이다. 이제야 지혜전승과 창조신학에 대한 논의가 구체적으로 이루어진다는 것은 사실 균형 잡힌 구약성서신학을 회복하는 데 있어서 오히려 늦은 감이 있다 하겠다.6) 더군다나 구약의 다양한 전승들이 수렴되는 신약성서의 기독교적 기원을 밝히는 문제에 있어서 그 중요성은 두말할 나위가 없다.

실천적 차원에서 기존 기독교 신앙의 구속사 중심의 구원신앙 일변도 성향을 고려하지 않을 수 없다. 기독교의 유일신론 구원교리로부터 불가피한 믿는 자들에 대한 선택사상과 하나님과의 특별한 계약사상은 창조신앙의 보편적 관점이 동반되지 않으면 편협하고 배타적인 신앙적 아집으로 전락할 수밖에 없다. 이와 같은 경향은 신정통주의 사상에 의해 본의 아니게 강화되었다. 왜냐하면, 바르트에게서 창조세계의 무대와 하나님의 구원역사가 드러나는 무대는 엄격히 구분되기 때문이다.7) 따라서 기독교 신앙인들의 활동의 장은 일상의 세상으로부터 교회 또는 신앙공동체의 지엽적인 '거룩한' 울타리로 안으로 퇴거하는 결과를 빚게 되었다. 선택과 계약의 장을 벗어나 그들이 여전히 상대하여야 할 일반적이고 세속적인 현실에 서는 순간 통전적인 삶의 가능성은 여지없이 무너지기에 이르렀다. 오히려 그들의 신앙적 구원이 일상의 삶에서 적용불능

---

6) 한국의 구약학자들의 지혜신학 연구 동향에 대한 논의는 필자의 다음의 글을 참조하라: Keun-Jo Ahn, "Issues and Debates on the Wisdom Literature in Korea" *Korean Journal of Christian Studies* 78(2011), 59-78.
7) K. Barth, *Kirchliche Dogmatik III/3*, Aufl., 1961, 154쪽 이하.

의 병리현상을 초래하게 된 것이다. 여기에 교리적 구원의 문제로부터 현실적 치유와 회복의 문제로의 신앙의 중심점 전이의 과제가 새롭게 대두된다. 기독교 신앙을 가졌던 젊은이들이 점차로 교회를 떠나고 일반 사회인들은 기독교인들을 편협한 사람으로 비판하는 현상들이 가열되고 있다. 이는 구속신앙 일변도의 신학적 강조와 무관치 않다. 구약성서의 창조신앙은 통전성(샬롬; Wholeness)을 추구한다: "태초에 하나님이 천지를 창조하시니라"(창 1:1).[8] 하나님은 이 피조세계 전체를 창조하시고 "보시기에 심히 좋더라"(창 1:31)고 하였다. 여타 피조세계와 인간이 온전한 질서와 조화를 이루고 있는 세계를 일컫는다. 신약성서의 구속신앙 또한 여전히 이 세상에 대한 관심에서 시작한다: "하나님이 세상을 이처럼 사랑하자 독생자를 주셨으니…"(요 3:16). 하나님은 천지를 창조한 이후 줄곧 이 세상을 관심한다. 그리고 그 관심의 초점은 타락한 상태로부터의 회복이다. 기독교 신앙은 이를 구속사 중심의 관점에서 '구원'이라 명명하고 교리화하였다. 이제 창조신학의 지평에서 이 '구원'의 의미에 '치유'적 관점이 회복되어야 한다. 교리상, 죄로부터의 구원뿐만 아니라 현실상, 불균형적이고 무질서한 삶으로부터의 치유와 풍성한 삶이 진정한 구원이다. 몰트만의 다음과 같은 주장은 창조신앙의 중요성을 강조한다: "기독교신학은 창조신학을 근대의 인간중심적 세계관에서 해방해야 한다."[9] 구약성서의 창

---

8) 본 책에서 인용되는 한글 성서본문은 특별히 명시되지 않는 한 개역개정성경을 참조한다.

9) Jürgen Moltmann, *Gott in der Schöpfung: ökologische Schöpfungslehre* (München: Chr. Kaiser, 1985), 45.

조신학의 주된 담지자 가운데 최대 전승인 지혜전승에 대한 연구는 이런 의미에서 그 중대성이 크다 하겠다.

이를 위하여 본 책에서는 지혜전승 변화의 결정적 계기들을 중심으로 논의를 전개해 갈 것이다. 먼저, 본격적인 논의를 시작하기에 앞서서 다음의 1장에서는 구약성서 내의 지혜전승의 흐름들을 간략하게 정리할 것이다. 이미 지혜와 토라 또는 지혜와 예언, 더 나아가 지혜와 묵시에 대한 비교연구들은 많은 학자들에 의하여 논의되어 온 바이다. 이곳에서는 선행연구들을 토대로 지혜전승이 다른 전승들과 함께 공명할 때 여전히 유지되는 핵심원리와 중심사상을 관찰할 것이다. 이를 통해 히브리 지혜전승의 특징들을 하나하나 짚어낼 수 있을 것이다.

일단 히브리 지혜전승의 이해가 이루어진 후에는 신·구약 중간기를 세분하며 새로운 시대의 도래를 요구했던 사건들을 중심으로 역사적 고찰이 진행될 것이다. 가장 먼저 살펴볼 사건은 주전 450년을 전후로 페르시아의 식민지였던 예후드공동체에서 이루어진 에스라의 토라 운동이다.[10] 유대주의를 탄생시킨 이 운동은 이전까지 혼재되어 왔던 다양한 목소리와 전승들을 모세의 율법 전통 아래 통합시키게 된다. 이 과정 가운데 지혜전승은 그 사색과 활동의 장이 축소될 수밖에 없었다. 이 시기의 주요한 자료로서 에스라와 느헤미야가 있다.

다음으로, 알렉산더 대왕의 팔레스틴 정복과 그의 사후 프톨레미

---

10) Joseph Blenkinnsopp, *Judaism The First Phase: The Place of Ezra and Nehe- miah in the Origins of Judaism*(Grand Rapids, Mich.: William B. Eerdmans, 2009).

왕조의 팔레스틴 접수로 이어지는 초기 헬레니즘 시대이다(332-198 BCE). 이 시기는 특히 구약성서의 지혜서 중 하나인 전도서가 등장한다.11) 에스라의 토라 운동 이후 굳건히 세워져 있었던 정통적 유대주의 사조에 어떻게 이단아와 같은 전도서의 목소리가 함께 흐르고 있는가? 비교적 유대인들의 저항을 받지 않았던 프톨레미 왕조 시대의 헬레니즘은 기존의 유대주의의 지혜전승에 적지 않는 영향을 끼치고 있는 것으로 나타난다. 그러나 그렇다고 전도서 자체가 헬라주의의 작품으로는 볼 수 없다. 바로 기존의 히브리 지혜전승의 보존과 개혁이 이 시기에 이루어지고 있는 것이다. 그 요인과 향후 전도서 흐름의 방향을 지적해 볼 필요가 있다.

본 연구의 중심부라 할 수 있는 것이 바로 셀류코스 왕조 시대이다. 이 시기는 안티오쿠스 4세 에피파네스의 정치적 행보로 인하여 유대인 박해가 극도로 치닫는 때이다. 헬라제국의 통치에 대항하는 마카비 항쟁이 발발하게 되며 이로 말미암아 유대주의와 헬레니즘은 가장 첨예한 대립을 보이게 된다. 동시에 히브리 지혜전승의 흐름 가운데 가장 중요한 변화를 알려주는 시락서가 이 시기에 등장한다. 이제까지 서로 다른 길을 걸었던 구약성서의 오경전승과 지혜전승이 시락서에 이르러 비로소 하나로 통합되기에 이른다(시락서 24). 어떻게 이런 통합이 가능했을까? 시락서의 저자인 벤 시라는 신실한 유대주의 현자임에도 헬레니즘에 우호적이었다. 셀류코스 왕조의 안티오쿠스 3세에게 적극 협조했던 대제사장 사이먼을 찬양하고 있기 때문이다. 또한 사이먼의 아들인 오니아스 3세와

---

11) Roland E. Murphy, *Ecclesiastes*(Nashville: Thomas Nelson, 1992), xxii.

또 그의 아들인 제이슨이 헬라화를 적극 추진한 것을 고려한다면 벤 시라는 유대 땅의 헬라화에 긍정적으로 접근한 것 같다.12) 그렇다면 헹겔이 주장하는 것처럼 벤 시라는 헬라적 관념에 반대했다는 것을 받아들이기 어려워 보인다. 벤 시라 내에서 어떻게 유대주의와 헬라주의는 공존하는가를 관찰할 이유가 여기에 있다.

제5장은 마카비 항쟁의 결과 이룩된 유대인의 하스모니안 왕조시대를(140-63 BCE) 다룬다. 헬라제국과의 정치적 대결의 승리를 향유하는 곳에서 어느 사이엔가 문화적으로는 헬레니즘에 복속되는 기간이기도 하다. 이와 같은 현상은 솔로몬의 지혜서(Wisdom of Solomon)에서 확인된다. 즉, 이 시기의 지혜전승의 방향은 시락서에서 확인할 수 있는바, 전통적 히브리 지혜전승에 굳건히 뿌리 내리고 있음에도 불구하고 동시에 솔로몬의 지혜서처럼 이질적인 헬레니즘의 영향 하에 히브리 지혜전승이 변천과 통합의 과정을 밟고 있는 것이다. 초기 기독교 형성 이전에 지혜전승이 어떠한 모습으로 새로운 변화를 준비하고 있는가를 고찰할 수 있는 대목이다.

다음 장은 초기 기독교 공동체의 직접적 배경이 되는 로마시대로서 폼페이 장군의 예루살렘 점령과 이후 로마의 가신(家臣)인 헤롯대왕의 제위기간까지 포괄한다(63-4 BCE). 이 기간의 지혜문학 전승의 흐름을 파악할 수 있는 가장 중요한 자료는 쿰란 동굴에서 발견되는 사해사본이다. 구약성서의 지혜문헌은 얼마나 발견되며 쿰란공동체만의 새로운 문서들에는 어떠한 지혜적 요소가 포함되

---

12) John J. Collins, *Jewish Wisdom in the Hellenistic Age*(Louisville: West minster John Knox, 1997), 28.

는지 그리고 기독교의 경전 형성 이전에 경건한 유대인들이 중시했던 구약성서의 문헌들은 무엇이 있는지에 관한 토론이 진행될 것이다.

제7장에서 초기 기독교 공동체의 히브리 지혜전승의 보존과 개혁을 이제까지 논의되어 온 분석 자료들을 토대로 종합적으로 검토할 것이다. 쟁점은 예수 그리스도의 사역과 가르침이 얼마나 히브리 지혜전승과 관련되어 있는지 그리고 바울 사도의 편지들과 일반 서신들 가운에 히브리 현자의 흔적은 얼마나 배어 있는가를 기존의 선행연구들과 비교하며 토론할 것이다. 본 장의 연구를 통해서 그동안 간과되어 왔던 히브리 지혜전승의 재발견이 초기 기독교 공동체의 신앙고백과 가르침을 얼마나 더 풍성케 하는지를 확인할 수 있을 것이다.

제8장은 마무리 장으로서 본 연구의 성과와 한계를 이야기할 것이다. 끝으로 본 저술의 내용과 관련은 있으나 연구범위에는 포함되지 않아 다루지 않았던 지혜문학의 정경화의 문제를 간략히 살펴보면서 지혜전승의 흐름과 관련된 계속되는 과제로서 부각시켜 제시할 것이다.

본 책은 다음과 같은 성과를 기대한다. 첫째, 초기기독교의 배경이 되는 그리스-로마 시대의 유대주의의 성격을 지혜전승의 변천의 시각에서 조명함으로써 기독교 형성의 모판이 되는 유대주의를 보다 더 구체적으로 이해하는데 기여할 것이다. 둘째, 더 나아가 초대 기독교에서 등장하는 지혜 기독론의 원류가 어디로부터 연유하며 더욱 구체적으로 어떤 지혜전승의 유산으로부터 유래하는지 밝혀줌으로써 신약성서의 기독론 이해에 공헌할 수 있으리라 본다. 셋째, 유대주의와 헬레니즘의 만남에 대한 진지한 선행연구들 위에 보다 실제적이고 특징적인 지혜 써클의 유산들의 변천과정을 통하여 상이한 문화충돌 이면에 나타나는 새로운 세계관 형성의 과정과 내용을 포착케 한다. 이는 오늘날에도 계속되는 전통적 가치관과 새로운 시대사조의 갈등 상황 속에서의 도전과 응전에 대한 정경적(Canonical) 대답을 제공할 수 있을 것이다.

1 장
히브리 지혜전승

본 장에서는 지금까지의 구약성서에서 나타나는 히브리 지혜전승이 학자들에 의해 어떻게 연구되어 왔는가를 다룬다. 특히 구약성서를 형성하고 있는 주된 전승들인 율법전승과 예언전승, 그리고 묵시전승과의 관계성에서 지혜전승을 새롭게 조명하려 한다. 이를 통해 구약성서신학 내에서의 지혜문학의 위치를 확인할 수 있을 것이다. 또한 히브리 지혜전승의 통합적 성격을 관찰할 수 있을 것이며 더 나아가 지혜전승의 신학적 기본원리들을 발견함으로써 창조신학의 핵심요소들에 도달할 수 있을 것이다. 지혜전승의 성격과 창조신학의 구성요소 규명은 이후 진행될 히브리 지혜전승의 변천과정을 보다 효과적으로 설명하며 초기 기독교형성의 새로운 흐름을 알려주는데 기여할 것이다.

1. 주변부에서 중심부로

구약성서신학에서 지혜문학의 최대 난점은 고대 이스라엘 백성의 야웨 종교에서 가장 핵심적인 계약사상이 반영되어 있지 않다는 점이다. 시내산에서 체결한 모세계약이나 시온산을 중심으로 하는 다윗언약에 대하여 지혜문학은 언급하지 않는다. 무엇보다도 이스라엘이 야웨 하나님의 선택된 백성이라는 사실에 대해서 일관되게 침묵한다. 지혜문학은 특수한 계약신학 대신에 보편적 창조신학에 관심한다.[1]

이렇듯 구속사와 관련된 기존의 계약신학적 관념의 부재로 지혜전승은 구약성서신학 논의에서 주변부로 밀려났으며 2차적 자료들로 취급되기에 이르렀다. 해이스와 프루스너는 지혜를 구약성서신학에서 정당한 주제로 다루는 것에 대하여 부정적인 견해를 편다.[2] 또한 레벤틀로우도 1982년 당시 구약성서신학에서 지혜의 주제를 무리 없이 통합하여 토론하는 일은 미해결상태이며 이는 장차 이루어질 미래의 과제로 남겨져야 한다고 주장한 바 있다.[3] 그러나 이러한 신학적 난제에도 불구하고 지혜전승의 주제를 구약성서신학의 본류와 연결을 시도하는 노력들이 줄곧 있어왔다.

먼저, 스캇은 아이히로트를 예로 들면서 이 분야의 하나의 성공

---

1) W. Zimmerli, "The Place and Limit of Wisdom in the Framework of Old Testament Theology," *SJT* 17 (1964), 146-158.

2) John H. Hayes and Frederick C. Prussner, *Old Testament Theology: Its History and Development* (Atlanta John Knox Press, 1985), 241.

3) H. G. Reventlow, *Hauptprobleme der alttestamentlichen Theologie im 20 Jahrhundert* (Darmstadt: Ertrage der Forshung 173, 1982), 201.

적인 통합의 시도로 평가한다.[4] 즉, 아이히로트는 지혜야말로 야웨 신앙과 긴밀하게 관련되어 있음을 주장했다. 왜냐하면, 지혜는 야웨 하나님의 우주적 능력이 되기 때문이다. 따라서 일반 개인들의 신앙적 경건을 유도한다고 보았다. 아이히로트는 지혜의 교훈과 강령이 이스라엘 신앙체계의 도덕적 동기로 통합할 수 있음을 결론적으로 제시한다. 논리적 주장임에도 불구하고 아이히로트의 견해는 한계를 지닌다. 히브리 지혜의 관념을 보편적이고 합리적인 영역으로 제한시키고 있기 때문이다. 스캇은 결국 이스라엘의 지혜는 후기 페르시아 시대와 헬레니즘 시대를 거쳐서 피어나는 신학적 지혜의 계시적 측면까지 제대로 파악해야 한다는 의견을 피력하면서 아이히로트를 비판하고 있다.[5]

반면에 폰 라드는 이스라엘의 지혜가 후기의 발전이라기보다는 이스라엘 종교사의 초기로부터 야웨 신앙의 구성요소로 작용하고 있었음을 말한다. '야웨 경외'의 신앙이 고대 이스라엘인들의 인식론적 기반임을 밝힌다. 야웨 신앙 안에서의 올바른 믿음은 직접적으로 일상세계에서의 피조물들과의 올바른 관계와 연결되어있다는 것이다.[6] 그러기에 "야웨를 경외하는 것이 지혜의 근본"이 될 수밖에 없다(잠 1:7, 9:10; 시 111:10; 욥 28:28). 폰 라드는 그의 『구약성서신학』 첫 권의 제일 마지막 부분에서 지혜문학을 시편과 더불어 다음과 같은 제목 하에 위치시키고 있다: "야웨 앞에 선 이스

---

4) R. B. Y. Scott, "The Study of the Wisdom Literature," *Interpretation* XXIV -1 (1970), 40.
5) 위의 글.
6) G. von Rad, *Wisdom in Israel* (Nashville and New York: Abingdon, 1972), 155.

라엘(이스라엘의 응답)." 폰 라드는 지혜문학을 시편과 더불어 고대 이스라엘인들이 자신을 위해 행하시는 야웨 하나님에게 응답하는 고백의 한 부분으로 간주하고 있는 것이다. 이러한 설명은 이후 지혜전승의 신학을 다루는데 이해를 증진시켰으며 통합적 신학형성에 기여한 바가 적지 않다. 그러나 폰 라드의 논의는 여전히 지혜전승을 야웨 신앙의 본류가 아닌 지류로 이해하고 있을 뿐이다. 즉, 지혜는 야웨의 구원사적 사건에 대한 인간의 응답에 그치고 있다. 근본적 사건의 중심에 있기보다는 반응으로서 주변부에 여전히 머물러있다. 지혜는 시편과는 다른 각도에서 다루어져야 한다. 왜냐하면 지혜의 기원은 시편의 탄식시나 찬양시와는 달리 하늘에 있기 때문이다.7)

베스터만에 이르러 지혜전승은 보다 견고하게 구약신학 논의에 편입되고 있다. 왜냐하면 그는 폰 라드와 달리 구원사와 창조의 축복을 동시에 중심적 주제로 강조하기 때문이다.8) 베스터만은 역사의 목적은 세상의 구원임을 명시한다. 그러나 하나님의 구원행위는 축복의 행위로 드러남을 지적한다. 즉, 하나님의 구원행위는 생명을 보존하고 창조질서의 유지를 지속하는 일이다. 지혜가 구약성서신학과 만나는 연결고리가 바로 이 창조의 축복이라는 주제이다: "지혜의 선물은 성숙과 장수, 생산과 일상사의 풍요이다… 이러한 하나님 축복의 능력이 지혜서의 잠언들 안에 충만히 내재되어 있다."9) 베스터만은 폰 라드에 비해 지혜전승의 가치를 있는 그대

---

7) 잠 8:22-36; 욥 28:12-28; 시락서 24:1-22; 지혜서 8:1-8.
8) Claus Westermann, *Blessing in the Bible and the Life of the Church* (Philadelphia: Westminster, 1978), 37.

로 평가하려 한다. 그러나 퍼듀가 지적하듯이 지혜는 이스라엘 야웨 신앙을 이끄는 근간이라기보다는 야웨의 구속의 은혜에 비해 부차적인 의미를 수행하고 있다는 인상을 지울 수 없다.[10]

캠브리지 대학의 델은 지혜문학이 지금까지 구약성서신학의 중심에 설 수 없었던 이유를 지혜에 대한 단순한 이해로 야기된 잘못된 전제들에 있음을 지적하였다.[11] 첫째, 문학적인 전제로 이스라엘의 지혜가 초기에 단순한 잠언이나 경구에서 후기에 체계적인 신학적인 잠언으로 발전했다는 오해이다. 둘째, 신학적인 전제로 지혜가 본래 세속적인 관심에서 점차적으로 야웨 신앙과의 관련성에서 신학적인 관심으로 변천했다는 주장이다. 끝으로, 문화적인 전제로 이스라엘의 지혜가 고대근동의 이웃문화로부터 영향을 받았다는 국제적 지혜의 성격에 대한 과신이다. 결국, 지혜를 그 출발에서 이스라엘의 야웨 신앙과 관련 없는 대상으로 보고 후대에 발전된 형태에 이르러서야 구약성서 신학에 통합시키려는 학자들의 기본적 태도가 지혜전승의 구약신학적 논의의 장애물이 되고 있었다고 갈파한다. 지혜는 야웨 종교의 초기로부터 그리고 야웨 신앙고백의 중심으로부터 발견되어져야 한다.

델은 지혜논의의 새로운 방향설정을 다음의 세 가지로 소개한다. 첫째, 지혜형성의 사회적 배경이다. 이전까지는 지혜의 형성 초

---

9) Leo G. Perdue, *Wisdom and Creation: The Theology of Wisdom Literature* (Nashville: Abingdon, 1994), 26.

10) 위의 책.

11) Katharine J. Dell, "On the Development of Wisdom in Israel," in *Congress Volume: Cambridge 1995*, ed. by John A. Emerton (Leiden: E. J. Brill, 1997), 137.

기에 가정에서의 부모의 교육이 주된 사회적 배경이었고 점차로 왕정시대를 거치면서 이집트와 메소포타미아 문명의 영향으로 궁정학교 등의 공식적 교육기관에 의해 지혜전승이 전수되어 온 것으로 보았다. 그러나 델은 오히려 공식적 교육기관의 증거는 구약성서 내에서 찾아보기는 힘들고 본래의 잠언서에서 말하고 있는 '아들'에게 향한 '아버지'와 '어머니'의 교훈들을 있는 그대로 받아들여야 한다고 주장한다. 즉, 불확실한 이스라엘의 교육기관의 문학적 산물로 보는 전제보다는 성서 내적으로 확실한 가정교육의 환경이 이스라엘 역사 전체에 걸쳐서 줄곧 지혜전승의 사회적 배경이 되어 왔다는 것이다. 아프리카 부족의 지혜전승을 연구한 골카의 견해에서도 확인할 수 있는바, 지혜는 공식적 교육기관의 문학적 집적물이기보다는 구전전승의 민담전통의 결과물로 간주되어야 한다는 것이다.[12] 그렇다고 델이 고대 이스라엘의 가능한 교육기관의 존재와 지혜자들의 교육을 부정하는 것은 아니다.[13] 델이 주목하는 것은 지혜의 성격이 후대에 이르러서야 본질적 모습이 완성되는 발전론적 사관에 의해 규정되기보다는 초기부터 배태된 가정 중심의 교육적 환경으로부터 이스라엘 지혜에 대한 보다 정당한 이해가 출발되어야 한다는 사실을 주장하는 것이다.

둘째, 기존의 지혜전승의 문학적 형성역사에 대한 도전이 제기되고 있다. 즉, 지혜의 왕 솔로몬 시대에 구전으로 전해 내려오던 잠언들이 문헌화되었다고 보는 견해에 대한 비판이다. 이는 솔로

---

12) F. Golka, *The Leopard's Spots* (Edinburgh, 1992).
13) cf. Katharine J. Dell, "Proverbs 1-9: Issues of Social and Theological Context," *Interpretation* 63 (2009), 229-240.

몬 시대의 이방 문명과의 활발한 교류로 인해 국제적 지혜로 이스라엘 지혜의 성격을 규정하는 오류로 이어졌다. 그러나 와이브레이는 이스라엘의 구전 전승이 어느 시기에 집대성되어 문학적 편집물로 형성되었는가를 알 수 없다고 지적하고 있다.14) 단지 우리가 알 수 있는 것은 포로기 이후 문학 활동이 활발히 이루어졌으며 아무리 일찍 잡아도 요시야 또는 히스기야 시대까지 정도로 잡을 수 있다는 것이다. 흥미로운 사실은 지혜전승의 문학적 완성물로서의 흔적들을 구약성서의 여타 다른 문학층들에서 발견할 수 있는 것처럼 지혜전승의 구전적 형태들 또한 똑같이 다양한 구약의 전승층들에서 발견된다는 사실이다.15) 이는 그동안 지혜전승에 대하여 학자들이 가지고 있었던 전제들을 역행한다. 즉, 지혜전승의 문학적 형성은 초기와 후기로 구분되는 것이 아니요 이스라엘 종교사 전체에 걸쳐서 일관되게 진행되었음을 일깨워 주는 대목이다.

셋째, 기존의 지혜전승에 대한 학자들의 관습적 견해에 대한 가장 주목할 만한 도전은 신학적 영역에서 이루어진다. 지혜신학에 관하여 비교적 타당한 논의를 펼쳐 온 폰 라드의 견해에 의하면 이스라엘의 지혜는 세속적 지혜에서 신학적 지혜로 발전하는 것으로 이해하였다. 그러나 슈미트에 의하면 야웨 신앙적 지혜가 이스라엘 신앙의 시작에서부터 자리하고 있음을 주장한다.16) "이웃의 문

---

14) R. N. Whybray, *Proverbs* (London and Grand Rapids: W. B. Eerdmans, 1994), 14-15.
15) Katharine J. Dell, "On the Development of Wisdom in Israel," 141.
16) H. H. Schmid, *Wesen und Geschichte des Weisheit: Eine Untersuchung zur altorientalischen und israelitischen Weisheitsliteratur* (BZAW 101; Berlin, Verlag Alfred Töpelmann, 1966).

명들처럼 이스라엘의 지혜는 그 형성 초기부터 하나님과 세계의 관계성을 전제하고 있었다. 이 초기의 관념이 체계적 지혜관념으로 발전하면서 점차적으로 공식적 종교적 특징들과 통합되었다."17) 이스라엘은 처음부터 하나님과 동떨어진 세상을 생각해 본 적이 없기에 그렇다. 슈미트의 주장에 있어서 주목할 만한 점은 이스라엘의 지혜변천의 방향을 정반대의 방향으로 보고 있는 점이다. 즉, 폰라드의 경우 기존의 세속적 지혜로부터 보다 야웨 신앙적인 보편적인 지혜로 발전했다고 보는데 반해 슈미트는 보다 우주적이고 보편적인 성격의 지혜로부터 기원하여 점차로 인간중심적이고 특정적 성격의 지혜로 자리매김했다는 것이다. 델은 이러한 이스라엘의 지혜전승의 성향을 "지혜의 인간중심화(anthropologizing of wisdom)"로 규정하면서 점차로 종교적 개념과 신앙적 원리들을 규격화하고 율법화하는 길로 나아갔다고 분석한다.18) 따라서 이스라엘의 지혜는 본래 실체 그 자체에 대한 관찰과 경험의 지식으로 시작되었다고 볼 수 있다. 그러다가 시대적 변화와 새로운 신앙적 도전 가운데 점차로 인과응보와 같은 인간중심적 교리로 변천되어 갔다. 여기에서 우리는 야웨 신앙의 창조신학적 토대를 비로소 발견하게 된다. 이러한 이스라엘 지혜의 창조신학적 근거가 이후에 발전하는 구약성서의 율법전승과 예언전승의 구원신학적 원리에 바탕을 이루게 된다.

이상의 델의 논의에서 우리는 이스라엘의 지혜전승이 기존의

---

17) 위의 책, 145.
18) Katharine J. Dell, "On the Development of Wisdom in Israel," 144.

율법전승이나 예언전승과 어떻게 통합될 수 있는가에 대한 실마리를 얻게 되었다. 그것은 지혜전승의 사회적 자리인 가정에서의 가르침이 이스라엘 역사에서 줄곧 구전으로 그리고 기록된 문학으로 영향력을 미쳤으며 근본적으로 창조신학적 지혜의 지평이 이후 발전하는 선택사상과 계약사상의 구속사적 역사에 바탕이 되고 있음을 발견한 점이다. 지혜전승은 초기부터 이스라엘 야웨 신앙의 근본으로 작용하고 있었고 시대적 도전에 직면할 때마다 시의적절한 신앙적 응답을 제공해 주었다. 그 지혜정신이 나중에 형성되는 기독교 신앙에서 다시금 본래의 만물의 실체에 대한 원리로 꽃을 피우게 됨을 우리는 본 연구를 통해 살펴보게 될 것이다. 이제 다음에서는 이스라엘의 야웨 신앙의 발전에 있어서 지혜전승이 율법과 예언 그리고 묵시전승과 각각 어떻게 상호관련성을 맺고 발전하는가를 분석함으로써 지혜전승이 지니는 창조신학의 구성요소와 원리들을 구체적으로 살피고자 한다.

2. 지혜와 율법

구약성서에서의 지혜(חכמה; 호크마)의 의미는 다양하다. 솜씨 좋은 기술을 가르치는 것으로부터(출 31:1-11, 35:30-35; 렘 10:9; 대상 22:15; 겔 27:8-9), 마술적 기능을 의미하기도 하고(사 3:3 cf. 창 41:8; 출 7:11), 현명한 판단을 이끄는 조언을 주는 여인들을 가리킬 때에도(삼하 14:2, 20:16) '호크마'라는 단어가 사용되고 있다.

또한 요셉이나 여호수아 그리고 다윗 등 다스리는 자에게 주어진
리더십도 지혜로 일컬어졌다(창 41:39; 신 34:9; 삼하 14:20).[19] 그
러나 지혜의 본질적 의미를 밝히기 위해 한 가지 주목할 만한 점이
있다. 고대 이스라엘의 지혜전승에서 최고의 지혜자로 알려진 솔
로몬 왕이 일천번제를 드린 기브온 산당에서 정작 하나님께 받은
것은 지혜(호크마)가 아니었다. 오히려 '듣는 마음'(레브 쇼매아)이
었다(왕상 3:9)[20]. 하나님이 창조하신 이 세계의 모든 피조물들의
소리를 잘 듣는 것이 지혜이다.[21] 이는 하나님의 섭리 안에서의 삶
을 전제하며 이로써 지혜의 근원이 '야웨 경외'에 있다는(잠 9:10)
지혜전승의 근본적 정신의 의미가 밝혀진다. 지혜는 지식이 아니
라 삶의 태도에 관계한다. 소위 현실적이고 세속적인 지혜가 아니
다. 오히려 하나님을 알고 하나님의 뜻 안에서 사는 방식에 이스라
엘의 지혜정신은 집중한다. 하나님 현존과의 만남 또는 하나님의
질서 체험과 연결되는 터전에서 구약성서의 지혜전승은 비로소 그

---

19) 구약성서 지혜의 개념 이해를 위해서는 다음의 자료들을 참조하라: 구덕관, 『구약
   신학』(서울: 대한기독교서회, 1991), 293; J. G. Gammie, Leo G. Perdue,
   eds., *The Sage in Israel and the Ancient Near East* (Winona Lake: Eisenbrauns,
   1990), 205-274.
20) "누가 주의 이 많은 백성을 재판할 수 있사오리이까 듣는 마음을 종에게 주사 주의
   백성을 재판하여 선악을 분별하게 하옵소서"; cf. "누가 주의 이 많은 백성을 재판
   할 수 있사오리이까 지혜로운 마음을 종에게 주사 주의 백성을 재판하여 선악을
   분별하게 하옵소서"(한글개역).
21) 폰 라드는 만물을 잘 듣는 것이 지혜라는 관점은 이스라엘 종교사에서 창조개념
   이 본격적으로 발전한 포로기 이후의 관점으로 보고 후기지혜라는 입장을 취한
   다: G. von Rad, *Wisdom in Israel*, 307. 그러나 필자는 이스라엘 지혜형성 초기부
   터 보편적이고 우주적 요소가 작동하고 있었다고 보는 델과 퍼듀의 견해를 따른
   다: Katharine J. Dell, "On the Development of Wisdom in Israel," 148; Leo
   G. Perdue, *Wisdom and Creation*, 34-48.

본질적 의의가 발휘된다. 여기에 지혜와 율법의 만남이 자리한다.

블레킨숍은 창세기 3장의 인류의 타락 기사와 사무엘하 9-20장에서 펼쳐지는 다윗왕자들 사이의 세자다툼을 다룬 다윗왕위 계승사를 소개하면서 인간적 지혜의 한계를 다음과 같이 묘사한다: "지혜로운 자들 또는 모사자들의 개입이라는 중심주제는 계몽으로 끝나는 것이 아니라 재앙과 죽음으로 끝난다."[22] 즉, 인간의 자율성을 추구하고 인간적 자원을 동원하려는 모든 시도는 하나님으로부터 소외되는 결과를 빚고 만다. 따라서 이스라엘은 민족 정체성의 근본을 그 출발로부터 야웨 하나님 안에 두고 있다:

> 우리 하나님 여호와께서 우리가 그에게 기도할 때마다 우리에게 가까이 하심과 같이 그 신이 가까이 함을 얻은 큰 나라가 어디 있느냐(신 4:7).

그 하나님과의 동행을 가능케 하는 계시의 수단으로 율법이 주어진 것이다. 이제 그 율법의 획득과 준행이 이스라엘 민족을 지혜의 백성으로 만들었다:

> 너희는 지켜 행하라 이것이 여러 민족 앞에서 너희의 지혜요 너희의 지식이라 그들이 이 모든 규례를 듣고 이르기를 이 큰 나라 사람은 과연 지혜와 지식이 있는 백성이로다 하리라(신 4:6).

---

22) Joseph Blenkinnsopp, *Wisdom and Law in the Old Testament: The Ordering of Life in Israel and Early Judaism* (Oxford: Oxford University Press, 1995) 7.

신명기에서 천명하고 있는 율법을 받은 지혜로운 백성으로서의 이스라엘의 모습은 비록 포로기 신명기역사가의 신학적 선포로서 여겨지지만 그 근원은 이미 이스라엘 민족 형성 초기로 거슬러 올라간다. 시내산에서의 율법수여와 계약체결의 사건으로부터 이스라엘은 하나님을 '가까이' 만나고 이후 모든 역사를 그 하나님과의 관계성 가운데 풀어가는 지혜로운 백성이 된 것이다. 족장시대의 지혜자로 여겨지는 요셉(창 41:33, 39)이나 모세를 이어 이스라엘 백성을 가나안 땅으로 인도하는 지혜의 영으로 충만한 여호수아(민 27:18-20; 신 34:9) 그리고 지혜의 왕 솔로몬에 이르기까지 그들은 하나같이 야웨를 경외하는 신앙인들이었다.

이와 같은 '야웨 경외'의 강조는 실제로 신명기학파에 의해서 전수되어 온 야웨 신앙의 핵심 관념이다.23) 와인펠트에 의하면 신명기는 단순한 법전이기보다는 오히려 종교적인 도덕성을 선포하는 교육적 목적을 가지고 있으며 그런 의미에서 신명기는 이스라엘의 지혜문학과 상통하는 점이 많다고 주장한다. 특히, 예레미야 8장 8절을 신명기의 집필이 지혜전승의 전수자들인 서기관들에 의해서 형성되었다는 증거로 제시하였다:24) "너희가 어찌 우리는 지혜가 있고 우리에게는 야웨의 율법이 있다 말하겠느냐 참으로 서기관의 거짓의 붓이 거짓되게 하였나니." 실제로 요시야 왕 시대에 활동했던 서기관 사반(왕하 22:3)은 신명기적 관념과 신명기 형성에 중심적 역할을 차지하고 있다고 보며 더 나아가 요시야 왕의 어린 시

---

23) 신 6:2, 13, 24; 8:6; 10:12, 20; 13:5; 14:23; 17:19; 28:58; 31:12 이하.
24) Moshe Weinfeld, *Deuteronomy and the Deuteronomic School* (Oxford: Clarendon Press, 1972), 162.

절로부터 신명기적 개혁 사상을 안내하고 훈련시켰던 지혜교사로서의 역할을 감당했으리라 소개하기도 한다.[25] 블레킨솝은 신명기법 뿐만 아니라 이스라엘의 일반적인 법률규정들의 묶음이 정식 법전의 제정을 위한 것이기보다는 교육적 목적이 더 크다고 분석하면서 상당한 정도의 유사성이 율법전승과 지혜전승 사이에서 발견된다고 보았다. 그는 결론 내리기를 율법전승은 엄밀한 의미에서 잠언서에 드러난 도덕적 가르침의 주인공들인 지혜그룹의 전승과 매우 밀접하게 관련되어 있다고 주장한다.[26]

잠언서의 가르침을 보면 알 수 있듯이 이스라엘의 지혜전승은 야웨 경외에 근거를 둔 하나님과의 관계성뿐만 아니라 세상에서의 삶과 관계성 즉, 세속적 지혜나 현실적 지식도 관심한다. 왜냐하면 이스라엘 백성들에게 세상을 알아가는 지식은 곧 하나님을 알아가는 일이기 때문이다: "이스라엘인들에게 항상 세계경험은 곧 하나님 경험이요, 하나님 경험은 곧 세계경험이다."[27] 사실상 야웨 경외를 통하여 지혜 곧 듣는 마음을 획득한 솔로몬에게 여타의 모든 지혜가 주어진다:

하나님이 솔로몬에게 지혜와 총명을 심히 많이 주시고 또 넓은 마음을 주시되 바닷가의 모래 같이 하시니 솔로몬의 지혜가 동쪽 모

---

25) Rainer Albertz, *A History of Israelite Religion in the Old Testament Period Vol. I: From the Beginnings to the End of the Monarchy* (Louisville: Westminster John Knox Press, 1994), 202.

26) Joseph Blenkinsopp, *Sage, Priest, Prophet: Religious and Intellectual Leadership in Ancient Israel* (Louisville: Westminster John Knox Press, 1995), 38-39.

27) G. von Rad, *Wisdom in Israel*, 62.

든 사람의 지혜와 애굽의 모든 지혜보다 뛰어난지라… 그가 잠언 삼천 가지를 말하였고 그의 노래는 천다섯 편이며 그가 또 초목에 대하여 말하되 레바논의 백향목으로부터 담에 나는 우슬초까지 하고 그가 또 짐승과 새와 기어다니는 것과 물고기에 대하여 말한지라 사람들이 솔로몬의 지혜를 들으러 왔으니 이는 그의 지혜의 소문을 들은 천하 모든 왕들이 보낸 자들이더라(왕상 4:29-34).

갬저가 타당하게 주장했듯이 고대 이스라엘의 지혜는 수평적 영역과 수직적 영역 즉, 일상적 지식과 경건의 지혜가 긴밀하게 관련되어 있으며 긴장관계 속에 나란히 발전하였음을 알 수 있다.[28] 기존의 지혜전승을 발전론적 관점에서 후대의 신학화된 입장으로 바라본 학자들의 견해로는 율법과 지혜를 하나로 아우를 수 없는 신학적 한계를 지닌다. 그러나 처음부터 이스라엘의 고유한 지혜적 성격이 야웨 신앙의 중심에 자리하고 있었다고 보는 학자들은 이스라엘 지혜 내에 우주론적인(cosmological) 요소와 인간학적인(anthropological) 요소, 즉 보편적 종교적 요소와 개별적 역사적 요소가 공존하고 있음을 이야기한다.[29]

이는 이스라엘 왕국의 영고성쇠의 역사에서 증명된다. 아들 솔로몬을 위한 다윗왕의 기도는 지혜를 통한 정치적 리더십과 보편적 야웨 경외를 언급한다: "여호와께서 네게 지혜와 총명을 주사 네게

---

28) B. Gemser, "The Spiritual Structure of Biblical Aphoristic Wisdom," in *Studies in Ancient Israelite Wisdom*. ed. by James L. Crenshaw (New York: KTAV Pub. House, 1975), 208-219.

29) Leo G. Perdue, *Wisdom in Revolt: Metaphorical Theology in the Book of Job* (Sheffield: Almond Press, 1991).

이스라엘을 다스리게 하시고 네 하나님 여호와의 율법을 지키게 하시기를 더욱 원하노라"(대상 22:12). 솔로몬에게 주어진 지혜는 그로 하여금 이스라엘을 다스리는 정치적 명민함과 능력을 주었을 뿐만 아니라 하나님의 말씀을 따르는 경건자의 길로 이끌고 있다. 이로써 신명기에서 제시하는 야웨를 경외하는 지혜로운 왕의 모델이 완성된다:

> 그가 왕위에 오르거든 이 율법서의 등사본을 레위 사람 제사장 앞에서 책에 기록하여 평생에 자기 옆에 두고 읽어 그의 하나님 여호와 경외하기를 배우며 이 율법의 모든 말과 이 규례를 지켜 행할 것이라 그리하면 그의 마음이 그의 형제 위에 교만하지 아니하고 이 명령에서 떠나 좌로나 우로나 치우치지 아니하리니 이스라엘 중에서 그와 그의 자손이 왕위에 있는 날이 장구하리라(신 17:18-20).

그러나 솔로몬의 지혜에서 수평적인 영역 즉 인간적인 모략만이 남고 수직적인 영역 즉 야웨 경외의 신앙이 사라지는 순간 이스라엘은 퇴락의 길을 걷는다. 이따금 율법준수에 힘을 기울인 '지혜로운' 왕들이 등장하지만[30] 솔로몬의 지혜 같지만은 못했다. 이에 대하여 벤네마는 솔로몬에게 주어진 지혜가 토라 준수로 이끌었지만 이후 신명기적 개혁을 시도한 유다의 왕들은 토라 준수를 통해

---

30) 예를 들면, 아사, 여호사밧, 요아스, 히스기야, 요시야 (대하 14:4. 17:3-9, 24:6-9, 29:1-31:21, 34:14-35:19).

지혜를 얻으려 했음을 지적하면서 지혜의 우선순위가 뒤바뀐 현상을 지적한다. 그리고 이와 같은 현상은 줄곧 포로기를 관통해 포로후기 에스라와 느헤미야의 종교개혁에서 강화된다고 보고 있다.31) 이는 본래 우주적 원리와 역사적 원리를 두루 지니는 지혜의 통합적 성격이 왕정의 시작과 더불어 왕국 이데올로기로 변질되면서 보편성보다는 특수성을 강조하게 된 결과로 분석할 수 있다. 토라 강조 자체가 자칫 기존의 지배체제를 유지하려는 수단으로 전락할 위험성이 내포되어 있었다.32)

그러나 다윗왕조의 정치적 이상을 제시함에 있어서 지혜와 율법은 통합되어 우주론적 원리와 인간론적 원리가 동일한 비중을 지니며 강조되고 있다. 지혜로운 왕은 토라를 준수하며 토라를 따르는 자들은 지혜롭게 된다. 솔로몬 시대에 이르기까지 이스라엘의 지혜는 우주적 보편적 원리와 역사적 개별적 원리가 함께 작용하였다.33) 솔로몬에게 주어진 지혜는 이로써 만물의 근원인 야웨 하나님 신앙을 통치원리의 근거로 삼으면서 동시에 활발한 국제적 교류를 추구하며 왕조의 중흥을 꾀하는 정치적 수완을 발휘할 수 있었다. 이를 가능케 할 수 있었던 것은 물론 선왕시대에 이루어 놓은 강한 군사력과 안정된 통치기반이 있었기 때문이지만 더불어 이스라엘 지혜의 고유한 기능이 십분 발휘되었기 때문이다. 그러나 르

---

31) Cornelis Bennema, "The Strands of Wisdom Tradition in Intertestamen tal Judaism: Origins, Developments, and Characteristics," *TB* 52.1 (2001), 63-64.

32) Walter Brueggemann, *Theology of the Old Testament: Testimony, Dispute, Advocacy* (Minneapolis: Fortress Press, 1997), 685-688.

33) Katharine J. Dell, "On the Development of Wisdom in Israel," 148.

호보암 시대에 이르러 남북왕조가 분열되면서 전체 이스라엘의 세력은 약화되었고 이후 등극하는 이스라엘의 왕들은 다윗과 솔로몬의 야웨 경외보다는 그들의 정치적 팽창과 경제적 번영이 지상과제가 되어 버렸다. 이를 위해 토라준수는 소기의 정치적 목적 달성을 위한 종교적 이데올로기로서 자리하게 되었다. 결국 토라준수를 지나치게 교리화한 나머지 본래 야웨 신앙의 본질적 특징인 우주적 보편성과 역동적 신뢰성을 잃고 말았다. 이제 하나님 의지보다는 인간의 종교적이고 기계적인 자의적 체계에 관심을 기울이게 되었다. 단적으로 신명기 역사가들에 의해서 강조된 인과응보이론이 그 대표적인 예이다. 델이 지적하였듯이 지혜가 지니는 본래의 보편적 하나님의 섭리에 대한 경건자의 묵상은 사라지고 인간적이고 기계적인 세속적 지혜의 막다른 국면으로 통치원리가 흘러가 버렸던 것이다. 대표적인 히스기야의 종교개혁이나 요시야의 종교개혁이 실패로 돌아간 신학적인 이유는 바로 지혜와 율법의 관계성에서 통치리더십이 간과한 야웨 신앙의 우주적 측면이다. 페르시아 시대의 에스라의 토라 중심의 종교개혁은 포로귀환 공동체인 예후드 공동체의 특수한 상황이 전제되어 있긴 하지만 보편적 차원이 간과된 개혁이라는 점에서 지혜전승사적 측면에서 여전히 본질적 야웨 신앙의 의미가 퇴색되어 있는 개혁으로 평가할 수 있다. 이에 대해서는 다음의 제2장에서 자세히 논의할 것이다.

이상에서 이스라엘의 야웨 종교의 사상적 발전사 가운데 지혜와 율법의 관계성에 대하여 살펴보았다. 기존의 관념과는 달리 지혜와 율법은 포로기 이후가 아니라 본래의 야웨 신앙 안에서 밀접하게 통합된 신앙구조를 가지고 있었다. 즉, 신명기 4:6-7에서 천명하고 있는바, 토라 준수가 곧 지혜요, 역대상 22:12의 다윗의 기도처럼 지혜가 곧 율법 순종의 삶으로 직결된다. 이는 이스라엘 지혜가 처음부터 우주론적 성격과 인간론적 성격을 동시에 내포하고 있었다는 의미이다. 창조신학의 존재론적 기초가 여기에 있다. 피조세계의 보편성과 개별성을 아우르는 것이 지혜문학의 사상이다. 그러나 이스라엘의 역사적 야웨 신앙의 형성사 가운데 지혜의 우주론적, 존재론적 성격보다는 인간경험을 통한 인식론적 차원이 더욱 대두되는 과정을 밟는다. 예를 들어, 기저에 깔린 우주론적 지혜의 차원이 이스라엘의 왕궁 이데올로기의 형성과정 가운데 구원경험 강조와 다윗언약 부각의 역사적 관심으로 인해 묻혀버린다. 궁정관료들의 교육에 있어서도 궁중예절과 외교술 그리고 백과사전적 지식 등에 관심을 기울이면서 고대근동의 국제적 지혜의 성격을 띠게 된다. 결국, 지혜와 율법은 한동안 분리된 전승으로 평행한 길을 가다가 헬레니즘 시대에 이르러 벤 시라에 의해 비로소 본래의 통합의 자리로 돌아오게 된다. 그러나 그 통합의 사정에 대해서는 더욱 상세한 논의가 요청된다. 왜냐하면 여전히 인식론적 강조가 강한 상태인가 아니면 벤 시라가 지혜의 우주론적 요소를 헬레니즘의 영향으로 회복하고 있는가 등에 관한 논의가 필요한 것이다.

3. 지혜와 예언

지혜와 예언은 근본적인 차이점을 지닌다. 지혜가 인간의 관찰과 경험에 근거한 교훈에 관한 것이라면 예언은 하나님의 직접적인 말씀에 근거한 경고이기 때문에 그렇다. 하나는 땅의 언어요 또 다른 하나는 하늘의 언어처럼 들린다. 예레미야 18:18에서도 지혜와 예언은 구분되어 묘사된다: "제사장에게서 율법이, 지혜로운 자에게서 모략이, 선지자에게서 말씀이 끊어지지 아니할 것이니…." 제사장의 토라와 지혜자의 에짜, 그리고 예언자의 다바르가 각기 다르게 소개되어 있다. 특별히 지혜자의 에짜는 영어로 counsel의 개념으로서 조언이나 모략 등의 인간적 충고의 뜻이 강하게 드러난다. 그러나 우리가 앞서 살펴본 대로 지혜와 율법이 상이해 보이나 본질적으로 서로 연결되어 있는 것처럼 지혜와 예언도 야웨 신앙의 틀 내에서 궁극적으로는 공통기반에 서 있다. 할러데이는 예레미야 18:18을 주석하면서 에짜는 단순히 지혜로운 충고 이상의 의미를 지니며 율법과 예언과 동일한 영적 권위를 지니는 계시의 원천으로 이해해야 한다고 말한다.[34] 워트케 또한 현자들과 예언자들의 관계성을 설명하면서 다음과 같은 견해를 피력한다:[35]

지혜자들과 예언자들은 진정한 영적 동반자들이다. 같은 주, 같은 제의, 같은 믿음과 소망 그리고 같은 인간론과 인식론을 가지고 있

---

34) William L. Holladay, *Jeremiah 1*(Philadelphia: Fortress Press, 1986), 530.
35) Bruce K. Waltke, "The Book of Proverbs and Old Testament Theology," *BSac* 136(1979), 304.

기 때문이다.

또한 같은 권위로 말하며 유사한 종교적, 윤리적 강령을 가르친다.

한 마디로, 그들은 똑같은 영적우물에서 물을 마시는 자들이다.

예언은 다소 거칠고 직접적으로 하나님의 말씀(다바르)을 선포하나 근본정신은 보다 세련된 윤리적 이론체계를 갖추어 말하는 현자의 지혜정신과 동일하다. 왜냐하면 결국 예언자의 선포가 안내하는 곳은 바로 지혜자가 인도하려는 하나님과의 온전한 관계성 안에서의 삶이기 때문이다. 아래에서는 지혜와 예언 사이의 관련성을 다루었던 기존의 학자들의 견해에 의지하여 예언서들 가운데 드러나는 지혜전승의 흔적들을 발견하고 그 상호관련성을 부각시키려 한다.

먼저, 예언과 지혜 사이의 관련성을 본격적으로 다루기 시작한 사람은 피히트너였다.[36] 그는 이스라엘의 지혜는 포로후기에 늦게 등장하지 않았고 오히려 문서예언자의 등장 시기인 주전 8세기에 이미 지혜정신이 발견되고 있다고 보았다. 특히 이사야를 통해 같은 시대의 아모스나 호세아 또는 미가에게서 발견되지 않는 지혜전승과의 직접적 문학적 연관성을 두 가지 측면에서 주장한다. 첫번째는 이사야에서 잠언서를 염두에 두지 않으면 가능할 수 없는 표현들이 발견된다는 점이다. 예를 들면 5:21의 "스스로 지혜롭다하며 스스로 명철하다 하는 자들은 화 있을진저"에서 "스스로 지혜롭다(하캄 브예이나우)"는 표현은 오직 잠언 3:7, 26:6, 12, 16; 28:11에

---

36) Johannes Fichtner, "Jesaja unter den Weisen," *ThLZ* 74(1949), 75-80.

서만 등장한다는 것이다. 이외에도 이사야 1:21-26에서 예루살렘의 찌꺼기가 된 은을 야웨께서 잿물로 청결하게 한다는 표현이 잠언 25:4의 "은에서 찌꺼기를 제하라"와 통하며, 이사야 29:13의 "입술로는 공경하나 마음은 떠나 있는 악인"에 대한 묘사는 잠언 26:23의 정확히 그 의미로 쓰인 "온유한 입술에 악한 마음"과 연관되어 있다. 두 번째는 무엇보다도 장차 임할 다윗왕조의 통치자를 가리킬 때 지혜자적 요소를 부각시키는 점이다. 예를 들면 9:1-6과 11:1 이하에서 이사야는 "그의 이름은 기묘자라 모사라", "지혜와 총명의 영", "모략과 재능의 영", "지식과 여호와를 경외하는 영" 등 지혜전승과 관련된 개념들이 동원되고 있다. 잠언서에 자주 등장하는 궁정격언들을 기억한다면 이사야의 다양한 용어들은 지혜전승에 근거했음을 부인할 수 없다. 아이로니컬하게도 이사야만큼 현자들의 지식과 모사를 공격한 예언자는 없다(3:1-3, 30:1 이하, 31:1 이하). 그럼에도 불구하고 하나님 의지를 떠난 지혜를 공격한 것이지 지혜 자체에 대한 부정은 아니었다. 따라서 피히트너는 이사야는 지혜자 중에 있었음("Isaiah among the Wise")을 주장하고 있다.

한 가지 피히트너가 주전 8세기 이사야와 지혜전승의 연관성을 논하면서 주장하기를 이사야 외에는 아모스나 호세아 그리고 미가에게는 그와 같은 지혜전승은 발견되지 않았다고 지적한 점이 오히려 후대의 학자들로 하여금 8세기 예언자들로부터 지혜의 흔적을 찾도록 하는 발화점이 되었다. 그 가운데 아모스에 대한 연구가 가장 활발하게 이루어진다.[37] 특히 테리엔은 아모스와 지혜문학 사

이의 용어와 문체의 연관성을 다음의 8가지 요점으로 정리하였
다:38) 1. 지혜문학 잠언의 숫자와 유사한 연속적 숫자 나열의 문체
(암 1:3, 6, 9, 11, 13; 2:1, 4, 6); 2. 히브리 문학전통에서 지혜전승만
이 취급하는 스올(Sheol)까지 미치는 야웨의 세력에 대한 언급이
아모스 9:2에서 부각; 3. 지혜자들의 가르침의 방법인 수사학적 질
문의 형태를 도입하여 인과관계의 자연스런 귀결을 북이스라엘인
들에게 호소(암 3:3-8); 4. 지혜문학의 가장 대표적 용어라 할 수
있는 비밀(쏘드)이라는 단어를 예언자들의 계시수단으로 표현(암
3:739)); 5. 마땅히 행할 바에 대한 표현을 지혜문학에서 자주 등장
하는 "바른 일"(느코카)40)이라는 단어를 통해 묘사(암 3:10); 6. 욥
기에서 두 번씩이나 나오는 관용적 표현(욥 16:9; 18:4)을 사용(암
1:11); 7. 아모스만이 지혜전승과 밀접한 에돔 지역의 조상인 이삭
을 이스라엘 전체를 지칭 시 사용(암 7:9, 16); 8. 아모스만이 이삭
과 관련 있는 브엘세바41) 지역을 언급(암 5:5; 8:14). 물론 테리엔

---

37) James L. Crenshaw, "The Influence of the Wise upon Amos," *ZAW* 79
    (1967), 42-52; H. W. Wolff, *Dodekapropheton 2: Joel und Amos* (Neukirchen
    -Vluyn: Neukirchener Verlag, 1969); J. L. Mays, *Amos: A Commentary*
    (Philadelphia and London: Westminster Press, 1969); W. Rudolph, *Joel,
    Amos, Obadaja, Jona* (Gütersloh, 1971); C. van Leeuwen, *Amos* (Nijkerk:
    Callenbach, 1985); J. A. Soggin, *The Prophet Amos* (Philadelphia and
    London: SCM, 1987).
38) Samuel Terrien, "Amos and Wisdom," in *Israel's Prophetic Heritage: Essays in
    Honor of James Muilenburg*. eds. B. W. Anderson & Walter Harrelson (New
    York: Harper & Brothers, 1962), 108-115.
39) "여호와께서는 자기의 비밀을 그 종 선지자들에게 보이지 아니하시고는 결코 행
    하심이 없으시리라".
40) 잠 8:9; 24:26; 26:28; 시락 11:21.
41) 창 21:31-33; 26:15-25.

은 예언자로서의 아모스만의 독특성을 동일하게 강조한다. 그럼에
도 불구하고 그는 지혜와 예언 사이의 독립된 전승의 발전이 아니
라 이스라엘 종교형성 초기로부터 공통적이고 상호연관성 있는 환
경에서 각 전승들이 기원하고 있음을 주장한다.[42]

호세아의 경우 제일 끝 절이 관심의 주목이 되어왔다(호 14:9
[10])[43]:

누가 지혜가 있어 이런 일을 깨달으며 누가 총명이 있어 이런 일을
알겠느냐 여호와의 도는 정직하니 의인은 그 길로 다니거니와 그
러나 죄인은 그 길에 걸려 넘어지리라.

일군의 학자들은 후대의 편집과정 가운데 제일 마지막 절이 첨
가되어 호세아를 읽는 이들에게 교훈적 말씀으로 강조키 위한 장치
로 주장하였다.[44] 그러나 또 다른 학자들에게 해당 절은 야웨의 뜻
에 거하는 의인과 그렇지 못한 악인의 넘어짐에 대한 교훈에 해당
하는 호세아 전체의 지혜전승적 내용과 긴밀하게 관련되어 있는 것
으로 판단한다.[45] "넘어지다"(카샬; 호 4:5; 14:1[2])와 "범죄하다"

---

42) Samuel Terrien, "Amos and Wisdom," 115.
43) 본 책에서는 한글성경의 절수와 다른 BHS 히브리어 원문성경의 절수는 [ ]로 표
  현한다.
44) G. T. Sheppard, *Wisdom as a Hermeneutical Construct: A Study in the sapientializing
  of the Old Testament* (Berlin and New York: W. de Gruyter, 1980), 129-136;
  C. L. Sew, "Hosea 14:10," *CBQ* 44(1982), 212-224.
45) H. W. Wolff, *Dodekapropheton 1: Hosea* (Neukirchen-Vluyn: Neukirchener
  Verlag, 1961); W. R. Harper, *A Critical and Exegetical Commentary on Amos and
  Hosea* (Edinburgh: T & T Clark 1936); J. L. Mays, *Hosea: A Commentary*
  (Louisville: Westminster John Knox Press, 1969); Douglas Stuart,

(아발; 호 7:13; 8:1), "지혜롭다"(하캄; 호 13:13)와 "깨닫다"(빈; 호 4:14)등의 본문에서 드러나는 중심 용어들을 마지막 절에서 강조한 것이지 후대에 첨부된 것이 아니라는 것이다. 실제로 포오러와 같은 학자는 호세아에서 지배적으로 등장하는 지혜전승적 요소들로 인하여 호세아 예언자는 궁정학자들을 훈련시키는 지혜학교에서 교육받은 자로 결론짓고 있다.46) "하나님을 아는 지식"(호 4:1; 6:6)을 제사보다도 중시하는 호세아의 선포뿐만 아니라 이스라엘의 결정적 실패를 해산의 고통에도 불구하고 자식을 해산치 못하는 비유에서 "지혜 없는 자식/어리석은 아들"(호 13:13)로 에브라임을 지칭하는 것은 잠언서의 중심표현 중 하나이다(잠 10:1; 13:1; 15:20). 호세아 10:10의 "징계하다"(야살)라는 단어는 부모와 자녀의 바른 관계를 묘사할 때 자주 도입되는 단어이기도 하다(잠 19:18; 29:17; 31:1). 그러나 호세아서의 지혜전승적 관련성을 논할 때 가장 중요하게 부각되는 요소는 호세아의 지혜자적 가치체계이다. 즉, 호세아의 관심은 생각과 행동의 상관관계, 실체에 대한 잘못된 이해, 사물들의 존재방식과 행동양식 등이다. 호세아는 에브라임 사람들이 잘못된 세계 이해와 행동방식으로 인해 북이스라엘이 멸망할 수밖에 없음을 지적하고 있다.47) 이와 같은 관심은 하나같이

    Hosea-Jonah (Waco: Word Books, 1987).

46) E. Sellin and G. Fohrer, *Einleitung in das Alte Testament* (Heidelberg: Quelle & Meyer, 1965), 460.

47) A. A. Macintosh, "Hosea and the Wisdom Tradition: dependence and in-dependence," in *Wisdom in ancient Israel: Essays in honor of J. A. Emerton*, eds. John Day, Robert P. Gordon and H. G. M. Williamson (Cambridge: Cambridge University Press, 1995), 125.

인간의 경험중심의 지혜자적 관심과 일치한다.

볼프는 "모레셋 사람 미가"(미 1:1)의 사회적 배경을 "모레셋 지방의 장로"로 보고 이스라엘 고유의 지혜 성격의 담지자로 규정한다.[48] 그의 주장의 근거는 예레미야 26:17-18에서 예레미야의 처형을 막은 당사자들이 "그 지방의 장로들"이었고 그들을 통해 모레셋 사람 미가의 전승이 이어지고 있다는 사실이다. 실제로 미가의 언어와 세계관 그리고 사고방식은 그가 유다의 남서쪽 모레셋 지방의 장로출신임을 증명한다. 우선, 미가 3:1과 9에 각각 드러나는 리더십의 용어인 "우두머리…통치자"(로쉬와 카찐)는 전통적 이스라엘의 표현이다. 사사시대 입다를 가리킬 때 똑같은 용어들이 사용됨을 알 수 있다(삿 11:6, 8). 둘째, 입다는 지방고장의 장로들이 그러했듯이 성문에서 정의를 세우기 위해 판결(미쉬팟)을 내리는 일을 감당하고 있다(미 3:1, 8). 전통적 지혜자들의 역할을 수행하고 있는 것이다. 셋째, 지방의 장로로서 자신에게 속한 사람들의 대표자로 본인을 묘사한다(미 1:9; 2:9; 3:2, 5). 넷째, 경청자의 이해를 돕기 위해 실생활과 밀접한 생생한 비유를 사용하고 있는 점(3:2-3), 그리고 끝으로 부족이나 시골 단위에서 이루어지는 애도의 풍습을 그의 저주선포에서 활용하고 있는 점(2:1) 등이 미가의 사회적 배경을 알려주는 실마리들이다. 무엇보다도 미가는 동시대의 아모스나 이사야처럼 다음의 세 가지 주제에서 예언적 관점뿐만

---

48) H. W. Wolff, "Micah-The Prophet and His Background," in *Israelite Wisdom: Theological and Literary Essays in Honor of Samuel Terrien*. eds. John G. Gammie, Walter Brueggemann, W. Lee Humphreys and James M. Ward (New York: Scholars Press, 1978), 77-84.

아니라 이스라엘의 지혜적 관점을 공유한다:49) 억압과 착취에 대한
예민성(미 2:2; 3:3), 불공평한 재판(3:11), 무절제한 음주(2:11).

포로기 이전의 대표적 예언자인 예레미야에게서 지혜전승을 찾
을 수 있는 전제는 예레미야와 서기관 사반의 가정과의 관계성이다
(렘 26:24). 예레미야는 사반의 가정과 어떤 방식으로든 관련을 맺
고 있었으며 상호 일치와 보호의 관계에 있었다.50) 따라서 사반의
가정을 통해 전수되어 온 율법과 지혜의 정신들이 예레미야에게서
기대되는 것이다. 그러나 맥케인은 예레미야 내에서 예언과 지혜
는 첨예하게 대립되어 있음을 지적한다. 왜냐하면, 신적 권위를 지
닌 예언의 말씀(다바르)이 인간의 경험과 자율적 판단의 성격을 지
닌 모략(에짜)과 다르며 후자의 입장으로 치우칠 경우 하나님을 거
역하는 길로 치우치기 때문이다. 예레미야에서 예언자의 예언과
지혜자 곧 당시의 고관과 서기관들의 의견은 늘 충돌하고 있었
다.51) 와이브레이는 맥케인의 입장에 반대하여 왕조시대에는 아
직 '지혜자' 그룹이나 예레미야가 대결하는 것으로 여겨지는 궁정
'고문단'의 정치적 그룹도 존재하지 않았음을 부각시킨다.52) 따라
서 다바르와 에짜 사이 즉 예언과 지혜 사이에 애초부터 충돌의 요

---

49) H. W. Wolff, "Micah-The Prophet and His Background," 83.
50) W. McKane, "Jeremiah and the Wise," in *Wisdom in ancient Israel: Essays in honor of J. A. Emerton*. eds. John Day, Robert P. Gordon and H. G. M. Williamson (Cambridge: Cambridge University Press, 1995), 145.
51) W. McKane, *Prophets and Wise Men* (Chatham, Great Britain: SCM Press, 1965), 55, 118.
52) Roger N. Whybray, "Prophecy and Wisdom," in *Israel's Prophetic Tradition: Essays in Honor of Peter R. Ackroyd,* eds. Richard Coggins, Anthony Phillips and Michael Knibb (Cambridge: Cambridge Univer- sity Press, 1982), 193.

소가 없다고 주장했다.53) 반 류웬은 앞선 학자들의 견해와는 달리
예레미야의 정치적 모사꾼들에 대한 공격의 바탕에는 잠언의 지혜
적 기준들이 근거로 작용하고 있다고 보았다.54) 반 류웬은 맥케인
의 거룩한 예언과 세속적 지혜의 이분법도 거부하며55) 와이브레
이의 왕정시대의 지혜집단 존재의 부정도 비판한다. "비록 חכם(지
혜로운)이 전문적 개념이 아니었을지라도 예언자에게 있어서 자신
의 직분에 맞는 지혜를 소유한 전문화된 집단을 일컫는데 사용되었
을 것이다."56) 궁정의 지혜관료들에 대한 예레미야의 공격은 지혜
자체에 대한 것이라기보다는 야웨 경외를 상실함으로써 지혜 본래
의 고유한 기능 실행을 실패한 데 근거한 것이라고 반 류웬은 정당
하게 주장한다. 이와 맥락을 같이하여 스캇은 지혜와 예언은 상호
모순되지 않음을 말한다. 두 전승 모두 그 근본에 있어서 인간의
상황에 대하여 그리고 야웨와의 관계성에 대하여 상이한 수준에서
각기 다른 방향으로부터 접근하고 있을 뿐이라는 것이다.57) 원류
에서 하나이던 두 전승이 이스라엘 역사의 변천에 따라 다른 발전
의 길을 걷다가 주전 2세기경 결국에는 거룩한 한 권의 책이라는
토라경건 가운데 통합되었다는 것이다.58)

---

53) 위의 글.
54) Raymond C. Van Leeuwen, "The Sage in the Prophetic Literature," *The Sage in Israel and the Ancient Near East,* eds. John G. Gammie and Leo G. Perdue (Winona Lake: Eisenbrauns, 1990), 300.
55) 사실 맥케인은 후에 지혜와 예언 사이의 명확한 구분선을 긋는 일이 어려움을 스스로 고백하고 있다: W. McKane, "Jeremiah and the Wise," 148-149.
56) Raymond C. Van Leeuwen, "The Sage in the Prophetic Literature," 301.
57) R. B. Y. Scott, *The Way of Wisdom in the Old Testament* (New York: The Macmillan Company, 1971), 135.
58) R. B. Y. Scott, *The Way of Wisdom in the Old Testament,* 103.

예언자들에게서 지혜전승은 주어진 환경과도 같았다. 예언자들은 그들이 받은 신적 계시를 당시의 역사적 상황에 맞게 선포하기 위하여 고유의 지혜정신을 활용하고 있다.59) 우리는 위에서 예언자들이 지혜전승의 문학적 용어나 표현양식들 그리고 고대 이스라엘인들의 고유한 사고방식 그리고 세계에 내재되어 있는 인과관계 등의 지혜주제들을 예언적 선포에 적용하고 있음을 확인할 수 있었다. 그도 그럴 것이 이스라엘의 전통적인 궁중 지혜자인 요셉의 경우 이집트 궁전의 관료로서 파라오에게 지혜를 줄 때에는 인간의 지식에 의존하지 않고 초월적 신적 계시에 근거하고 있음을 우리는 이미 알고 있다. 이스라엘 왕국의 역사에서도 분명한 사실은 솔로몬이 '듣는 마음' 곧 하나님의 지혜를 받게 되는 상황도 초월적이고 계시적인 상황에서 받고 있음을 기억해야 한다.60) 그러나 그렇다고 인간의 자연세계와 역사적 사회의 생존의 삶 속에서 발견되는 자연적 원리와 역사적 법칙 등을 무시하지는 않는다. 이는 전통적 지혜전승의 교육현장인 가정에서 부모의 구두교훈과 부족의 장로들의 지혜정신에 근거하기 때문이다.61) 삶의 현장에서 관통하는 희로애락의 경험, 부족과 민족의 영고성쇠의 역사에서의 체험과 그 안에서의 하나님 고백 등이 지혜가 되고 예언적 선포의 정신사적 문화환경이 되고 또한 문학적 표현의 자원이 된다. 이런 의

---

59) Donn F. Morgan, *Wisdom in the Old Testament Traditions* (Oxford: Basil Blackwell Publisher, 1981), 88.
60) Mark Sneed, "Is the 'Wisdom Tradition' a Tradition?" *CBQ* 73 (2011), 58.
61) H. W. Wolff, *Amos the Prophet: The Man and His Background* (Philadelphia: Fortress Press, 1973); E. Gerstenberger, *Wesen und Herkunft des Rechts* (WMANT 20; Neukirchen-Vluyn: Neukirchener Verlag, 1965).

미에서 지혜와 예언은 그 인식론적 공통기반을 '경험'에서 지닌다. 실체와 진리에 대한 이해는 경험을 통해서 가능하다. 오랜 경험을 통해 쌓여온 가정과 부족 그리고 왕국의 지혜가 오고 오는 시대에 전수된다. 하나님의 계시를 받은 예언자들에게 이 지혜는 '하나님을 아는 일'(야다) 곧 하나님의 온전한 체험의 세계로 이스라엘 백성들을 인도한다. 하나님의 초월적 체험이 예언이라면 하나님 세계의 온전한 경험과 관찰이 지혜이다.

4. 지혜와 묵시[62]

　지혜와 묵시의 관계는 묵시문학의 기원을 논의하면서 폰 라드에 의해 제기되었다. 폰 라드는 묵시사상의 기원을 포로후기 예언자들의 예언이 성취되지 않는 상황에서 예언문학의 종말론이 묵시문학적 종말론으로 발전하는 지점에서 발견할 수 있다는 대부분의 학자들의 논의를 따르지 않는다.[63] 대신에 전승사적 입장에서 묵

---

62) 본 섹션의 내용은 기존에 발표된 필자의 논문을 본서의 주제에 맞게 개정한 것임을 밝힌다: 안근조, "묵시의 기원으로서의 재고,"『신학연구』62 (2013), 7-30.

63) Joseph Blenkinsopp, *A History of Prophecy in Israel. From the Settlement in the Land to the Hellenistic Period* (London: SPCK 1984), 255-267; H. H. Rowley, *The Relevance of Apocalyptic* (London: Athlone, 1944); D. S. Russell, *The Method and Message of Jewish Apocalyptic* (Philadelphia: Westminster, 1964); P. D. Hanson, *The Dawn of Apocalyptic* (Philadelphia: Fortress, 1975) 1-31; 장일선,『히브리 예언서 연구』(서울: 대한기독교서회, 1991), 139-148; 구덕관,『구약신학』, 325-354; 왕대일『묵시문학과 종말론: 다니엘의 묵시록 새롭게 읽기』(서울: 대한기독교서회, 2004), 67-88; 강성열,『구약성서로 읽는 지혜 예언 묵시』(서울: 한들, 2004), 188-197.

시문학의 모판을 지혜에 두고 있다. 기본적으로 폰 라드는 묵시문학의 주인공들이 하나같이 현인들로 묘사되고 있음을 지적한다. 다니엘은 궁중 지혜자로 교육을 받고(단 1:3 이하) 이후 줄곧 지혜자로 이해되었다(단 2:48). 에녹은 "의를 기록하는 자"로서 지혜에 있어서 모든 다른 사람의 지혜를 능가하는 학자로서(에디오피아 에녹서 37:4) 나타난다. 에스라도 "최고학문의 기록자"로 불리웠다(제 4에스라서 14:50).[64] 묵시문학이 예언자들의 이름보다는 지혜의 조상들인 다니엘과 에녹, 에스라 등의 이름과 결부되어있다고 하는 사실 자체가 지혜전승의 근원을 시사해 주고 있다는 것이다. 또 다른 지혜문학의 기원은 묵시문학 전반에 흐르는 인식의지이다.[65] 세상의 질서와 인간의 결국 그리고 이 모든 것에 내재된 하나님의 섭리를 알고자 하는 인식의지는 묵시와 지혜의 공통기반인 것이다. 묵시문학은 처음부터 신이 모든 인간과 민족들을 위해 그들의 사건과 때를 미리 정해놓았음을 전제한다. 지혜문학은 인간의 삶과 사건들 더 나아가 자연세계의 이치들에서 신의 다스리심과 질서를 묵상한다. 세상의 보편적 역사에 대한 관심과 통찰이 지혜와 묵시를 함께 이어준다.

물론, 묵시문학이 마지막 일들에 대하여 관심을 가진다는 의미에서 묵시문학의 출현 자체가 예언자의 종말론에 있다고 말하는 것은 일면 타당한 논리이다. 그러나 폰 라드가 묵시와 예언의 결별을 선언한 결정적인 근거는 양자의 역사이해 방식의 차이이다. 예언

---

64) G. von Rad, *Old Testament Theology, vol. II* (New York: Harper & Row, 1965), 306; 폰 라트, 『구약성서신학 제2권』 허혁 옮김 (왜관: 분도출판사, 1977), 302.
65) G. 폰 라트, 『구약성서신학 제2권』, 303.

자의 메시지는 특정 민족에 대한 선택과 계약사상에 근거한 구속의 역사를 향한다. 따라서 예언문학은 선택받은 자들의 순종 여부에 따라 미래의 역사가 열려 있다. 그러나 묵시문학의 역사는 결정론적이요 닫힌 미래이다. 계약 당사자들 간의 계약이행 여부의 문제가 아니라 세계 일반역사 전체를 포괄하는 것이 묵시문학의 역사관이다.

> 이스라엘의 역사는 전혀 거론되지 않는다. 신은 여기에서 오로지
> 세계제국들만을 상대한다. 인자도 사실 이스라엘에서 나오지 않
> 고 "하늘의 구름을 타고" 온다. 그러므로 여기서는 전체 구원사가,
> 종말론적-미래적인 것이다.[66]

묵시문학의 역사관은 역사에 담긴 신적 질서의 문제이다. 그리고 이를 역사결정론의 입장에서 말하고 있기에 새로운 것은 일어나지 않는다. 반면에 예언자들은 야웨의 역사지배를 다른 언어로 말한다. 하나님의 계약에 충실한 선택된 자들에게 미래는 새롭게 열린다(사 43:18-19; 65:17; 렘 31:22).

폰 라드의 주장에도 불구하고 기존의 성서신학자들은 묵시와 지혜의 상관관계를 적합한 것으로 받아들이지 않았다. 왜냐하면 지혜문학에 묵시적 종말론이 전혀 등장하지 않고 있기 때문이다.[67] 그러나 콜린스는 이에 대해 견해를 달리한다. 묵시문학에 대

---

66) G. 폰 라트, 『구약성서신학 제2권』, 305.
67) 강성열, 『구약성서로 읽는 지혜 예언 묵시』, 189.

한 종전의 종말론적 관심은 그 기원을 예언전승에서 보게 하였다. 그러나 묵시문학의 또 다른 차원인 우주와 역사의 구조에 대하여 관심을 돌린다면 지혜전승과의 연계성은 명확해진다.[68] 왜냐하면 묵시문학의 우주론적 존재론의 근거는 지혜문학의 창조론과 인과론에 연결되어 있기 때문이다. 폰 라드는 묵시문학 연구에 있어서 균형적 연구를 위한 방향을 제시했다. 즉, 인류의 종말에 대한 편향된 관심으로부터 그동안 관심대상에서 제외되어 있었던 우주의 중심에 대한 묵상으로 연구자들의 관심을 돌려놓았다. 이는 지혜전승의 우주론적 본질을 도출하는데 있어서도 새로운 출발점이 되었다.

블레킨솝은 사실상 묵시가 각각 예언과 지혜와 만나는 지점이 있음을 지적한다. 그러나 그럼에도 불구하고 묵시가 예언보다는 지혜에 더 연결되어 있음은 묵시적 환상가가 그가 받은 계시를 예언자들처럼 자신이 직접 받은 것으로 말하기보다는 옛 조상들의 지혜로부터 받은 것으로 말한다는 데 있음을 부각시킨다(ex. 단 11:33, 35; 12:3, 10).[69] 또한 벤네마는 묵시적 지혜(apocalyptic wisdom)를 언급하면서 에스겔과 같은 예언서와 묵시적 관련성을 논하고 있지만 그 묵시적 관련성 자체가 이미 지혜전승의 기원을 전제하고 있다고 본다. 즉, 에스겔 1-39장에서는 전형적으로 예언자 에스겔을 감동시키고 인도하는 것은 영(루아흐)이다(겔 2:2; 3:12-14, 24; 8:3; 11:1, 5, 24-25; 37:1). 그러나 에스겔 40-48장으로 가면 에스겔의 비전은 더 이상 영에 의해서라기보다는 천사에

---

68) John J. Collins, *The Apocalyptic Imagination: An Introduction to the Jewish Matrix of Christianity* (New York: Crossroad, 1984), 17.
69) Joseph Blenkinsopp, *Wisdom and Law in the Old Testament,* 176.

의해 인도된다고 묘사한다(40:3-4). 이것이 묵시문학 다니엘에서 더 이상 예언문학적 표현보다는 지혜문학적 표현으로 전이된다. 다니엘 1-6장은 전형적 궁정지혜자로서 꿈을 해석하는 다니엘의 모습이 각인되어 있다. 이제 7-12장으로 가면 에스겔 40-48장과 같이 묵시의 수혜자로서 천상의 존재에 의해 다니엘이 이상에 대한 설명을 듣고 있다(단 7:16; 8:16-19; 9:22; 10:14, 21; 11:2). 그러나 그 다니엘은 예언자로서가 아니라 지혜자로서 계시를 받는다. 묵시적 환상에 대한 천사의 설명을 들으면서 깨닫는 과거와 현재와 미래의 비밀에 대한 깨달음, 이것이 바로 묵시적 지혜이다.[70] 우리는 이곳에서 지혜와 묵시의 긴밀한 관련성을 보게 된다.

히브리 문학의 전승사적 발전과정을 살필 때 주전 2세기부터 유대주의에서 출현한 묵시문학은 그 기원을 이전부터 전수되어 온 유대주의 문헌의 다양한 전승들에 둘 수 있는 충분한 근거들이 있다. 따라서 지혜인가 예언인가의 양자택일보다는 묵시문학의 기원 자체가 다양한 전승들의 통합체임을 기억해야할 것이다.[71] 이곳에서는 묵시문학에 흐르는 지혜전승의 분명한 흐름들을 다음의 네 가지 차원에서 설명하면서 히브리 지혜전승의 특성과 구성 원리에 더욱 가깝게 접근하고자 한다.

첫째, 묵시문학은 위기문학이다.[72] 더 이상 신앙이 현실의 문제에 답을 주지 못할 때 묵시사상은 발흥한다. 유대인의 묵시는 그

---

70) Cornelis Bennema, "The Strands of Wisdom Tradition in Inter testamental Judais," 66.
71) cf. 천 사무엘, 『지혜전승과 지혜문학: 지혜문학의 눈으로 다시 보는 성서』 (서울: 동연, 2009), 89.
72) 왕대일, 『묵시문학과 종말론: 다니엘의 묵시록 새롭게 읽기』, 59.

들이 당하고 있는 생존의 위협 가운데 등장했다. 현실에서 펼쳐지는 실재와 그들이 희망하는 실재 사이의 갈등과 긴장, 대립과 반목이, 또는 도저히 극복할 수 없는 지상통치자의 횡포로 인해, 기존의 하나님 통치의 신앙으로 극복될 수 없는 신학적 교착상태에서 묵시문학의 저자들은 묵시라는 신학적 표현방식을 획득하게 되었다는 것이다.73) 다니엘의 저작의도에 대하여 왕대일은 어떤 정보나 지식을 전달하는 것이 아님을 지적한다. 도리어 언어를 듣는 자로 하여금 저자의 세계관에 전적으로 동참(commitment)할 것을 요청하는 것으로 본다. 이로부터 유대인들의 생존의 길이 열린다는 것이다. 다니엘은 마지막에 대한 묵시로 인간의 삶과 세계의 역사의 파국을 경고하는 종말주의가 아니다. 신앙과 이성으로 설명될 수 없는 현실 속에서도 그들의 하나님은 여전히 섭리하고 계심을 일깨움으로 말미암아 오늘의 삶을 지탱할 수 있는 힘과 용기를 주는 교훈서로 묵시문학은 존재한다.

이와 같은 위기문학은 잠언서 이후 욥기와 전도서로 대표되는 지혜문학의 저작동기와 긴밀한 관련성을 보인다. 욥기의 저자시기에 대해서 의견이 분분하나 알베르츠와 같은 학자들은 포로후기 제2성전 시대에 몰락한 귀족계급의 작품으로 보고 있다.74) 사실 저작시기의 결정과 관계없이 욥기 자체는 위기문학이다. 기존의 신명기적 인과응보의 신학이 율법준수에 충실한 의인에게 축복이 아

---

73) 왕대일, "구약 묵시문학 다니엘서의 지혜 정신,"『지혜전승과 설교: 구덕관박사 회갑기념 논문집』(서울: 대한기독교서회, 1991), 199.

74) Rainer Albertz, *A History of Israelite Religion in the Old Testament Period Vol. II: From the Exile to the Maccabees* (Louisville: Westminster John Knox Press, 1994), 514-517.

닌 저주를 가져다주는 현실 앞에서 더 이상 지금까지의 신앙으로 하나님을 이야기할 수 없을 때 욥은 감히 하나님 앞에 항변하고 있는 것이다. 그리고 그 항변에 야웨는 응답하며 '의로운 자의 고통'을 어떻게 창조의 지평에서 해결할 수 있는가를 설명하고 있다. 이로써 욥은 그리고 의로운 이 땅의 고난자들은 여전히 살아갈 수 있는 힘을 얻는다. 전도서 또한 마찬가지이다. 세상의 모든 것을 소유하고 누려본 자의 위기가 전도서 안에 새겨져 있다. 부와 명예, 권력과 여인, 사람이 계획하고 이루려고 이 땅에서 노력하는 그 모든 것들 가운데에는 구원이 없다. 그저 모든 사람들이 하나같이 죽음으로 치닫는 현실 앞에 전도자는 '헛됨'을 외칠 수밖에 없다. 그러나 전도자는 해 아래 새것이 없는 순간에 해 위의 조물주를 바라보게 되고 그 하나님의 때와 시기를 묵상하게 된다. 해 아래에서 해 위로의 통찰과 더불어 이제 회의주의적 삶의 주인공은 확신과 소망의 삶으로 전향하는 계기를 맞는다. 헛된 삶의 현실에 '헛되고 헛됨'을 선포함으로 진정 의미 있는 삶을 새롭게 출발하는 것이 바로 전도서이다. 여전히 신앙과 생존의 위기를 극복하는 지혜가 이곳에 흐른다. 묵시와 지혜는 현실 고통과 초월의 장에서 서로 만나고 있다.

둘째, 묵시문학의 하나님은 창조주 "엘"(אל)이다.[75] 선악과를 따먹은 아담을 "네가 어디 있느냐"(창 3:9) 찾고, 포로된 이스라엘의 부르짖음을 듣고 안타깝게 여기며(출 3:7), 자신의 백성의 배반에 질투하는(출 20:5; 신 5:9) 그런 하나님이 아니다. '인격으로 경험되는 하나님'은 다니엘에서는 들리지 않는다. 다니엘의 하나님

---

75) 왕대일, "구약 묵시문학 다니엘서의 지혜 정신," 170.

은 형이상학적 존재 마냥, 그냥 '거기 그 자리에 계시는 존재'로서의 하나님이다.[76] 묵시문학은 하나님이 존재하지 않는 것처럼 느껴지는 역사의 참혹한 순간에 그 하나님이 어떤 존재인가를 재해석하고 있다. 율법이나 예언처럼 하나님이 무엇을 말하는가에는 관심이 없다. 역사의 주권자에 대한 기대에도 주목하지 않는다. 혼돈 가운데 있는 자들은 이제 하늘과 땅, 시간과 공간을 포괄한 전 우주적 영역을 새롭게 재구성할 창조주의 존재로 향한다. 왜냐하면 그 존재 속에 비로소 온전한 질서로서의 샬롬(wholeness/cosmos)을 경험할 수 있기 때문이다.

지혜전승의 중심사상은 창조신학이다. 지혜는 본래부터 내재적인 자연법칙과 우주원리에 관심한다. 퍼듀에 의하면, 지혜문학의 창조신학은 우주질서에 주목한다고 하였다.[77] 삶과 역사에 내재되어 있는 창조자의 질서를 터득한 자만이 행복과 번영의 삶을 누릴 수 있음을 지혜문학은 강조한다. 잠언서는 예로부터 전수되어 온 조상들의 삶의 원리에 대한 축적물이다. 욥기는 폭풍우와 같은 자연현상을 동반한 하나님의 임재 가운데 창조세계의 파노라마에 노출됨을 통해서 무질서를 관통하여 새로운 질서로 나아가는 삶을 보여준다. 전도서는 헛된 인생 가운데 창조자를 기억할 때 무의미의 삶을 극복할 수 있음을 강변한다. 묵시문학과 지혜는 같은 창조주 하나님을 묵상한다. 그리고 창조주 하나님의 구원은 창조세계에 이미 충만히 깃들어 있는 질서이다. 기존의 신앙적 관념이 더

---

76) 위의 책, 203.
77) Leo G. Perdue, *Wisdom and Creation*, 38.

이상 능력을 발휘하지 못하는 위기의 시대에 마지막으로 의지할 수 있는 하나님에 대한 담론(God-talk)이 창조자와 창조질서에 대한 통찰과 신뢰이다.

셋째, 묵시문학은 슬기로운 삶의 운영에 관계한다. 종말주의의 광기어린 선포 아래 인생을 포기하는 것이 아니라 인간의 역사가 끝이 다가왔기에 하나님의 새로운 역사를 기대하며 절망을 승화할 수 있는 것이다. 창조주의 새롭게 하실 질서에 들어가 의인으로서 합당한 삶을 계수하며 분별하며 그렇게 현재를 살아가야 함을 가르친다. 다니엘 1-6장에서 펼쳐지는 궁중설화에서 다니엘과 그의 세 친구가 펼치는 영웅적 이야기들은 하나님을 배교하는 시대에 목숨을 바쳐서라도 신앙을 지키는 자의 삶이 가장 현명한 길임을 안내한다. 이어지는 7-12장의 환상 보도는 단순한 미래나 종말의 예견과 기다림이 아니라 세상의 마지막에 관한 하나님의 설계에 대한 참 지식과 참 지혜의 가르침이다. 하나님의 섭리에 대한 깨달음이 현실을 관통하게 함으로써 역사의 현장으로부터의 신비적 도피가 아니라 현명한 삶의 결단을 촉구한다. 여기에서 왕대일은 스턴의 논의를 빌어[78] 유대주의 랍비전통에서 다니엘을 예언서가 아닌 성문서 즉 지혜전승의 산물로 편입한 이유를 읽는다.

주전 5세기-주후 1세기에 이르는 유대인들의 제2성전 시대는 율법과 "할라카"(halakah)에 정통한 지혜자들이 유대 공동체의 지

---

[78] M. Stern, "The Period of the Second Temple," *in A History of the Jewish People*. ed. by H. H. Ben-Sasson (Cambridge: Harvard University Press, 1976), 284.

도자로 활동하던 시대였다.

이 시대에 활동했던 지혜자, 교사, 서기관들의 궁극적 관심사가 무엇이었을까?

바로 이 시기의 서기관들과 현인, 교사들이 다니엘서를 성문서 안에 다른 지혜서들과 나란한 것으로 보게 되지 않았을까?[79]

결국 지혜자 다니엘의 성공적 디아스포라의 삶과 그가 수령한 참 지식 그리고 그 지식에 담긴 '악마 추방'의 드라마를 통해서 지혜로운 교사로서의 가르침을 다니엘은 제공해주고 있는 것이다. 왕대일은 바로 여기에 지혜전승적 유산을 읽는다. 곧 다니엘은 지혜전승의 묵시적 변형이라고 결론을 내린다.[80]

지혜문학 역시 어떻게 살아가느냐의 문제에 집중한다. 잠언서는 인생의 항해술을 적고 있다. 지혜로운 언행심사를 다룬다. 지혜자의 가르침에 충실할 때 성공과 행복의 항구에 다다름을 소개하며 그렇게 살도록 격려한다. 그 비결이 야웨 경외의 삶이다. 욥기는 이해할 수 없는 고통의 현실 속에서 어떻게 하나님을 여전히 고백하며 살아갈 수 있는가의 문제에 직면한 신앙인에게 창조주 하나님의 피조물 된 모습 그대로 살아가도록 권면한다. 자신만의 세계에 갇혀 매몰될 때 의로운 고통자는 더 이상 살아갈 수 없다. 그러나 눈을 들어 창조세계를 바라보고 그 세계와 연결될 때 마감되어야 할 인생이 계속 살아갈 수 있는 길이 열린다. 절망의 자리에서 떨쳐

---

79) 왕대일, "구약 묵시문학 다니엘서의 지혜 정신," 192.
80) 위의 책, 193.

일어난다. 이제 구습을 쫓는 옛 삶으로부터 새로운 삶으로 탈바꿈한다. 전도서는 허무한 인생들에게 창조적 부정을 지시한다. 부정의 부정은 강한 긍정이다. 생명력 잃은 덧없는 인생을 붙들며 아비규환으로 살아가는 인생이 아니라 죽음으로 치닫는 무의미의 인생을 있는 그대로 인정하고 내 방식대로의 삶에 연연하는 것이 아니라 창조주의 시간과 때에 맞는 방식과 더불어 춤출 때 인생을 관조하는 지혜와 능력을 얻는다. 창조주 앞에 모든 것을 내려놓을 때 곧 야웨 경외의 삶을 실천할 때 인생은 참 의미를 얻는다는 것이 전도서의 교훈이다. 이렇듯 지혜와 묵시는 근본에 있어서 어떻게 살아야 하느냐에 대한 현명한 삶의 실천적 실행을[81] 강조하는 점에서 강한 현실 긍정의 사상을 공통적으로 갖는다.

끝으로, 묵시문학은 지혜문학의 언어, 주제, 문학적 스타일 등을 사용하고 있다.[82] 다른 히브리 문헌들에서 지혜전승의 문학적 장르들을 발견하려는 모건에게 다니엘 1-6장은 지혜문학에서 익숙한 용어들의 보고이다(ex. 단 1:4, 20; 2:21; 5:11 -12).[83] 왜냐하면, 지혜, 지혜자, 의인, 지식, 야웨 경외 등의 단어들이 자주 발견되기 때문이다. 더군다나 왕의 꿈들에 대한 해몽은 고대근동지방의 문화에서 지혜자들이 맡은 가장 중요한 직책으로 알려져 있었음을 감안할 때에 이집트의 왕의 꿈을 해석해 주는 다니엘의 묵시문학적 기록을 지혜전승의 기원으로 받아들이지 못할 이유가 없다.[84] 무엇보다도 이러한 다니엘의 모습은 창세기의 요셉을 연상

---

81) G. 폰 라트, 『구약성서신학 제2권』, 310.
82) 천사무엘, 『지혜전승과 지혜문학: 지혜문학의 눈으로 다시 보는 성서』, 95-98.
83) Donn F. Morgan, *Wisdom in the Old Testament Traditions*, 132.

케 하고 있는데 이미 폰 라드는 요셉 이야기를 다윗-솔로몬 시대의 지혜운동의 산물로 논의 한 바 있다.[85] 이로써 요셉과 다니엘은 지혜자로서 히브리 문헌의 전통에서 부각되어 있음을 확인할 수 있다. 따라서 지혜와 묵시의 상관관계는 사용되는 단어들뿐만 아니라 꿈 해몽의 주제와 지혜로운 궁정관리의 영웅적 승리의 이야기와 같은 내용전개의 유사성에서도 강화되어 나타난다. 묵시를 받는 환상가들에게 세계와 우주의 비밀이 주어진다. 그러나 그 비밀을 해명하는 직책은 지혜자들에게 주어졌다. 그리고 그 비밀풀이의 지혜는 신적인 카리스마로 소급되기에[86] 지혜자들 역시 하늘 계시의 담지자들이다.

이처럼 지혜와 묵시는 신앙과 현실의 괴리라는 출현동기로부터 창조주 하나님에 대한 공통된 묵상, 그리고 최종적으로 양 전승의 주요기능이 어떠한 삶을 살아야 하느냐는 인생의 지침을 일러주는 데까지 상호 긴밀한 관계성 상에 있음을 관찰하였다. 더군다나 문학적 표현에 있어서도 용어와 장르에서 상당할 만한 유사성이 있음을 알 수 있었다. 이는 근본적으로 양자의 전승이 변화하는 시대에 새로운 신앙적 도전 앞에서 기존의 신앙적 상징들과 의미체계들에 대한 재해석의 시도에서 드러나는 동질성이다. 앞서 양자의 문학을 위기문학이라 규정한바, 신앙적 위기 가운데 생존뿐만 아니라 극복과 초월을 위한 생명의 노력의 결과가 세상에 대한 진단을 낳

---

84) G. 폰 라트, 『구약성서신학 제2권』, 309.

85) G. von Rad, "The Joseph Narrative and Ancient Wisdom," in *The Problem of the Hexateuch and Other Essays* (New York: Mcgraw-Hill, 1966), 292-300.

86) G. 폰 라트, 『구약성서신학 제2권』, 304.

게 하고[87] 하나님의 통치에 대한 종말론적 이해를 가져오게 한 것이다. 그 새로운 관찰과 반성, 통찰의 결과물이 우리에게 지혜로 그리고 묵시로 주어졌다. 도전에 대한 실존적 응전을 가능케 하는 힘은 질서(샬롬)에로의 무한한 욕구이다.

우리는 지금까지 위에서 히브리 지혜전승을 새로운 각도에서 조명하기 위하여 지혜전승을 각각 율법과 예언, 묵시 등과 관련시키며 상호 관련성을 검토해 보았다. 이제까지의 연구의 결과로서 히브리 지혜 사상의 본질적 요소들을 다음과 같이 정리할 수 있겠다: 우주론적 요소, 경험론적 요소, 실존론적 요소.

지혜와 율법의 관계에서 본래의 토라경건은 보편적 하나님의 섭리에 대한 묵상이었고 그 야웨 경외의 현자적 기반이 만물의 창조자의 질서에 뿌리내리고 있음을 살펴봤다. 지혜와 예언의 관계에서 인식론적 공통기반이 '경험'에 있음을 확인할 수 있었다. 초월적이고 구속적 하나님의 체험이 예언자들의 경험이라면 현실적이고 창조적 하나님의 경험이 현자들의 경험이다. 지혜와 묵시의 관계에서 고통과 위기의 현실 앞에 삶을 '살아감'(생존)과 '누림'(행복)에 대한 지침과 교훈이 중요하게 부각되었다. 그 삶의 동력은 무한한 질서추구의 욕구이다. 지혜문학과 묵시문학의 실존적 삶의 투쟁의 근원에는 창조자 하나님의 창조질서의 보존과 회복의 문제가 자리한다. 우리는 이상의 논의에서 히브리 지혜문학이 전해주는 창조신학의 구성원리를 도출하게 된다. 그것은 창조질서의 유지요 (Cosmos), 삶의 지탱이요(Experience), 궁극적으로 창조자 하나

---

87) 위의 책.

님과의 만남이다(Creator).88)

---

88) 지혜문학의 창조신학에 관한 체계적인 논의는 퍼듀의 다음의 저서를 참조하라:
Leo G. Perdue, *Wisdom and Creation: The Theology of Wisdom Literature*
(Nashville: Abingdon, 1994).

2 장
에스라의 초기 유대주의 운동*

제2성전 건축 후 에스라와 느헤미야의 개혁이 나타나게 되는 시기인 주전 515년에서 460년까지의 기간을 헤르만은 암흑시대로 보고 있으며 존 브라이트는 역경과 좌절의 세월로 요약한다.[1] 정치적으로는 여전히 페르시아 제국의 식민지 하에서 민족의 독립은 요원한 상태였다. 단지 대제사장들에 의하여 이끌려지는 신정 정치(theocracy)의 형태로 성전중심 사회 (Temple-Society)를 이어 가고 있을 뿐이었다. 그러나 이 종교적 지도자들은 페르시아의 황실과 타협하지 않을 수 없었으며[2] 따라서 옛 시대처럼 순전한

---

* 본 장의 내용은 필자의 다음의 논문을 개정 보완한 것임을 밝힌다: 안근조, "초기 유대주의 개혁에 나타난 아드 폰테스," 강일구 편저,『아드 폰테스 *ad fontes*』(서울: 동연, 2015), 513-531.

1) 지그프리트 헤르만,『이스라엘 역사』방석종 역 (서울: 나단출판사, 1989), 369; 존 브라이트,『이스라엘 역사』박문재 역 (서울: 크리스챤다이제스트, 1981), 501.

2) 일찍이 페르시아 황실의 도움으로 제2성전이 건축되었기에 (스 6:3-12) 당시 유

야웨 신앙을 지켜가는 것을 기대할 수 없었다. 더군다나 제2성전 건축 당시 학개와 스가랴에 의해서 선포된 예루살렘의 회복과 영화에 대한 성취가 나타나지 않는 상황 가운데 예후드공동체의 신앙적 상실감은 깊고 위협적이었다.[3]

이 시기에 행했던 에스라-느헤미야의 종교개혁은 무엇보다도 에스라가 페르시아에서 예루살렘으로 올 때에 가져온 "모세의 율법책"의 낭독으로 촉발되었다(느 8:5-8). 그 결과는, 백성의 깨달음과 회개운동으로 이어졌으며 더 나아가 여호수아 시대 이후 처음 드려진 초막절 준수가 수행되기에 이르렀다(8:9-18). 계속되는 성회에서는 이스라엘 역사에 대한 회고가 시대별로 소개되었으며 (9:5-37) 이에 대한 응답으로 언약을 세우고 기록하였다(9:38). 이 언약에 인봉한 자들의 명단이 소개되어 있고(10:1-27), 최종적으로 예후드공동체 내의 남녀노소 할 것 없이 모든 성원들이 율법과 규례대로 실천할 것을 고백하고 있다(10:29-39).

자칫 '유다 공동체의 몰락'[4]과 더 나아가 야웨 신앙의 실종으로 치달을 수밖에 없었던 시기에 에스라-느헤미야의 종교개혁 운동은 '유대주의 공동체'를 새롭게 창조했을 뿐만 아니라 신구약 중간시대를 거쳐서 신약의 기독교 신앙에 연결되는 야웨 신앙의 명맥을 보존할 수 있도록 하였다. 무엇보다도 유대주의의 출발이 이 시기로부터 연원하게 되었다. 이러한 영향력 뒤에는 근본적 계약사상

다/예후드공동체(Yehud)는 성전에서 페르시아 황실을 위한 기도와 제사가 계속해서 드려지고 있었다.

3) 데이비드 F. 힌슨,『이스라엘의 역사』이후정 역 (서울: 컨콜디아서, 2000), 205.
4) W. 푀르스터,『신구약 중간사』문희석 역 (서울: 컨콜디아서, 1992), 36.

의 정신으로 돌아가려는 계약회복 운동이 자리하고 있었다. 특별히 페르시아 제국의 수도로부터 에스라가 가지고 온 "모세의 율법책"을 중심으로 한 민족적 대각성이 유대주의 운동의 발화점이 되었다. 우리의 관심은 당시 예후드공동체에서 혼재되어 왔던 다양한 목소리와 전승들이 어떻게 에스라의 토라 운동 안에서 융합되어 하나의 유대주의 운동을 결과하게 되었는지에 관한 것이다. 특히, 다양한 전승의 통합과정 가운데 지혜전승은 그 기능이 축소되었거나 간과되었는지 아니면 적극적으로 관여하며 유대주의 운동 내에서 자신만의 목소리를 낼 수 있었는지에 관하여 고찰하는 일이다. 한 마디로 헬레니즘이 시작되기 직전 예후드공동체 내의 지혜전승의 역할과 변천과정이 우리의 중심과제이다.

이를 위해 먼저, 주전 450년 전후의 예후드공동체의 상황을 파악하여 어떠한 사회적 문제와 신앙적 위기에 직면해 있었는가를 살펴보려 한다. 이어 어떻게 에스라의 토라 선포와 율법 대각성 운동이 새로운 유대주의 운동을 촉발하게 되었는가에 대한 사회학적 원인과 신학적 근거를 설명할 것이다. 끝으로, 이 시기의 신앙적 보존과 개혁의 중심주제는 전통으로의 회귀에 있었음을 논의하려 한다.

1. 예후드공동체의 상황

포로귀환 직후 총독 스룹바벨과 대제사장 예수아 그리고 두 예언자 학개와 스가랴에 의해 주전 515년 드디어 제2성전을 봉헌할 수 있었다. 비록 이전 솔로몬 성전에 비하여 웅장하고 찬란하지는 못했지만(스 3:12) 5년에 걸친 공사과정을 거쳐서 야웨의 무너진 성전을 회복하자 이스라엘 민족은 당장이라도 다윗왕 시절의 영화가 예루살렘에 도래할 줄로 기대하였다. 그러나 제2성전 건축으로부터 50여 년이 지난 후 페르시아 제국의 느헤미야가 예후드공동체로부터 온 지인들에게 들은 본국의 상황은 암담하였다: "그들이 내게 이르되 사로잡힘을 면하고 남아 있는 자들이 그 지방 거기에서 큰 환난을 당하고 능욕을 받으며 예루살렘 성은 허물어지고 성문들은 불탔다 하는지라"(느 1:3). 학개와 스가랴의 제2성전 재건을 통한 민족 회복과 메시아 대망에 대한 예언의 말씀이 현실의 상황과는 깊은 괴리가 있었다. 예후드공동체 내의 어떠한 사회적이고 경제적 요인이 회복을 저해하고 있었는지 살펴볼 필요가 있다. 페르시아 식민지 아래에서 예후드공동체 내 새로운 사회제도로 자리잡은 성전중심 사회(Temple-Society)에 주목할 필요가 여기에 있다. 성전중심 사회의 실정을 파악하게 될 때 왜 예후드공동체의 온전한 회복 추진이 실패했는가를 알 수 있으며 이를 통하여 에스라의 모세 율법 출현과 사회개혁의 역사적 계기를 포착할 수 있을 것이다.

'성전중심 사회'는 예후드공동체를 규정하는 와인버그의 개념이다. 페르시아의 식민지 상태에서 정치적으로는 주권을 행사할수 없으나 종교적으로는 자율권을 인정받는 종교중심의 신정체제적 사회제도를 일컫는 개념이다.5) 그러나 이러한 제도 하에서 실

---

5) Joel Weinberg, *The Citizen-Temple Community* (JSOTSup 151; Sheffield: JSOT

질적인 정치적 권력이 제국정부의 비호 아래 종교 지도자인 제사장들에게 주어짐으로써 식민지에서의 종교적 지도자와 제국의 정치적 지도자들 사이의 결탁은 필연적 수순이었다. 물론 와인버거는 예후드공동체 내 성전중심 사회의 지배제도는 자율적 통치권을 가지고 있었고 일일이 페르시아 정부의 간섭을 받지 않는 정치적 독립을 유지했다고 말하고 있다. 이는 구약성서 에스라-느헤미야의 기록에서 인상을 받는 것처럼 예후드공동체가 제국정부의 영향력으로부터 상당한 거리를 두고 있었다는 해석과 맥을 같이 한다.

그러나 여전히 예후드공동체의 성전중심 사회는 페르시아 권력의 관할 하에 있었음을 부인할 수는 없다. 더군다나 블레킨숍과 윌리암슨이 주장하는 바, 제국정부가 예후드공동체 내의 경제적 엘리트 그룹의 성장을 독려했고 이 그룹이 식민지 전체의 지배권을 행사하는 행정 권력을 차지하고 있었다고 보고 있다.[6] 사실상, 포로귀환 공동체에서 제2성전의 건축이 지체된 이유도 새로운 유다 공동체 건설에 있어서 페르시아 제국의 지원으로 인하여 그에 따른 정치적 부담감이 작용하고 있었다.[7] 만약 제국정부의 지시를 따른다면 그들의 영향과 지배를 계속해서 수용해야 하는 상황이 전개될

Press, 1992).

6) Joseph Blenkinsopp, "Temple and Society in Achaemenid Judah," in *Second Temple Studies: 1. Persian Period*. ed. by P.R. Davies (Sheffield: JSOT Press, 1991), 47-51; Hugh Williamson, "Judah and the Jews," in *Studies in Persian History: Essays in Memory of David M. Lewis*. ed. by Pierre Brian et al. (Leiden: Netherlands Instituut voor het Nabije Oosten, 1998), 159.

7) Rainer Alberetz, *A History of Israelite Religion in the Old Testament Period, Vol., II: From the Exile to the Maccabees,* trans. by John Bowden (Louisville, Kentucky: Westminster John Knox Press, 1994), 444.

것이 명백했기 때문이다. 제2성전 건축 초기 활동한 학개와 스가랴의 예언은 이런 의미에서 포로귀환 공동체에게는 자치적인 민족독립운동의 의미를 지니고 있었다. 성전의 재건은 예루살렘에서의 야웨 통치의 새로운 시작이었으며 스룹바벨을 상징으로 하는 다윗 왕조의 회복을 상징했기 때문이다(학 2:20-23; 슥 4:9, 6:12-13).[8] 스가랴는 그의 비전을 통하여 성전 재건의 주춧돌을 놓은 이후 야웨의 복과 번영은 확정되었다고까지 선포함으로써(슥 8:9- 12) 민족공동체의 성전재건을 격려하였다.

그러나 주전 515년 제2성전의 재건에도 불구하고 열정적으로 회복의 비전을 선포한 예언자들의 예언이 실현되지 않았다. 메시아 대망의 당사자였던 스룹바벨은 성전 봉헌식에 등장하지 않는다(스 6:16-18)[9]. 페르시아 제국정부의 정치적 지배는 더욱 공고해져만 가는 상황이었다. 이에 실망한 공동체의 신앙인들은 점차로 예언의 말씀을 붙들고 있었던 순수한 경건주의적 신앙을 떠나게 된다. 대신에 제도권 종교의 현실주의를 택한다. 즉 당시 종교적 권위와 지배권을 쥐고 있는 제사장 집단의 지도를 추종하게 된다. 그 결과 대제사장에게 최고 권력을 부여하는 성전중심의 신정체제가 더욱 견고해졌다. 반면에 지배권을 상실하고 백성의 지지를 잃은

---

8) Carol L. Myers and Eric M. Meyers, *Haggai, Zechariah 1-8* (New York: Doubleday, 1987), 68.

9) 일단의 학자들에 의하면 스룹바벨은 페르시아 제국 정부에 의해 은밀하게 처형된 것으로 추정하기도 한다. 그러나 이에 대한 확실한 증거는 없다. 분명한 사실은 결국 포로후기 공동체에서 "기름 부은 자"로 최종 인정받은 자는 대제사장 여호수아였다는 사실이다(슥 6:9-14): J. Maxwell Miller & John H. Hayes, *A History of Ancient Israel and Judah* (Philadelphia: The West- minster Press, 1986), 459-460.

예언자 집단들은 환상주의 예언운동으로 몰리고 더 나아가 묵시주의의 길로 나아가게 되는 배경이 여기에 있다.[10]

그러나 예후드공동체 내의 분열은 폴 핸슨의 "묵시주의의 기원"에서 전제했던 것처럼 단순히 성전중심의 제사장 집단과 성전 지배권에서 소외된 예언자 집단 사이의 갈등에서만 일어난 것은 아니었다. 더 근본적인 분열의 씨앗은 바빌론 포로기간 동안 끌려가지 않고 그 땅에 남아있던 자들과(암하렛츠) 포로로 끌려갔다가 페르시아 정부에 의해 다시 돌아온 자들(하골라) 사이의 알력다툼 가운데 있었다. 아래에서 살펴보겠지만 에스라의 종교개혁에 참여할 수 있었던 자들은 포로에서 돌아온 자들 곧 '하골라'에 국한되어 있었다. 예를 들면 에스라 10:7-8의 선포는 하골라만이 해당 대상이었다:

유다와 예루살렘에 사로잡혔던 자들의(하골라) 자손들에게 공포하기를 너희는 예루살렘으로 모이라

누구든지 방백들과 장로들의 훈시를 따라 삼일 내에 오지 아니하면 그의 재산을 적몰하고 사로잡혔던 자의(하골라) 모임에서 쫓아내리라 하매

나중에 행해지는 잡혼금지의 규정도 하골라 집단에게만 해당되는 것이었다(10:12, 14). 결국 예후드공동체의 구성원은 사로잡혔다가 돌아온 하골라 중심의 엘리트 사회로 형성되어질 운명이

---

10) Paul D. Hanson, *The Dawn of Apocalyptic: The Historical and Sociological Roots of Jewish Apocalyptic Eschatology* (Philadelphia: Fortress, 1979).

었다.[11]

이러한 파당적 공동체의 배타적 성향 위에 예후드공동체의 와해를 촉진한 또 다른 문제는 제도권 종교의 신앙적 타락과 도덕적 해이였다. 제사장들의 성전제사는 형식화되었다. 병들고 흠이 있는 동물을 바치고 백성들은 노골적으로 신앙행위를 경멸하기에 이르렀다(말 1:6-14). 안식일이 거룩하게 준수되지 않았고(느 13:15-22) 십일조를 도둑질 하였으며(말 3:7-10) 하나님의 실재성을 부인하는 사람들이 생겨났다(말 2:17; 3:13-15). 신앙의 틀이 깨어진 예후드공동체는 사회적 기강의 붕괴로 걷잡을 수 없는 악화일로를 달리게 된다. 이혼이 성행하게 되고(말 2:13-16) 사기와 간음과 약자에 대한 압제가 공공연히 일어나며(말 3:5) 가진 자들이 빚을 갚지 못하는 가난한 자들의 땅을 빼앗고 같은 동포를 노예로 삼는 일이 횡행하였다(느 5:1-5). 그뿐만 아니라 이방인과의 통혼이 일반화되고 있었다(말 2:11-16; 느 13:23-27). 공동체의 순수성을 중시하는 자들에게 잡혼의 문제는 예후드공동체 내의 큰 걸림돌이 되고 있었다. 왜냐하면 유대인들의 민족적이고 신앙적인 정체성을 지켜주는 경계가 무너지고 있었기 때문이다.[12]

이러한 상황에서 고대 이스라엘의 야웨 신앙은 그 근본부터 붕괴될 큰 위기에 봉착하였다. 이런 의미에서 느헤미야의 목숨을 건 예루살렘 성전 벽 건립은 무너진 경계를 다시 세우는 신학적 의미가 있었다. 비슷한 시기 예루살렘이 아닌 다른 곳에 흩어져 사는

---

11) David Janzen, "Politics, Settlement, and Temple Community in Persian-Period Yehud," *CBQ* 64 (2002), 492-493.
12) 존 브라이트, 『이스라엘 역사』, 520.

유대인들에게는 또 다른 문제가 대두되고 있었으니 바로 혼합주의적 야웨 신앙이 그것이었다. 이집트에 용병으로 끌려가 나일강 상류의 엘레판틴이라는 섬에서 생활하던 유대인들은 자체적인 성전을 짓고 야웨와 더불어 야웨의 배우자 여신인 아낫을 동시에 섬기고 있었다. 또한 이집트의 알렉산드리아에서는 주전 300년경 히브리 성경의 희랍어 번역본인 70인역이 번역될 정도로 기존의 토라, 예언서, 성문서의 전통들이 변화를 겪음으로 예레미야서와 같이 그 내용과 형식에 있어서도 큰 차이를 보이는 경전전통이 나타날 운명에 처해 있었다.13) 이와 같은 상황에서 전통적 야웨 신앙의 핵심을 주의 깊게 확인하고 새롭게 발전시켜야 하는 시대적 과제가 예후드공동체에게 대두되었다.

2. 에스라의 모세율법

모세의 율법은 본래 이집트를 탈출한 이스라엘 백성들에게 사회적 질서와 체계를 부여할 목표로 주어졌다. 정치적 주권상실과 제국 정부의 경제적 착취 그리고 제2 성전의 제사장들의 타락 등 혼돈으로 치닫고 있었던 예후드공동체에게 율법 중심의 질서 확립은 시급한 과제였다. 더군다나 당시의 페르시아 제국정부의 정책은 그들의 제국영토 내의 다양한 민족의 문화를 존중하며 자신들의

---

13) Bruce C. Birch, Walter Brueggemann, Terence E. Fretheim, & David L. Peterson, *A Theological Introduction to the Old Testament* (Nashville: Abingdon, 1999), 424.

종교와 법을 실행할 수 있도록 장려하는 제도를 폈다. 따라서 이 시대에 각각의 식민지 내에서 전통적인 법들의 보존과 확장 그리고 시행 등이 활발히 이루어지고 있었다. 이러한 배경에서 에스라는 페르시아 황제의 명령을 받고 유프라테스 강 건너의 식민지 지역으로 파송된다. 그의 사명은 "하늘의 하나님의 율법"(스 7:12)을 식민지 지역 특히 예후드공동체 내에 교육하고 실행하여 질서를 확립하는 일이었다.

블렌킨숍을 비롯한 모세오경 연구의 전문가들은 이러한 율법 정신을 기반으로 에스라 손에 들린 모세의 율법책(스 7:6, 14)을 정리한 일단의 사가들을 P(제사장사가)로 본다. 그들의 신학적 특징은 다음과 같이 정리된다.[14] 첫째, 제사장사가들은 족보를 강조하는데 이는 예루살렘의 함락과 포로기를 겪으면서 대두된 민족적 연속성의 문제가 부각되기 때문이다. 더 나아가 대두되는 새로운 질서의 정당성을 확보하기 위함이다. 둘째, 아론계 제사장에 대한 강조가 두드러지는데 이는 포로기 이후 돌아온 자들 그리고 새롭게 재건한 성전예배의 실행자들을 대표하는 계층이 바로 아론계 제사장이었기 때문이다. 특히 이 제사장 계층은 페르시아 제국 정부의 입장에서는 제국의 평화를 유지해 주는 유용한 수단으로 작용한 것 또한 사실이다. 셋째, 이민족과의 동화될 위험에 대한 경계가 첨예하게 대두된다. 이는 포로기간뿐만 아니라 포로기 이후 예후드공동체의 공통된 현상이다. 특히 창세기의 제사장사가의 자료에 의

---

14) Joseph Blenkinsopp, *Wisdom and Law in the Old Testament: The Ordering of Life in Israel and Early Judaism* (Oxford: Oxford Press, 2003), 124-126; K. Koch, *The Prophets II* (Philadelphia: Fortress, 1982), 187.

하면 야곱이 메소포타미아(밧단아람)로 부모를 떠나가게 된 중심이유를 가나안 족속과의 혼인을 피하기 위해서로 기록되어 있다(창 26:34-35; 27:46-28:5). 넷째, 제사장사가들은 신명기사가(Dtr) 의 율법이해를 수정한다. 즉 인과응보적 사상을 중심으로 율법준수 여부를 통해 공동체의 존망이 결정되는 조건적 계약사상으로부터 하나님의 은혜에 기반을 둔 영원한 언약을 강조하게 된다. 대홍수 이후 하나님은 노아에게 무지개 언약을 허락하고(창 9:8-17) 족장 시대에 이르러 다시금 아브라함에게 영원한 언약(베릿 올람)을 선포한다(창 17:1-21). 이 경우 언약이 유효하기 위한 단 하나의 조건은 하나님의 기억하심이다(출 2:24; 레 26:42, 45).

에스라의 모세율법을 통한 개혁의 배경에는 이와 같이 민족의 연속성, 아론계 제사장들의 득세, 이민족과의 동화 위험, 조건이 아닌 은혜의 회복 등의 이슈들이 있었다. 왕대일 교수는 포로후기 에스라-느헤미야 시대의 중심문제를 한 마디로 유대인의 생존의 문제라고 지적하며 그 생존방식을 배타적 실존의 방식으로 설명한다. 즉, "누가 참 이스라엘인가?"의 문제를 제기하며 인종의 순수성을 확립하려 했다는 것이다.[15] 어떻게 보면 이스라엘의 신앙적 다양성과 다중적 신학적 발전은 에스라-느헤미야 시대보다도 80여 년이 앞선 포로기 직후의 상황이었음을 알 수 있다. 전통적 야웨 신앙에 대한 노골적 거부로부터 대안적 신앙을 찾기 위한 노력들이 다각도로 부상하였다. 야웨 하나님의 능력에 대한 회의와 신적 무관심에 대한 항의 또는 인과응보론에 기반한 부정의의 하나님 고발,

---

15) 왕대일, 『구약성서 신학』 (서울: 감신대성서학연구소, 2010), 425.

아니면 가장 보수적인 측면에서는 율법 불순종으로 인한 자체적인 반성에 이르기까지 봇물 터지듯이 다양한 문제들이 쏟아져 나왔다.16) 그러나 60년(주전 597-538)에 가까운 포로기를 거쳐 새로운 다윗왕조의 회복을 꿈꾸며 시작하고 있었던 예후드공동체의 상황은 이전의 혼란스러울 만치 산만하고도 다양한 문제로부터 하나의 문제로 집중할 수 있었다. 전적으로 새로운 출발 선상에 있는 귀환 공동체들에게 이스라엘과 비이스라엘을 가르는 정체성의 문제가 가장 중요했다. 족보와 제사를 중시하는 제사장사가들의 활동이 이 시기에 두드러졌다고 하는 것은 우연이 아니다. 따라서 제2성전 건축시기로부터 사마리아는 철저히 배제되었고(스 4:1-3) 더불어 그 땅에 남아있었던 자들(암하렛츠)은 포로에서 돌아온 하골라의 주도적 사회 공동체 형성에서 배제되었다(스 4:4-5).

"누가 참 이스라엘인가?"라는 시대적 물음과 과제 앞에서 에스라가 페르시아로부터 들고 온 모세의 율법서는 예후드공동체에게 적절한 해답을 제시하기에 부족함이 없었다. 무엇보다도 당시의 성전중심 사회의 지배층이었던 제사장들의 유일한 권위가 바로 모세의 율법이었기 때문이다. 에스라가 가져와서 선포했던 율법서가 실제로 어떤 형태이었을까에 대하여는 학자들마다 의견이 분분하다. 어떤 이들은 오경 전체이기보다는 일부 법전이 포함된 정도라고 보는가 하면 또 다른 이들은 오경 가운데 제사장 자료만이었을 가능성이 크다고 보기도 한다.17) 그러나 분명한 것은 위에서도 살

---

16) Joseph Blenkinnsopp, *Sage, Priest, Prophet: Religious and Intellectual Leadership in Ancient Israel* (Louisville: Westminster John Knox Press, 1995), 50-51.
17) James D. Purvis & Eric M Meyers, "바빌론 유수와 귀환: 바빌론에 의한 파괴로

펼듯이 제사장사가들의 신학적 성향이 반영될 수밖에 없는 상황에서 성전중심의 예후드공동체에서 율법중심의 개혁운동은 종교적 세력과 정치적 헤게모니가 합쳐져 시너지 효과를 거두며 실제적 사회변화를 가져왔다. 둘째, 포로살이로부터 돌아온 하골라에게 모세의 율법만큼 자신들의 그룹의 정당성을 주장할 수 있는 효과적인 권위의 수단은 없었다. 에스라 7:25에 따르면 새로운 공동체의 지도자들은 '하나님의 지혜'를 따라 '하나님의 율법'을 아는 자들로 기준을 삼고 있다. 이는 신명기에서 전형적으로 나타나는 사상이다: "너희는 지켜 행하라 이것이 여러 민족 앞에서 너희의 지혜요 너희의 지식이라 그들이 이 모든 규례를 듣고 이르기를 이 큰 나라 사람은 과연 지혜와 지식이 있는 백성이로다 하리라"(신 4:6). 이와 같은 신명기 중심의 사상을 기반한 모세의 율법서가 '참 이스라엘'의 기준을 제공하고 있었다. 하골라 집단은 바로 이 모세의 율법에서 말하는 하나님의 지혜와 지식의 장본인임을 자처하고 있었다.[18] 셋째, 페르시아 제국의 식민지 정책이 에스라의 율법중심의 개혁 성과에 큰 몫을 차지하고 있었다. 이미 언급한바, 페르시아 정부는 제국의 영토내의 식민지 국가들의 자율권을 부여하고 자체적인 법과 종교 가운데 운영되도록 하였다. 따라서 제국에 협조하는 엘리트 계층들을 파송하여 정치적 안정을 꾀하였다.[19] 에스라는 이러한 제국정부의 강력한 지원을 받고 있었기에 그의 개혁은 순풍에

부터 유대국가의 재건까지," 허셜 생크스 편, 『고대 이스라엘』 김유기 옮김 (서울: 한국신학연구소, 2009), 321-322.

18) Joseph Blenkinsopp, *Wisdom and Law*, 139.

19) Joseph Blenkinnsopp, *Sage, Priest, Prophet*, 90.

돛을 단 배처럼 매끄럽고도 강하게 진행될 수 있었다.

민족적 연속성과 성전제의의 회복, 유대인의 배타적 생존을 위해 이 시기에 모세의 율법이 사회개혁의 최전선에서 그 기능을 담당하고 있다는 것은 율법이 가지는 질서부여의 본질적 성격에 기인한다. 특히 제사장사가들에게 있어서 천지 창조와 성막공동체의 창조 그리고 계약 공동체의 보존과 유지는 하나같이 말씀을 통해 부여되는 질서의 확립에 있었다. 에스라가 가지고 온 "하늘의 하나님의 율법"(스 7:12)은 제의적 영역에서뿐만 아니라 실제적인 삶의 영역에서 유대인의 정체성을 구분하는 경계를 설정해 주었고 그에 따른 안정적 사회의 발전을 견인할 수 있었다. 물론, 에스라가 선포했던 그 '율법서'가 전적으로 오늘 우리의 손에 들려진 모세오경이 아닐 수도 있다. 그러나 분명한 것은 모세오경의 형성 과정 중에 있는 어떤 특정한 단계의 오경이었음은 부인할 수 없다.[20] 에스라를 제2의 모세로 부르는 이유도 모세의 오경적 전승을 계승하여 혈통적 단절과 신앙적 붕괴의 위기 가운데 처한 예후드공동체를 전적으로 새롭게 유대인의 율법 공동체로서 거듭나게 한 장본인이기 때문이다.

에스라와 느헤미야의 종교개혁을 전하는 역대기사가들은 신명기사가들이 강조했던 정치적 다윗 왕조(Dynasty)보다는 종교적 예루살렘 성전(Temple)에 초점을 맞춘다. 정치적으로, 페르시아 식민지 하에서의 민족적 독립을 이야기할 수 없는 상황이 반영되어 있다. 신학적으로, 다윗언약 사상은 이미 모세계약 사상에 흡수되

---

20) Joseph Blenkinsopp, *Wisdom and Law*, 135.

어 통합되어 있는 상태임을 알 수 있다. 사회적으로, 대제사장의 리더십으로 이끌려가는 성전중심의 사회였음을 증언한다. 이러한 배경 가운데 에스라 1-6장에서 밝히는 성전의 재건과 제의의 회복은 직접적으로 유대인의 존속과 예후드공동체의 번영을 가리킨다.[21] 역대기사가에게 성전제의의 올바른 수행은 사회에 질서를 유지하는 일이요, 공동체의 복지를 보증하는 일이었다.[22]

우리는 에스라의 모세율법 중심의 사회개혁이 당시에 성공적으로 이루어졌던 이유를 정치적인 측면과 종교적인 측면에서 각각 이루고자 했던 목표가 일치했다는 점에서 찾을 수 있다. 즉, 에스라가 이루고자 했던 유대인의 배타적 생존과 공동체의 질서 확립의 사회개혁이 페르시아 정부의 식민지 정책과 조응하였고 포로로 끌려갔다가 돌아온 유대인 귀환 공동체의 성전재건과 제의회복의 소원을 성취할 수 있었던 것이다. 그런데 이와 같은 사회적 요건을 충족시킬 수 있었던 또 다른 신학적 요인을 주목할 수 있다. 바로, 모세오경의 율법정신이 추구하는 경계설정과 안정적 질서의 확립이다.[23] 이와 같은 의미에서 에스라의 종교개혁을 전통적 사상의 회귀로 부를 수 있는 근거를 마련한다.

---

21) Joseph Blenkinsopp, *Judaism: The First Phase, The Place of Ezra and Nehemiah in the Origins of Judaism* (William B. Eerdmans Publishing Company: Grand Rapids, Michigan, 2009), 164.
22) Joseph Blenkinsopp, *Wisdom and Law,* 136.
23) Bruce C. Birch, Walter Brueggemann, Terence E. Fretheim, & David L. Peterson, *A Theological Introduction,* 157-158.

3. 전통으로의 회귀

블렌킨숍은 에스라-느헤미야 시대의 새로운 유대인 공동체의
발전을 논하면서 다윗왕조에 대한 관심에서 성전제의에 대한 관심
으로 신학적 강조점이 변화되고 있지만 그 근본에는 성문화된 율법
의 존재가 예후드공동체의 안정과 질서부여를 위해 가장 비중 있게
작용하였음을 갈파한다.[24] 더불어 이스라엘의 지성적 전승은 율
법준수에 있음을 가장 극명하게 보여준 자료는 신명기임을 지적한
다.[25] 율법준수가 곧 현실의 삶에서 지혜롭게 사는 길이다:

내가 나의 하나님 여호와께서 명령하신 대로 규례와 법도를 너희
에게 가르쳤나니 이는 너희가 들어가서 기업으로 차지할 땅에서
그대로 행하게 하려 함인즉 너희는 지켜 행하라 이것이 여러 민족
앞에서 너희의 지혜요 너희의 지식이라 그들이 이 모든 규례를 듣
고 이르기를 이 큰 나라 사람은 과연 지혜와 지식이 있는 백성이로
다 하리라(신 4:5-6).

이미 출애굽 공동체가 가나안 땅에 들어가려는 시기부터 이스
라엘 사회는 율법중심의 사회로 방향 지워져 있었고 그러한 율법의
존재 자체가 현실에서의 생존과 번영을 위한 지혜로운 삶의 첩경임
을 천명하고 있었다.

---

24) Joseph Blenkinsopp, *Wisdom and Law*, 138.
25) Joseph Blenkinnsopp, *Sage, Priest, Prophet*, 22.

이와 같은 유대인 사회의 현실적이고 실천적인 삶의 측면은 예후드공동체의 확립에서 여실히 드러난다. 왕대일은 에스라와 느헤미야의 사회개혁을 현실주의자들의 개혁으로 간주한다. 그들의 현실 개혁적 실천주의는 학개와 스가랴에게서 나타난 성전 지향적 이상주의로도 나아가지 않았고 제3이사야(사 56-66장)나 말라기가 바라본 종말론적 변혁주의로도 나아가지 않았다. 도리어 예후드공동체의 사회개혁은 본래 이스라엘의 근본이라 할 수 있는 토라신앙에 기반하고 있음이 지적되었다.

> 이스라엘의 신앙의 뿌리가 여기에 다 담겨 있다. 이스라엘 신앙공동체는 이 문헌을 "타낙"의 으뜸 부분이라고 불렀다. 에스라의 개혁은 이 토라(이야기)를 구속력 있는 규범(norm)으로 리모델링하였다. 신앙의 토대를 담아 놓은 경전을 삶의 토대를 이끄는 지침서로 규정하였다.[26]

흥미롭게도 민족적 정체성의 상실과 신앙적 야웨 공동체의 공멸의 위기 가운데 구원투수로 등장한 것은 새로운 사조, 변혁적 이데올로기도, 초월적 환상주의나 소종파적 예언운동도 아니었다. 철저하게 현실 위에 서서 근원적 전통으로 돌아가는 일(ad fontes)이었다.

에스라-느헤미야의 종교개혁의 상황은 느헤미야 8:1-10:39에 보도되어 있다. 당시의 개혁 자체는 근본적 계약사상의 정신으로

---

26) 왕대일, 『구약성서 신학』, 426.

돌아가려는 계약회복 운동이 자리하고 있었다. 물론, 전통적 시내산 계약에서 볼 수 있었던(출 24장) 계약 쌍방 간의 구체적인 체결 예식이 드러나지는 않는다. 대신에 고대 이스라엘의 역사 속에서 중요한 시기마다 나타나는 계약갱신제 또는 계약회복 운동(수 24장)과 그 맥을 같이 한다. 그러나 분명한 사실은 계약회복 운동 자체는 여전히 이스라엘이 야웨 하나님을 처음으로 만났던 그 산, 즉 두려움과 떨림 가운데 은혜로써 하나님의 계약백성이 되었던 그 현장, 곧 시내산을 향하고 있다는 사실이다. 이와 같은 시내산 계약전통을 기반으로 하는 에스라의 율법중심의 사회개혁은 다음과 같은 특징을 보인다.

첫째, 시내산 계약사상에서 발견되는 책임적 응답이 부각된다. 흥미롭게도 본문에서는 책임적 응답이 가능했던 여러 가지 이유가 발견된다. 무엇보다도, 선포되는 말씀에 대하여 알아듣도록 하는 번역이나 부가적인 해석이 주어질 때 말씀의 의미를 밝히 깨달아 계약관계에 적극적으로 반응하게 된다.[27] 또한, 역사적 회고를 통하여 하나님의 은혜를 묵상케 하고 그와는 대조적인 본인들의 죄악에 대한 인정이 새로운 하나님 관계를 위한 기회가 열릴 때에 주저없이 참여토록 한다. 그뿐만 아니라 책임감 있는 계약의 참여는 사회적 행동에까지 확장되어 구체적으로 실천으로 나타나게 하는 것 (10:29-39)을 볼 때에 에스라-느헤미야의 개혁 운동이 얼마나 실질적으로 수행되었는가를 실감할 수 있다.

---

27) Mark A. Throntveit, *Ezra-Nehemiah* (Louisville: John Knox Press, 1992), 110.

둘째, 하골라 엘리트 계층을 통한 개혁이었다. 에스라-느헤미야는 페르시아 제국에서 강 건너의 식민지권 특히 예후드 식민지를 관할토록 파견된 제국의 관리들이었기에 자칫 요시야의 종교개혁처럼 '위로부터'의 제도권적 개혁의 실패를 경험할 수도 있었다.[28] 그러나 이집트 노예살이로부터의 해방사건에 대한 역사회고는 그와 유사한 현재의 식민지살이에 있던 백성들에게 새로운 희망과 자발적인 참여를 이끌어냈다. 특히 하골라 즉, 포로귀환 공동체 주도의 개혁이었기에 개혁을 추진할 만한 세력의 문제의식과 개혁의지가 확고했으며, 신학적인 상상력을 통한 이데올로기화에 있어서도 바벨론으로부터 예루살렘으로의 돌아옴 자체를 전통적인 이집트에서 약속의 땅으로의 진입이라는 뿌리 신앙의 모티프로 승화시켜 실제적인 사회변혁을 가져왔다. 이에 엘리트 중심 또는 제도권 중심의 개혁에 대한 장애를 극복할 수 있었다 하겠다.

셋째, 에스라-느헤미야의 시기에 이르기까지 이스라엘 공동체가 경험해야 했던 하나님 섭리에 대한 물음과 회의가 모세의 율법책 낭독과 역사적 회고를 통하여 "용서하시고 긍휼히 여기시는 하나님"(느 9:17b, 19, 27, 28b, 31)의 은혜에 대한 깨달음 가운데 해소되었다. 이전까지 제기되었던 근본적인 질문들, 즉 자신들이 섬기고 있었던 민족신 야웨의 무관심과 퇴거, 심지어는 능력의 부족과 그 존재성마저도 의심되었던 신앙적 위기가 있었다.[29] 그러나

---

28) 실제로 맨덴홀은 정치적 지도자인 총독으로서의 느헤미야의 개혁이 요시야왕의 종교개혁과 같이 실패한 것으로 주장한다: George E. Mendenhall, "Covenant," *ABD Vol. 1* (New York: Doubleday, 1992), 1194. 그러나 실제로 본문(느 8-10장)의 실제적인 개혁의 지도자는 총독 느헤미야가 아닌 학사요 제사장인 에스라이다: Mark A. Throntveit, *Ezra-Nehemiah*, 94.

그들의 신앙의 뿌리가 에스라를 통하여 선포되고 이제껏 잊고 있었던 이스라엘을 향한 하나님의 구원역사가 기억되는 순간 예후드의 유대인 공동체는 최종적으로 공의로운 하나님을 고백하게 되고(느 9:33) 그 하나님의 은혜에 기반한 새로운 계약관계로 들어갈 수 있게 되었다(느 9:38). 물론 그들의 신학적 해답은 최종적인 것은 될 수 없었다. 헬레니즘 시대로 들어가면서 새로운 도전에 직면하게 된다.

그럼에도 에스라의 말씀개혁이 일구어낸 기존의 계약신앙의 갱신을 통한 율법 공동체의 완성은 붕괴 직전의 이스라엘의 야웨 신앙을 갱생시키며 새로운 국면으로 나아가게 하였다. 전통적 율법에 자리한 질서와 안정의 신학이 부각되었고 이것이 마침 페르시아 정부의 통치이념과 조응을 이루어 사회개혁을 완성할 수 있었던 것이다. 바벨론에 의하여 멸망한 직후 한때 신명기적 인과응보 사상이 변증신학으로 강조된 바도 있었으나 이후 인과응보적 신명기 사상은 포로 귀환 공동체의 재건 기간 동안에 심각한 회의와 공격에 부딪힌 바 있다. 포로기 예언자들의 회복비전(제2이사야, 에스겔)의 성취지연과 제2성전 재건을 통한 메시아 도래(학개, 스가랴)의 예언 성취의 불발 등이 그 이유였다. 따라서 욥기와 같은 대안적 세계관을 질문하는 저항적 지혜문학이 대두되었다. 그러나 에스라의 사회개혁을 통하여 전통적 계약사상은 다시금 유대인들의 신앙의 삶에 중심적 자리를 차지하게 된다.[30] 율법준수가 만들어내는 하나님 질서의 완성이다. 이는 동시에 기존의 지혜문학인 잠언에서 항

---

29) Joseph Blenkinnsopp, *Sage, Priest, Prophet*, 49.
30) Joseph Blenkinnsopp, *Sage, Priest, Prophet*, 50.

상 주장해 왔던 창조세계의 질서와 조화로운 섭리를 말하는 창조신학에 그 맥이 닿아있다. 또한 욥기에서도 얼핏 잠언의 인과응보적 세계관을 허문 것 같지만 다시금 42장 결론부에서 여전히 하나님을 만나 새로운 깨달음을 얻게 된 욥에게 배가의 축복이 주어진다는 인과응보 사상의 재건을 발견할 수 있다.

결국, 에스라의 모세율법을 통한 율법 공동체의 건립은 최소한 역대기사가가 보도하고 있는 한 다양하고 혼란스러운 신앙적 위기의 사회로부터 통합적이고 안정적인 신앙 공동체로의 개혁을 시사한다. 그리고 이러한 토라정신의 회복의 근저에는 이미 신명기의 계약사상으로부터 흐르고 있었던 지혜전승의 흐름도 여전히 함께 회복되고 강화되고 있음을 볼 수 있다. 이와 같은 의미에서 페르시아 시대에 이룬 에스라의 종교개혁은 율법신학과 지혜신학의 만남으로 표현해도 무리가 없다. 퍼듀에 의하면, 이는 사회적 질서와 종교적 안정을 정당화하고 유지하기 위한 지혜자들의 구속신학과 창조신학의 통합적 노력의 결과로 본다.[31] 우리가 앞으로 살펴보겠지만 이러한 초반의 흐름이 큰 대해로 합쳐지는 곳에서 벤 시라서(시락서)를 목격하게 될 것이다.

그러나 벤 시라서의 율법과 지혜의 통합 이전에 먼저 신명기사가 중심의 인과응보교리에 기반한 전통적 신학사상의 확립이 아무런 잡음 없이 이루어지지 않았음을 직시해야 한다. 민족적 정체성 상실의 위기에서 배타적 생존을 위한 율법중심의 유대공동체 형성

---

31) Leo G. Perdue, "The Vitality of Wisdom in Second Temple Judaism during the Persian Period," in *Passion, Vitality, and Foment*. ed. Lamontte M. Luker (Harrisburg, PA: Trinity Press International, 2001), 153-154.

이 에스라와 느헤미야의 리더십을 통해서 예후드공동체 내에서 신속한 개혁으로 성공한 것은 사실이다. 그러나 우리가 가지고 있는 구약성서의 히브리 문학전통의 이데올로기적 측면을 감안한다면 전통의 회복 이면에는 대안적 세계관 형성을 위한 상이한 목소리와 전통 파괴의 움직임, 그리고 알렉산더의 출현과 더불어 잉태된 보편주의적 단일문화32)를 꿈꾸는 헬레니즘의 강력한 도전과 위협이 있었음을 기억해야 한다. 따라서 히브리 사상의 유산과 전통문학의 계승을 책임졌던 예후드공동체의 서기관들, 즉 현자 집단은 이 시기에 어떠한 문화적 반응과 신앙적 사색을 전개했는가를 살펴보는 일은 지혜전승의 변천과정 연구에 있어서 중요하다.

이에 다음 장에서는 주전 333년 알렉산더의 말발굽이 레반지역을 유린하고 동방으로 진행하던 시절로부터 그의 죽음이후 프톨레미 왕조시기(323-198 BCE)를 거치는 초기 헬레니즘 시대의 히브리 지혜 사상의 흐름을 관찰하고자 한다. 아직은 유대주의와 헬라주의의 만남이 심각한 갈등과 대결의 국면으로 치닫기 이전이지만 여전히 폭풍 전야와 같은 시기에 유대인에게 끼쳤던 헬라문화의 영향의 정도를 관측하고 이에 대한 예루살렘과 디아스포라 유대인들의 반응을 검토하는 것은 의미 있는 일이다. 특별히 기존의 대부분의 성서학자들에 의하여 주장되어지는 전도서에 드러난 헬라 철학적 사고33)는 다음 장에서 가장 두드러진 연구과제로 논의될 것이다.

---

32) 에스라 종교개혁의 유일신론적이고 배타주의적인 문화를 상기한다면 헬레니즘의 보편주의적 문화의 세계관은 유대주의와의 필연적인 충돌을 예견할 수 있다.

33) Lee I. Levine, "헬레니즘 시대: 알렉산더 대왕과 하스모니아 왕국의 흥망," 허셜 생크스 편, 『고대 이스라엘』 김유기 옮김 (서울: 한국신학연구소, 2009), 337.

3 장
초기 헬레니즘시대의 지혜(333-198 BCE)*

초기 헬레니즘시대는 유대인들에게 정치적인 측면에서 그리 큰
변화의 시기는 아니었다. 왜냐하면 이미 오랜 동안 팔레스틴 지역
은 열방의 각축장이었으며 실제적 지배는 각 시기에 제국을 이룬
초강대국에 의해 수행된 역사를 이미 경험하고 있었기 때문이다.
이 시기에 이르러 그리스제국의 지배는 이제껏 신앗시리아 제국,
신바빌로니아 제국, 페르시아 제국으로 이어지던 거대파워의 통치
라는 연속적 흐름의 측면에서 외견상 크게 다를 바가 없었다. 그러
나 그리스 제국의 지배는 내면에 있어서 유대주의에 적잖은 파장을
일으키게 된다. 왜냐하면 이전의 제국들은 군사적 점령과 그에 따

---

* 본 장의 내용은 필자의 다음 논문을 정리한 것임을 밝힌다: 안근조, "헬레니즘 시대
  의 지혜의 변천: 전도서를 중심으로,"『구약논단』57 (2015), 99-124.

른 경제적 이권이 보장되는 한 문화적이고 종교적인 위협은 상대적
으로 없었기 때문이다. 그리스제국의 알렉산더는 이전의 통치자와
는 달랐다. 그가 점령한 동방의 세계의 문화를 미개한 것으로 간주
하고 반대로 개화된 헬라사상과 문명을 식민지 민족에게 전파하기
원하는 문화 전도사였던 것이다. 알렉산더의 정복 이후 그들의 땅
에 그리스 정부의 관리들과 상인들, 군사들이 갑자기 들이닥치고
새로운 이교문화의 생활방식들이 소개되어질 때 유대인들은 이전
에 경험할 수 없었던 충격에 휩싸이게 된다.[1]

　　이미 오래전 부르크하르트는 유대인들의 신정주의 사상을 다음
과 같이 언급했다: "그러므로 유대인은 역사의 모든 변천과정에서
언제나 신정주의를 추구하였음을 알아야 한다. 이는 포로후기 성
전중심의 사회에서 신정주의 체제를 다시금 확립한 것에서 가장 분
명하게 드러난다."[2] 특히 직전 페르시아 제국의 보호와 원조 가운
데 고대 모세율법에 근거한 유대인 고유의 신정체제를 완성하고 배
타적 공동체를 유지해 오던 상황에서 별안간 직면하게 된 헬레니즘
의 보편주의적 사조와 헬레니즘적 통일문화는 유대주의의 근간을
뒤흔드는 심각한 사회변혁의 세파를 몰고 온 사건이었다. 따라서
이렇듯 민족과 세계문화를 혼합하려 했던 시도로부터 등을 돌리려
한 것이 유대주의의 즉각적 반응이었을 것이다. 그러나 부르크하
르트가 적절하게 지적하듯이 유대주의의 신정주의 체제가 발전하
던 시기 자체가 아이러니하게도 그리스와 로마시기였다. 그렇다면

---

1) Lee I. Levine, "헬레니즘 시대: 알렉산더 대왕과 하스모니아 왕국의 흥망," 333.
2) Albert Oeri (ed.), *Weltgeschichtliche Betrachtungen, Jacob Burckhardt- Gesam-
　　tausgabe 7* (Berlin und Leipzig, 1929), 82.

유대주의는 헬라주의의 거친 파도 속에서도 전통의 보전과 변혁을 절묘한 조화 가운데 완성하며 이 격랑의 시기를 관통했다는 방증이 된다.

따라서 본 장에서는 초기헬레니즘 시대에 유대교의 발전이 어떠한 정치적이고 문화적인 변혁의 소용돌이 속에서 이루어졌는가를 살필 것이다. 이를 위해 먼저 알렉산더 대왕의 출현과 이후 자리한 프톨레미 왕조의 그리스 문화의 사회변동을 살필 것이다. 이러한 고찰 뒤에 다음과 같은 질문들이 제기되고 응답될 것이다. 어떻게 유대교의 신정주의 체제가 여전히 헬라문화적 상황 속에서 유지될 수 있었는가? 정치적 타협인가 아니면 헬라적 인문주의의 관용이 작용했는가? 더 나아가 단순한 정치적, 사회적 타협주의나 관용주의의 차원을 넘어서서 유대주의 사상 내 고유한 적응의 노력이 있었는가에 대한 문제 또한 살피려 한다. 만약 그러한 노력이 있었다면 실제적으로 어떠한 적응의 과정이 경주되었는가? 특히 지혜전승을 담당하던 현자 집단이 다양한 헬라철학의 사조들을 어떠한 태도로 받아들이고 사상적 경쟁을 치렀는가? 그럼에도 불구하고 여전히 전통적인 야웨 신앙의 야웨 경외의 신앙을 끝까지 견지할 수 있었는가? 이러한 질문에 답하기 위해 이 시기의 지혜전승의 사상적 흐름과 발전과정을 추적할 수 있는 자료인 전도서를 살펴보게 될 것이다. 초기 헬레니즘 시대의 지혜의 대변자인 코헬렛(전도자)이 전도서 내에서 어떠한 전통사상에 대한 반성을 하고 있으며 전혀 새로운 헬라사상의 지평에서 정통적 지혜신앙의 유산을 어떻게 적응시켜 발전시킬 수 있었는가를 논의할 것이다.

1. 알렉산더 대왕과 프톨레미 왕조

주전 336년 알렉산더는 마케도니아(Macedonia)와 그리스의 도시국가들을 아우르는 지역의 왕위를 그의 부왕 필립(Philip) 2세로부터 계승하였다. 이후 10년이 안 되어 그는 페르시아 제국을 붕괴시키고 명실공히 동서양을 잇는 그리스제국의 황제가 된다. 알렉산더가 레반 지역에 등장하여 시리아-팔레스틴을 그의 제국에 편입시킨 해는 주전 333년이며 이때로부터 예루살렘을 중심으로 한 유대인의 지역적 기반인 팔레스틴은 제국의 핵심적 위치를 점하게 된다. 즉 이전 제국들의 정복 역사에서 이스라엘은 권력과 영향력의 중심지에서 멀리 떨어진 변방에 위치해 있었다. 이러한 주변적 위치는 르바인이 정확하게 지적한 대로 유대인들에게 어느 정도의 안정과 격리를 보장하였다.3) 그러나 주전 323년 알렉산더가 죽고 제국이 분열되면서 알렉산더의 군사령관들이 각 지역의 통치자로 군림하던 때에 팔레스틴 지역은 시리아에 본거지를 둔 셀류코스(Selucid) 왕조와 이집트에 기반을 둔 프톨레미(Ptolemy) 왕조의 150년간에 걸친 세력다툼의 각축장이 되었다. 유대인들에 불어닥칠 정치적, 군사적 혼란은 물론이며 종교적, 문화적 소용돌이는 불을 보듯 뻔한 상황이었다.

최소한 다섯 차례의 전쟁4)을 치르면서 레반 지역의 주도권을 먼저 쥔 자는 프톨레미 왕조였다. 셀류코스 왕조의 안티오쿠스 3세

---

3) Lee I. Levine, "헬레니즘 시대: 알렉산더 대왕과 하스모니아 왕국의 흥망," 332.
4) 제1차 시리아전쟁(274-271); 제2차 시리아전쟁(260-253); 제3차 시리아전쟁(246-241); 제4차 시리아전쟁(221-217); 제5차 시리아전쟁(201-200).

의 결정적 타격시점인 주전 219년과 217년의 침입시기를 제외하고는 대략 100년간(주전 301-198) 프톨레미의 지배 하에서 어느 정도 평화로운 발전의 시기가 유대지역에 전개되었다.[5] 프톨레미 1세 소테르에게 레반 지역 지배는 다음의 다섯 가지 이유에서 정치적 패권 장악을 위한 교두보였다.[6] 첫째, 북쪽으로부터의 공격을 방어하는 완충지 역할을 하였다. 둘째, 이 지역의 페니키아 항구와 레바논 숲은 프톨레미 왕조가 해상권을 장악하는데 전략적 요충지였다. 셋째, 메소포타미아와 페르시아만, 아라비아 남쪽으로부터 오는 무역로와 대상로의 연결점이었다. 넷째, 경제적으로도 이곳은 이집트를 보완할 만한 가치가 있는 지역이었으며, 끝으로, 프톨레미 왕국의 군대 상당 부분은 용병에 의해 보충되는데 이 지역으로부터 이두매아인과 아라비안인, 유대인 지원군을 고용할 수 있었다.

프톨레미 왕조의 통치를 유대인들은 어떻게 받아들였을까? 이집트를 기반으로 하는 그리스왕조의 통치 초기에는 유대인들을 노예로 삼아 이집트로 데려가기도 하고 예루살렘 성전의 도시 주변에 헬라의 이방문화 도성들이 건립되는 등 혼란스러운 상황이 발생하였다. 그러나 유대인들에게는 오히려 더 넓은 세계로 눈을 돌리게 되는 계기가 되었다. 실제로 대다수의 예루살렘 주민들은 다른 문화로부터 얻게 되는 혜택들을 환영하고 있었다.[7] 적어도 당시의

---

5) V. Tcherikover, *Hellenistic Civilization and the Jews,* tr. S. Applebaum (Philadelphia: Jewish Publication Society of America, 1961), 59.
6) Martin Hengel,『유대교와 헬레니즘 ①: 기원전 2세기 중반까지 팔레스타인을 중심으로 한 유대교와 헬레니즘의 만남 연구』박정수 옮김 (파주: 나남, 2012), 57.
7) Lee I. Levine, "헬레니즘 시대: 알렉산더 대왕과 하스모니아 왕국의 흥망," 333.

예루살렘의 정치적 지도층과 헬레니즘 세계 사이는 갈등보다는 협력이라는 긴밀한 관계성이 형성되었다. 이는 다음의 몇 가지 예를 통해 증명된다. 가령, 예루살렘 당국에서 주전 300년부터 250년 사이에 제조한 은화들을 보면 헬레니즘의 영향이 정치권에 자연스레 흡수된 정황을 읽을 수 있다. 이집트 지도자인 프톨레미 1세와 그의 부인 베레니케(Berenike)가 새겨져 있고 프톨레미 권력의 상징인 독수리의 형상을 확인할 수 있다. 새로운 세계 질서에 조화되고 통합되려는 바람이 당시 정치권과 사회에 두루 나타나고 있다는 증거이다.8) 또한 주전 270년경에 유대인 대제사장 오니아스(Onias) 2세와 스파르타(Sparta)의 왕 아레오스(Areus) 사이에 왕래한 서신에서 예루살렘 주민들과 스파르타 주민들 사이에 동맹이 맺어져 있다. 흥미로운 것은 그 동맹의 결정적 근거는 스파르타 사람들이 자기들을 아브라함의 자손이라 여기고 있다는 사실이다(마카베오상 12:20-23).9) 이외에도 로도스(Rhodes)의 공식 인장이 찍힌 1,000개 이상의 항아리 손잡이들이 예루살렘에서 발견되는데 이 항아리들은 지중해 동부를 통해 수입된 포도주를 담는 데 사용된 것으로 봐서 예루살렘 주민들이 로도스 포도주를 수입했을 것으로 추정된다. 이러한 고고학적인 발굴물들은 최소한 초기 헬레니즘 시대에 예루살렘이 더 넓은 헬레니즘의 세계에 문호를 개방하고 활발히 교역하고 있었음을 시사해 준다.10)

---

8) Ya'akov Meshorer, *Ancient Jewish Coinage 1* (New York: Amphora, 1982), 13-34.

9) Lee I. Levine, "헬레니즘 시대: 알렉산더 대왕과 하스모니아 왕국의 흥망," 333-334.

10) Lee I. Levine, "헬레니즘 시대: 알렉산더 대왕과 하스모니아 왕국의 흥망,"

세계문화와의 접촉을 통해 얻게 되는 경제적인 풍요함과 생활 방식의 개선 그리고 먼 곳으로의 여행기회의 확대(잠 7: 19)[11] 등의 문화적인 향유는 유대인들이 단지 배타적 종교적 신념으로 헬라 문화를 배척하기에는 실질적 이득과 문화적 매력이 더 크게 작용하고 있었다. 그러나 그렇다고 예루살렘이 무분별하게 이방문화를 받아들이는 혼합주의로 치달은 것은 아니다. 실질적으로 예루살렘을 그리스 체제의 폴리스 중 하나로 동화시키려고 하는 의도가 드러났을 때 폭력적인 항거로 온 예루살렘의 유대인들이 봉기하기도 하였다.[12] 그럼에도 유대주의는 어느 순간부터 헬레니즘 문화와 일정한 조응을 이루며 전면적 충돌의 길이 아닌 수용과 통합의 길로 가고 있었다. 다음에 논의되는 세 가지 측면이 이 시기의 유대주의와 헬라주의의 조화로운 만남의 이유를 제공한다.

첫째, 무엇보다도 당시의 그리스 제국정부가 유대교의 유일신적 신앙을 자신들의 헬라문화 전파에 그렇게 큰 위협의 요소로 보지 않았다는 데 두 문화의 상생의 근거를 찾을 수 있다. 그리스 사람들에게 종교는 본질적으로 국가와 문화에 의해 규정되었기에 제국의 식민지들에게서 나타난 종교는 세속적인 것과 다를 바 없었다. 특히 유대인 사회에 나타난 신정체제나 유일신 신앙은 통치체

334-335.

11) 잠언의 편집연대는 의견이 분분하나 7:19의 경우 프톨레미 왕조 시대의 상황을 반영하는 것으로 보기도 한다. 이 경우 잠언의 최종편집 연대가 4세기 이후로 늦추어진다.

12) John J. Collins, "Cult and Culture. The Limits of Hellenization in Judea," in J. J. Collins and G. E. Sterling, *Hellenism in the Land of Israel* (Notre Dame, IN: University of Notre Dame Press, 2001), 38-61.

제의 하나에 불과하였고 통치 이데올로기의 한 부분으로 판단되었다. 그리스 사람들은 제사장이 무엇인지조차 몰랐으며 율법이나 계시된 문서도 가지고 있지 못했다. 결국 인문주의의 주창자들인 헬라문명에서는 국가와 그 밖의 삶을 넘어서는 계시의 종교는 없었던 것이다.13) 따라서 유대인들의 독특한 문화인 유일신적 신정체제는 헬라문화가 경쟁하고 타파해야 할 위협적 종교 이데올로기로 보다는 교화하고 점차로 대치해야 할 하나의 통치이념으로 상정하고 있었다. 그러기에 처음 두 문화가 조우했을 때 첨예한 갈등과 투쟁보다는 공통점을 더 발견하려 노력하였고 함께 조절해 나가려는 국면이 더욱 많았던 것이다.

둘째, 이런 측면으로 인하여 예루살렘 주민을 비롯한 디아스포라 유대인들의 입장에서는 그리스 문화를 마다할 이유가 없었다. 오히려 생활방식의 개선과 새로운 문물의 편이성을 접하면 접했지 어떠한 종교적 위협 또는 신앙적 도전으로 받아들여지지 않았기 때문이다. 처음부터 유대주의와 헬라주의는 대립이 아닌 타협과 조화의 바탕 위에 만날 수 있었던 것이다. 그렇다고 유대인 사회가 전체적으로 새로 유입된 이방문화에 대하여 일방적으로 환영하지는 않았다. 이 시대에 발굴된 고고학적 자료들을 보면 몇몇 유형의 항아리 손잡이들에는 히브리 문자로 된 예후드(Yehud)라는 명문이 발견되며 또 다른 토기에는 '예루살렘'이라는 글자가 새겨진 오각형의 별이 양각되어 있다. 이 시대의 예루살렘 유대인들의 강한

---

13) Albert Oeri (ed.), *Weltgeschichtliche Betrachtungen, Jacob Burckhardt- Gesamtausgabe 7*, 104.

유대인적 의식이 문화 가운데에 살아있음을 보여준다.14) 사실상 유대인들은 새로운 문화적 실체인 헬레니즘에 대하여 다양한 반응들을 보이고 있었다. 정치적으로는 프톨레미 왕조와 셀류코스 왕조 사이에서 정치적 편향성에 따라 분파가 형성되었고 사회급변으로 인한 경제적인 빈부 격차로 인한 갈등, 종교적으로는 전통적 관습과 새로운 시대의 도전 사이에서의 충돌 등의 요소들이 유대사회의 분열을 초래하게 된다.15) 그러나 이 분열은 유대주의 내에서의 다양한 분파를 형성하게는 하지만 헬레니즘 자체에 대한 전면적 반대와 항거로 드러나지는 않았다. 도리어 헬라문화의 영향으로 유대인들의 다양한 반응을 야기할 정도로 유대사회 내에 깊고 급속하게 퍼지고 있었다는 방증이다.

셋째, 유대인들의 입장에서 헬레니즘 문화와 통합의 방향으로 갈 수 있었던 또 다른 이유는 자신들의 정체성과 신앙을 표현하는 수단으로 헬라의 문화를 사용했다는 사실이다. 대표적인 예가 프톨레미 2세 필라델푸스(주전 285-246)의 후원으로 탄생한 70인역 성서가 바로 그것이다. 아리스테아스의 편지(The Letter of Aristeas)에 의하면 프톨레미 2세의 명령으로 72명의 현자들이 예루살렘에서 알렉산드리아로 초청되어 왔다. 그들은 토라에 정통하면서 그리스어에도 능숙한 사람들이었다. 이 편지의 역사적 진실성에는 의문을 가질 수 있으나 최소한 주전 3세기에서 2세기 어간에 그리스적 사고방식이 예루살렘의 지혜자들에게 자연스레 흡수되어 있

---

14) Lee I. Levine, "헬레니즘 시대: 알렉산더 대왕과 하스모니아 왕국의 흥망," 335.
15) V. Tcherikover, *Hellenistic Civilization*, 117-151.

고 오히려 적극적인 표현 수단으로 동원되고 있음을 알 수 있다.16) 콜린스가 타당하게 지적하고 있는 것처럼 유대인들에게 그리스어뿐만 아니라 헬라철학과 문화는 그들의 종교적 신념에 무해(adiaphoron)하였다. 왜냐하면 유대인들에게 중요한 문제는 정치적이거나 민족적인 애국심이 아니라 종교적인 문제였기 때문이다.17) 그들의 정체성을 붙들어 주는 종교적인 문제 특히, 율법준수의 규정이 허락되는 한 그들은 헬라문화에 열려있었던 것이다. 더 나아가 헬라화된 유대인들은 동양적 유대인 사고와 지배적 서양문화인 헬레니즘의 만남을 자연스레 받아들이면서 자신들의 정체성 자체를 두 개의 중심축의 관점에서 규정하려 하였다.18) 이와 같은 방향을 택한 자들은 유대주의 신앙과 헬라주의 문화를 통합하려는 시도로 나아가게 된다. 앞으로 살펴보게 될 것이지만 필로와 솔로몬의 지혜서의 저자들이 이에 해당된다.

이상의 논의를 통해 보건대 프톨레미 왕조시대의 초기 헬레니즘 시대의 유대주의 사상의 전개는 큰 충격이나 위기의 국면보다는 새로운 문화의 신선한 자극과 발전적 수용의 차원에서 이루어졌음을 알 수 있다. 그리고 이러한 수용과 조화가 가능했던 이유는 종교와 문화가 유대인들의 관점에서 구분되어 있었기 때문이다. 사실 오늘의 현대적 관점에서 양자의 분리는 자연스럽게 받아들여진다. 그러나 고대 사회에서 종교와 문화가 구분된다는 것은 그리스인들

---

16) Lee I. Levine, "헬레니즘 시대: 알렉산더 대왕과 하스모니아 왕국의 흥망," 338.

17) John J. Collins, *Jewish Cult and Hellenistic Culture: Essays on the Jewish Encounter with Hellenism and Roman Rule* (Leiden: Brill, 2005), 15.

18) John J. Collins, *Jewish Cult and Hellenistic Culture*, 19.

을 포함해 타민족인들에게는 이해할 수 없는 특별한 현상이었을 것이다.[19] 실제로 초기 그리스인들의 통치 기간 동안 유대인들의 유일신론이 그들의 지배에 큰 장애로 여겨지지 않았던 이유는 종교를 문화의 한 현상에 불과한 것으로 여기기에 유대인들의 종교를 세속적인 관점에서 대수롭지 않게 받아들였기 때문이다. 반면에 유대인들에게 종교는 문화와 전적으로 다른 계시적 체계였다. 따라서 프톨레미 왕조 통치 기간 이질적인 헬라문화에 처음으로 노출되던 시기에도 유대인들은 세속적 성향이 강한 헬라의 문화들을 대수롭게 여기지 않았다. 비록 우상숭배나 다신론과 같은 위험한 요소를 인지하고 있었음에도 유대인 자신들의 율법준수와 신앙적 문제에 저촉되지 않는 새로운 문화를 포용적으로 수용할 수 있었다. 더군다나 이전에 경험하지 못했던 새로운 세계에 대한 소개와 외부세계로부터 들어오는 경제적 이익, 헬라철학의 정교성과 다양성은 유대인들에게는 신선한 충격과 매력으로 작용하였다. 또한 이미 헬레니즘 시기 이전에 이집트와 페르시아 문화와의 교류를 통해서 친근했던 사상과 문학이 헬라문화 전반에서도 융합적으로 드러나고 있었기에 유대인 지혜자들에게는 헬라 문화와의 접촉이 그렇게 새로운 것도 아니었다. 적극적 수용이냐 배타적 거부냐의 양 극단 사이에서 정도의 차이는 있을 수 있으나 대부분의 유대인들은 자신들의 고유한 신앙과 새로운 문화를 초기 헬레니즘 시기 큰 어려움 없이 조화시키고 있었다.

이 시기의 유대인들의 사상의 흐름을 알려주는 자료는 전도서

---

19) John J. Collins, *Jewish Cult and Hellenistic Culture*, 16.

이다.[20] 우리는 다음에서 전도서 고찰을 통해 기존의 히브리 전통 사상에 반대하는 목소리를 전도자를 통해 듣게 된다. 과연 이러한 반정통주의의 목소리가 헬라문화의 영향인지 아니면 또 다른 요소가 있는지 검토함으로써 초기헬레니즘 시대의 지혜의 성격을 일면 조명해보고자 한다.

2. 반전통주의로서의 전도서

헹겔은 전도서가 프톨레미 왕조 시대에 형성된 것으로 본다.[21] 그 이전까지의 학자들의 견해를 살피면서 전도서가 과연 헬레니즘 사상을 얼마나 함유하고 있으며 어떠한 영향을 받았는가를 균형 있게 고찰한다. 바움가르트너(W. Baumgartner)나 로레츠(O. Loretz)와 같은 학자들은 전도서가 헬라문화의 영향을 받았다기보다는 이집트나 또는 셈어와 설형문자의 영향을 받은 것으로 주장한다.[22] 반면에, 짐멀리(W. Zimmerli)와 아이스펠트(O. Eissfeldt)와 같은 학자들은 여전히 전도서가 "사상과 분위기에서는 헬레니즘의 시대

---

20) Leo G. Perdue, *Wisdom Literature: A Theological History* (Louisville: Westminster John Knox Press, 2007), 171; H. Ringgren and W. Zimmerli,『잠언 전도서』박영옥 옮김 (서울: 한국신학연구소, 1994), 199; Norman K. Gottwald, *The Hebrew Bible* (Philadelphia: Fortress, 1985), 580; Brevard S. Childs, *Introduction to the Old Testament as Scripture* (Philadelphia: Fortress, 1979), 582-583.

21) Martin Hengel,『유대교와 헬레니즘 ②: 기원전 2세기 중반까지 팔레스타인을 중심으로 한 유대교와 헬레니즘의 만남 연구』박정수 옮김 (파주: 나남, 2012), 38.

22) Martin Hengel,『유대교와 헬레니즘 ②』, 36-37.

정신과 접촉"했음을 인정한다.23) 헹겔은 이와 같은 학자들의 연구사를 살피면서 전도서의 본질적 문제는 '전도자' 자신의 비평적인 사고의 구조와 문제점을 파악하는 데 있음을 타당하게 밝힌다. 이를 위해 전도서에서 드러나는 두드러진 특징을 다음과 같이 여섯 가지로 논의한다.

첫째, 전도자는 이전의 히브리 사상에서 찾을 수 없었던 개인의 관찰과 경험에 집중하는 비판적인 개성의 소유자이다.24) 공동체의 경험과 연대적 책임성을 강조하는 이전의 구약사상과는 전혀 다른 성향이 드러나 있다. "의미심장한 것은 주전 3세기 중반부터 유대사회에서도 민족과 가족의 전통으로부터 이탈한 개인의 생애가 나타난다."25) 전도서 본문에서 계속하여 등장하는 1인칭 완료형 주어의 끝없는 반복은26) 전도자가 이제껏 구약의 신앙전승 내에서 친숙하지 않았던 독립적이고 자주적인 의식의 길로 나아가고 있음을 주목하게 한다. 둘째, 전도서는 보편주의를 표방한다.27) 이스라엘 역사에 대한 언급도 없으며 야웨라는 신명을 피하고 '하엘로힘'으로 주로 표현한다. 구속사나 선민사상 또는 계약관계나 율법에 대한 언급을 피하고 일반적 인간의 경험과 사유를 다룸으로써 헬라세계와 긴밀하게 소통할 수 있었던 것이 전도자이다.28) 셋째,

---

23) Martin Hengel, 『유대교와 헬레니즘 ②』, 40.
24) Martin Hengel, 『유대교와 헬레니즘 ②』, 41.
25) V. Tcherikover, *Hellenistic Civilization,* 159.
26) 소위 '나-담화'(Ich-Rede)로서 전도서 전체에서 지배적인 표현 방법이다. ex. 1:12, 13, 14, 16; 2:1, 2, 3, 4, 5 등.
27) Martin Hengel, 『유대교와 헬레니즘 ②』, 43.
28) Leo G. Perdue, *Wisdom Literature,* 178.

전도자가 비판적 사고에 진력했다는 사실은 구약성서에서는 유래를 찾아볼 수 없는 일이다.[29] 더 이상 제사장들의 율법준수에 대한 강조나 제2성전 시대의 지혜자들의 전통에 근거한 인과응보적 교리의 고수를 찾아볼 수 없다. 단지 인간 경험에 근거한 철저한 철학적 이해만이 판단의 근거로 등장한다. 넷째, 결국 회의주의적 성향으로 치닫는 전도자는 죽음을 궁극적인 인간의 비극적 운명으로 묘사하게 된다. 지혜자와 어리석은 자는 똑같이 반드시 죽는다. 그래서 인생의 행사가 헛되다. 이같이 죽음 앞에 선 인간의 삶의 의미를 묻는 것은 전도자가 처음이다.[30] 전도서에서 핵심 단어로 사용되는 '헤벨'은 인생의 헛됨과 무의미성을 의미하는데 바로 죽음의 현실에 대한 묵상이 담겨 있는 단어이다.[31] 다섯째, 죽음 앞에 한시적 인간의 헛됨을 묵상하나 동시에 인생의 모든 때를 하나님의 불변하는 시간의 과정으로 포함시키는 특징을 보인다.[32] 하나님의 영원성을 일시적 인생의 시간관점에서 대조적으로 설명하는 것은 전례를 찾아볼 수 없는 사고구조이다. 이러한 구조 가운데 인생은 운명론적이고 결정론적으로 나타난다.[33] 끝으로, 인간은 하나님의 행사와 섭리에 대하여 그 어떤 것도 알 수 없고 변화시킬 수도 없기에 각자에게 정해놓은 몫에 만족하는 삶이 가장 현명함을 강조한다.[34] 다른 것은 생각지 말고 현재의 기쁨에 집중하라(carpe

---

29) Martin Hengel, 『유대교와 헬레니즘 ②』, 46.
30) Martin Hengel, 『유대교와 헬레니즘 ②』, 48-49.
31) Leo G. Perdue, *Wisdom Literature*, 189.
32) Martin Hengel, 『유대교와 헬레니즘 ②』, 51.
33) Norbert Lohfink, *Qoheleth* (Minneapolis: Fortress, 2003), 14-15.
34) Martin Hengel, 『유대교와 헬레니즘 ②』, 54.

diem)는 전도자의 권고는 하나님 섭리의 신뢰할 수 없는 측면을 전제한다. 즉, 인간에게 일어나는 일이 기대하는 바, 인과응보 교리나 하나님의 정의에 의한 것이 아니라 인간으로서는 도무지 이해할 수 없는 하나님의 자유로운 뜻에 기인한다는 것이다.

위에서 열거된 전도서의 특징적 문제제기들과 주제를 보면 기존의 히브리 지혜전승과 거리가 있고 심지어 대치되는 내용들이다. 이러한 반전통주의적 사상은 어디에서부터 연원하는가? 헹겔이나 여타 지혜서 전문가들은 섣불리 그 원인을 헬레사상의 영향으로 간주하는 것을 주의하라고 충고한다. 왜냐하면, 전도서는 여전히 유일신적 신앙 가운데 서 있는 반면 헬레니즘은 다신론적 문화환경에 기반하고 있기 때문이다. 사실상, 그리스의 회의주의는 올림푸스 산에 모이는 신화적 신들에 대한 불신과 거부에 근거한다.[35] 믿을 수 없는 신들의 횡포 가운데 인생은 운명론적이고 비극적으로 치닫는다. 그러나 전도자는 믿을 수 없는 신관념에 근거한 것이 아니라 절대적 신관념에 근거한다. 그 영원하신 하나님(하엘로힘)의 뜻은 숨어계시기에 신비이며 두려움이라는 것이다. 따라서 인간이 취할 수 있는 태도는 야웨 경외이다.

전도자가 살았고 계속해서 영향을 받았던 초기 헬레니즘 사회는 확실히 그리스의 회의주의적 철학사상이 지배적인 사조를 이루고 있었다. 그렇다고 사물과 세상에 대하여 의문을 제기하고 비판적으로 사유하는 것이 전적으로 헬라철학적 영향으로 보는 것은 무리가 있다. 왜냐하면, 이미 이집트의 비문에서도 세상에 대한 비판

---

35) Leo G. Perdue, *Wisdom Literature*, 185.

주의적 태도가 주전 16세기로부터 등장하고 있으며 초기 헬라시대
에 이르기까지 꾸준히 더 많은 작품들과 더 치열한 비판적 글들이
기록되어 왔기 때문이다. 이러한 비문들에서 보면 신들은 더욱 폭
군적이고 변덕쟁이에 정의롭지 못하게 묘사된다.36) 이집트의 질서
의 여신 마앗(ma'at)을 통해 기대되는 세상의 안정과 행복이 더 이
상 삶의 현실에서 경험되어지지 않을 때 이집트의 지혜자들 또한
비판과 회의의 길로 들어선다. 뿐만 아니라 바빌론의 지혜문헌들
가운데 이해할 수 없는 신의 섭리에 대한 비판적 사고들이 자주 등
장한다. 그 가운데 대표적인 작품은 주전 10세기경의 『바빌론 신정
론』으로서 한 고통자와 그의 친구의 대화로서 얼핏 욥기와 유사한
형태를 취한다. 알 수 없는 마르둑 신의 섭리에 대한 두 사람의 대
화 가운데 결국 친구는 고통자에게 설득당하여 신뢰할 수 없는 세
상이치에 대하여 이야기하며 글이 마무리된다.37) 세상 현실에 대
한 경험이 가져다주는 회의주의적 태도로의 이행을 드러내는 작품
이다.

이와 같은 다양한 문화적 영향들을 고려한다면 전도서의 회의
주의를 핵심으로 한 전도자의 반전통주의의 입장은 복합적 요소들
이 작용하고 있음을 알 수 있다. 분명한 것은 전도자는 고유의 히브
리 사상에 기반한 어떠한 문서에서도 회의주의를 받아들인 바는 없
다. 심지어 "야게의 아들 아굴의 잠언"(잠 30:1-4)에서도 인간이 무

---

36) Eberhard Otto, *Die biographischen Inschriften der Ägyptischen Spätzeit* (Pro-
bleme der Ägyptologie 2; Leiden: Brill, 1954).
37) W. G. Lambert, *Babyloniam Wisdom Literature* (Oxford: Clarendon Press,
1960), 65.

엇을 알 수 있느냐를 언급은 하지만 그것은 "바람을 조절하며", "땅의 모든 끝을 정하는 것"에 대하여 알 수 없음을 말함으로써 인간과 하나님 사이의 격차를 강조하는 목적이 있을 뿐이지 세상 일반에 대한 의심을 표현하는 것은 아니다.[38] 전도자는 한발 더 나아가 인간 사회와 사람들의 행동을 평가하고 판단할 수 있는 어떠한 기준점이나 가치관도 형성할 수 없다고까지 말한다:

내가 내 마음속으로 이르기를 우매자가 당한 것을 나도 당하리니 내게 지혜가 있었다 한들 내게 무슨 유익이 있으리요 하였도다 이에 내가 내 마음속으로 이르기를 이것도 헛되도다 하였도다(전 2:15).

모든 사람에게 임하는 그 모든 것이 일반이라 의인과 악인, 선한 자와 깨끗한 자와 깨끗하지 아니한 자, 제사를 드리는 자와 제사를 드리지 아니하는 자에게 일어나는 일들이 모두 일반이니 선인과 죄인, 맹세하는 자와 맹세하기를 무서워하는 자가 일반이로다(전 9:2).

여기까지 이르면 전도자에게 전통적 가르침은 현실의 삶에 어떠한 실제적 도움도 주지 못하는 옛 노인들의 묵상으로 기억되는 정도이지 삶의 규범이나 가치관이 되지 못한다. 그렇다면 우리는 전도자가 그 시작은 비록 직접적인 헬라철학의 영향을 받은 것은

---

38) Leo G. Perdue, *Wisdom Literature*, 184.

아닐지라도 결국 수렴된 사상에 있어서는 헬라적인 회의주의를 표명하고 있다고 볼 수 있는가?

앞서 언급하였으나 퍼듀와 같은 학자는 그럼에도 불구하고 여전히 전도자의 회의주의와 헬라사상의 회의주의의 차이를 읽는다. 그것은 바로 전도자가 '하나님'의 존재를 늘 염두에 두고 있다는 사실이다.[39] 이제까지의 고찰을 통해 우리가 전도자에 대하여 알 수 있는 정보는 그의 회의주의 자체는 반전통적인 것은 분명하다는 사실과 그럼에도 불구하고 여전히 당시의 헬라적 회의주의와 동일한 사상을 편 것은 아니라는 사실이다. 그렇다면 전도자는 전통사상도 거부하고 동시에 신흥사상도 거부하고 있다. 다시 말하면 자신만의 독특한 목소리를 내고 있는 것이다. 이를 우리는 전도자의 부정의 길로 만 볼 것이 아니라 오히려 긍정의 길로도 평가할 수 있다. 즉, 비평적 사고의 태도는 방법론적으로 당시의 새로운 헬라사상의 비판과 회의를 사용하면서 동시에 내용적으로 전통적 야웨사상의 기반에 굳건히 뿌리박고 결론적으로 긍정하는 모습이다.[40] 결국 전도자는 전통적 지혜전승과 초기 헬레니즘의 정신을 사회변동의 상황 속에서 통합하고 있다. 이 전통적 지혜전승의 보존과 개혁에 대하여 이제 우리의 관심을 돌릴 때이다.

---

39) Leo G. Perdue, *Wisdom Literature*, 185.
40) 물론, 전도서 12:9-14의 후기부분을 염두에 둔 평가이다 (특히, 13-14절). 그러나 이 후기의 편집으로 말미암아 전도서 전체는 야웨 경외 신앙의 관점에서 새로운 의미를 띠게 된다. 이제까지의 회의주의적 목소리가 결국 야웨 신앙에 기반하고 있음을 밝히기 때문이다.

3. 히브리 지혜전승의 보존과 개혁

히브리 지혜문학을 연구하는 학자들은 일단의 지혜자 집단들이 이스라엘 역사 내에 존재했음을 밝힌다. 특히 잠언서 25:1에서 말해주듯이 서기관 그룹의 지혜전승의 보존과 편집활동이 히스기야 왕 시절부터 활동했음을 알려준다. 팍스는 현재의 잠언의 모음집 자체가 지혜자 또는 서기관들에 의해 가감삭제 되어 편집된 결과로 본다.[41] 현자 집단이 구체적으로 전통적 가부장적 사회의 포괄적 가족의 배경에서 기원하였는지[42] 아니면 상류층의 학교나 궁정교육기관에서 기원하였는가에[43] 대하여 학자들마다 의견은 분분하나 분명한 것은 제2 성전시대 이후 히브리 지혜전승의 계승과 발전을 주도한 자들은 바로 현자 그룹이라는 사실이다. 그들은 에스라의 종교개혁의 배후에도 등장하며[44] 프톨레미 왕조시기 유대주의가 초기 헬레니즘과 만났을 때 반전통주의적 전도자의 목소리로 나

---

41) Michael V. Fox, "The Social Location of the Book of Proverbs," in *Texts, Temple, and traditions: A Tribute to Menahem Haran* (Winona Lake: Eisenbrauns, 1996), 227-239.

42) Katharine J. Dell, "Proverbs 1-9: Issues of Social and Theological Context," *Int* 63 (2009), 231-232; R. N. Whybray, *The Intellectual Tradition in the Old Testament*(Berlin and New York: W. de Gruyter, 1974), 31-43.

43) James L. Crenshaw, "The Sage in Proverbs," in *The Sages in Israel and the Ancient Near East* (Winona Lake: Eisenbrauns, 1990), 208-210; Leo G. Perdue, *Proverbs* (Louisville: John Knox Press, 2000), 61.

44) "이 에스라가 바벨론에서 올라왔으니 그는 이스라엘의 하나님 여호와께서 주신 **모세의 율법에 익숙한 학자**로서 그의 하나님 여호와의 도우심을 입음으로 왕에게 구하는 것은 다 받는 자이더니"(스 7:6); "나 곧 아닥사스다 왕이 유브라데 강 건너편 모든 창고지기에게 조서를 내려 이르기를 하늘의 **하나님의 율법** 학자 겸 제사장 에스라가 무릇 너희에게 구하는 것을 신속히 시행하되"(스 7:21).

타나며 셀류코스 왕조시기에는『시락서』에서 드러나듯 율법과 지혜의 온전한 통합을 시도하였으며 이후『솔로몬의 지혜서』에 이르러서는 헬레니즘으로 옷 입은 새로운 지혜 사상의 변혁을 가져오기도 하였다. 지혜 사상 내의 다양한 흐름에도 불구하고 동서양 문화의 충돌이라는 격변의 시기에 현자 집단은 활발한 지성적 활동을 꾸준히 진행해 옴으로써 오늘날까지 이르는 위대한 히브리 지혜 사상의 유산을 남길 수 있었다.

지혜자들의 보편적 성향이 그러하듯, 전도서의 전도자는 기존의 야웨 신앙을 견지하면서도 새로운 지식과 사상들에 개방적이었음을 알 수 있다. 전도서에 드러나는 전도자의 주체성과 보편적 성향, 시간에 대한 의식과 인간의 운명과 죽음에 대한 묵상 등은 다분히 그리스의 철학사상에 적극적 수용과 적용의 결과이었음을 알 수 있다. 물론 위에서도 살폈듯이 헬레니즘 외에도 다른 주변문화의 영향 또한 녹아들어가 있다. 이러한 현상은 지식 전문가들의 개방성 외에도 히브리 지혜자들의 종교와 문화의 구분이라는 관점이 기여한 바가 크다.[45] 아직 프톨레미 왕조의 초기 헬레니즘 시대는 주전 2세기 셀류코스 왕조시기와 같은 첨예한 유대주의와 헬라주의의 대결관계가 펼쳐지기 전이었다. 아직은 헬라의 문화가 유대주의 종교에 심각한 위협으로 느껴지지 않는 상태에서 전도자의 비판과 회의는 반전통주의 더 나아가 다분히 기존 신앙의 해체주의적 목소리까지 자유롭게 낼 수 있었던 것이다. 그럼에도 불구하고 전도자가 전적인 헬레니즘의 길로도 가지 않았음을 우리는 위에서 확

---

45) John J. Collins, *Jewish Cult and Hellenistic Culture*, 16.

인할 수 있었다. 무엇이 격변하는 사회변동 속에서 전통에 대해 거부하면서 동시에 신흥사상에도 편입되지 않는 전도자 고유의 목소리를 낼 수 있었는가?

전도서에 나타난 전도자 자신만의 주체적 목소리에 대한 문제제기 자체는 당시 활동했던 현자 집단의 존재성을 방증한다. 에스라의 종교개혁을 이끈 것은 하골라 중심의 엘리트적 서기관 집단이었다. 그러나 질서와 안정을 지지하던 이 집단과는 달리 전도서 생성의 주인공들은 비판적이고 해체적인 또 다른 현자 집단이었다.46) 공동체와 연대감을 중시하는 유대인 사회에서 낯선 개인의 독자적 목소리를 내는 것 자체가 개혁적인 움직임이었다. 게다가 그들이 활동했던 사회적 배경은 다원주의적 사회(pluralistic world)였다. 새로운 헬라문화의 강력한 영향 하에 권력과 지위, 재물을 추구하며 경쟁하는 유대사회 내의 다양한 종교적, 정치적 집단들이 신앙적인 문제뿐만 아니라 철학과 언어, 문화적 교류와 경제적 상거래, 군사적 이동과 지엽적 전쟁 등의 다양한 문제가 복합적으로 작용하는 유동적인 사회였다.47) 전도자는 이렇게 숨 가쁘게 돌아가는 사회 속에서 비교적 안정된 기득권 계층에 속해 있었다.48) 따라서 사회변동의 혼란스러운 상황에도 불구하고 현실의 문제로부터 한 발짝 뒤로 물러나서 인생 일반에 대한 묵상과 숙고가 가능했던 것이다.

---

46) Leo G. Perdue, "The Vitality of Wisdom," 127-128.
47) Leo G. Perdue, *Wisdom Literature*, 184.
48) Robert Gordis, *Koheleth, The Man and His World* (New York: Jewish Theological Seminary of America, 1951), 77.

헹겔에 의하면 이미 히브리 지혜전승의 전수자들은 헬레니즘의 물결이 몰려오기 이전부터 새로운 문화와 대응하여 통합을 이룰 수 있는 토양을 이루고 있었다고 주장한다. 이는 히브리적 지혜전승이 갖는 합리적이고 실용적인 특징을 지닌 가르침에 기인한다.[49] 키텔 또한 다음과 같이 논의한다:[50]

만약 누군가 그런 결론을 내린다면, 유대교에 대한 헬레니즘의 실제적인 침투가 있기 전에 유대교는 자신의 지혜의 가르침에서 그리스의 대중적 철학과 연관이 있으면서도 동시에 이것과 대항한 정신적 경향을 이미 생산해 내고 있었다고 보아야 한다.

헹겔은 다음과 같이 결론을 내린다. 즉 전도서 이전의 유대문학에서는 헬라철학의 직접적 영향을 찾아보기는 힘들지만,[51] "헬레니즘 문명과의 만남을 준비하는 합리적이고 비평적이며 사변적이고 보편주의적인 경향은 발견된다. 제사장과 레위계열의 서기관학파와 평신도 귀족 그룹은 이러한 풍요로운 글의 생산에 함께 참여했을 것이다. 이런 관점에서 우리는 왜 헬레니즘의 통치자들이 처음부터 재능있고 자부심이 강한 유대인들을 용병이나 관료로 사용했으며, 또 왜 유대인에 관해 그리스 작가들이 처음 내린 판단이 전적으로 긍정적인지를 알 수 있다."[52]

---

49) Martin Hengel, 『유대교와 헬레니즘 ②』, 19.
50) Rudolf Kittel, *Geschichte des Volkes Israels* (Gotha: F. A. Perthes, 1929), 733.
51) Roland Murphy, *Ecclesiastes* (Nashville: Thomas Nelson, 1992), xliii.
52) Martin Hengel, 『유대교와 헬레니즘 ②』, 30-31.

이상의 논의에서 알 수 있는 사실은 전도자가 자신의 고유의 목소리를 헬레니즘 문화의 격변기 가운데 큰 동요 없이 낼 수 있었던 것은 지혜전승 자체 내의 현실적이고 비판적이며 숙고적인 경향과 무관하지 않다. 따라서 전도자는 당대의 헬라철학적 관찰과 사유에 용이하게 접촉할 수 있었고 그 사상과 가르침을 그대로 수용하기보다는 전도자 자신의 특정한 '히브리 교육적 틀'에 적용한 것으로 나타난다.[53]

헹겔에 의하면 더 나아가 전도자는 전통적 지혜와 맞서 싸우기 위해 '지혜'의 무기들을 사용하였고 이와 같은 과정에서 한 학파를 당대에 창설했을 것으로 추측한다. 전도서의 에필로그, 특히 12장 9-11절은 전도자의 제자의 작품으로 판단한다. 왜냐하면 스승의 글이 격심한 논쟁을 불러일으키는 상황에서[54] 자기 스승을 위한 변증으로써 전도서에 부록을 첨가한 것으로 보이기 때문이다.[55] 전도자 학파의 흔적은 주전 200년 경에 소코(Socho)에서 활동한 안티고노스(Antigonos)의 글들에서 발견된다. 이곳에서 인과보응 사상을 전도자와 같은 맥락에서 다음과 같이 반대하고 있다:[56]

보상을 받을 조건으로 주인을 섬기는 노예가 아니라
보상을 받지 않는다는 조건으로 주인을 섬기는 노예가 되라.
그리하여 하늘의 두려움이 너희 위에 임하게 하라.

---

53) Roland Murphy, *Ecclesiastes*, xliv.
54) H. W. Hertzberg, 219f.
55) Martin Hengel, 『유대교와 헬레니즘 ②』, 72-73.
56) Martin Hengel, 『유대교와 헬레니즘 ②』, 75 재인용.

핑켈슈타인은 '전도자'학파가 "아테네의 냉소주의자들과 견줄 수 있는 유대인들"로 구성되었거나, 혹은 "냉소적인 평민들"로 구성되었다고 주장했다.[57] 그러나 헹겔은 전도서에서 확인할 수 있는 것처럼 전도자와 그의 제자들의 사회적 배경은 평민 출신이기보다는 예루살렘의 귀족사회일 것으로 주장한다. 분명한 것은 이러한 전도서의 반정통주의의 비판전승은 셀류코스 왕조 시대에 이르러 그 목소리가 잦아들고 오히려 정통주의적 목소리가 다시금 지배적인 지혜전승의 주류를 형성하게 된다는 것이다. 결국 유대주의의 발전에 있어서 전통적 히브리 지혜전승의 두 가지 흐름인 질서와 안정을 추구하는 집단과 비판과 해체를 추구하는 집단 가운데 인과응보 사상의 전통을 중시하는 전자의 집단이 더욱 부각되어지게 되었음을 확인할 수 있다. 그리고 그 원인은 우리가 다음에서 살펴볼 셀류코스 왕조 시대에 불어 닥치는 본격적인 헬레니즘 문화의 위협이었다. 더 이상 자유로운 비판정신과 개인적 사유가 유대주의 공동체를 뒤흔드는 일련의 위기 상황에서 그 자리를 유지할 수 없었던 것이다.

그럼에도 불구하고 우리는 신구약 중간시대의 다양한 유대주의의 발전을 알고 있다. 각 시대의 가장 크게 부각되는 사건들에 의해 다양한 흐름들 가운데 특정한 지류가 본류가 되기도 하고 본류의 흐름이 지류가 되는 발전의 과정들을 경험한다. 전도자의 사상은 여전히 후대의 사두개인들에게 영향을 끼치는 것으로 나타난다.[58] 왜

---

57) Louis Finkelstein, *The Pharisees, the Sociological Background of Their Faith* (Philadelphia: Jewish Publication Society of America, 1962), 230, 235, Martin Hengel, 『유대교와 헬레니즘 ②』, 76 재인용.

냐하면 부활사상에 반대하는 그들에게 현세대에 충실해야 한다는 전도자의 주장은 다분히 매력적이기 때문이다. 또한 기득권을 소유한 사두개인들로 이루어진 대제사장들은 전통의 보존자이면서도 동시에 헬라 제국의 정치적 권력과 맞닿아 있기에 필연적으로 헬레니즘의 영향에 상당히 개방적이었고 사고도 자유로웠을 것이다. 그러나 실제적 근거자료들은 희박하기에 추정에 불과하다. 현 상태에서 여전히 타당하게 주장할 수 있는 사실은 히브리 지혜 사상의 보존과 개혁이 유대주의와 헬라주의의 교류 가운데 끊임없이 일어나고 있으며 결국 새 시대에 생존할 수 있는 방식으로 통합되는 과정을 밟는다는 것이다. 우리는 다음의 장에서 전통과 현실을 잇고 있는 시락서의 생존방식을 살필 수 있을 것이다.

---

58) E. Bickermann, *Institutions des Séleucides* (Paris: P. Geuthner, 1938).

4 장
셀류코스 왕조의 지배와 마카비
항쟁시대(198-140 BCE)

프톨레미 왕조와의 다섯 차례의 전쟁을 거친 후 셀류코스의 안
티오쿠스(Antiochus) 3세는 드디어 팔레스틴 지역의 지배를 확보
하게 된다(198 BCE). 프톨레미 왕조로부터 셀류코스 왕조로의 이
행은 예루살렘의 유대인들에게는 혼돈스러운 변화이기보다는 자
연스러운 수용의 과정을 밟는다. 요세푸스에 의하면, 유대인들은
시리아의 왕 안티오쿠스 3세를 도와 이집트의 수비대를 팔레스틴
에서 몰아내는 데 조력하기도 하였다. 이 때문인지 시리아의 황제
는 예루살렘의 유대인들에 전통적인 지위와 도시에 대한 지배권을
확인해 주는 특권들을 부여했다. 장로들과 대제사장, 제사장들 및
다른 성전 근무자들에게 세금 면제를 단행했을 뿐만 아니라 성전,

제의, 종교적 가르침, 도시의 안녕에 초점을 두는 칙령을 반포하여 이 지역의 안정을 꾀했다.[1] 이와 같은 사실은 셀류코스 왕조 초기, 이미 친숙해진 헬레니즘 환경에 있었던 유대인들이 정치적으로도 큰 마찰 없이 셀류코스의 통치를 자연스레 받아들였을 뿐만 아니라 오히려 환영하고 있었음을 보여준다. 이미 앞서 살펴본바, 유대인들에게 자신들의 종교전통, 특히 율법준수와 제의실행이 허락되는 한, 정치적인 통치세력의 변화는 그리 큰 문제가 되지는 않았다.

그러나 헬레니즘의 세속적 종교사상은 율법과 제의 신앙을 기반으로 하는 유대인들의 민족종교를 '헬라주의적인 유대교'라는 타협주의 하에서 본질적인 정신은 퇴색하고 점차로 형식화되어 가는 길로 인도하고 있었다. 헬레니즘의 정신은 자기 민족의 종교뿐만 아니라 다른 민족들의 종교를 우수한 헬라문화 아래에 다 용해하는 경향을 띤다. 즉, 유대인의 율법이나 희생제사 규정은 내면적인 정신원리와 이념을 외부적으로 표현한 문화적 산물로서 취급되었고 유대인들 역시 세속적 성향은 두드러지게 되었다.[2] 따라서 유대교의 외형적인 종교의 틀은 유지될 수 있었으나 헬라문화의 소용돌이 속에서 본래적 계시성과 진리성은 변질되어가고 있었다.

이와 같은 신앙정신의 오염은 예루살렘의 대제사장직을 둘러싼 종교 지도자들의 분열과 갈등 가운데 극명하게 드러나게 된다. 벤시라가 찬양했던(시락서 50장) 대제사장 시몬 2세와 달리, 그의 후계자인 오니아스 3세는 프톨레미 왕조 시절 요르단 동쪽 지역의 유

---

1) Lee I. Levine, "헬레니즘 시대: 알렉산더 대왕과 하스모니아 왕국의 흥망," 339.
2) W. 푀르스터, 『신구약 중간사』, 58.

력한 집안이던 토비아드 가문의 히르카누스에게 뇌물을 받았던 행위 때문에 정적에 의해 폐위되었다. 이후 안디옥으로 소환되어 구금된다.[3] 계속해서 대제사장직을 노렸던 오니아스 3세의 동생인 야손(Jason)은 셀류코스의 새로운 왕인 안티오쿠스 4세(Epiphanes)에게 돈을 바쳐 예루살렘의 대제사장 직분을 차지하게 된다. 그뿐만 아니라 예루살렘을 그리스의 도시 체제로 개조시키는 과제를 부여받게 된다. 이는 곧 예루살렘의 주민을 폴리스의 주민으로 등록시키고 예루살렘이 정치적으로 재편되며 헬라적 체육학교(gymnasium) 등이 설립되는 것을 의미하였다.[4] 안티오쿠스 3세에 의해 용인되었던 율법이 취소되었고 예루살렘은 이제 그리스의 헬라법을 따르는 도시로 전락하였으며 헬라주의적 이방인의 풍습과 문화가 들어오는 계기가 되었다. 이제, 유대인들은 제사장들마저도 나체로 운동을 했으며 수많은 사람이 할례를 실행하지 않게 되었다.[5] 껍질만 남았던 유대인 종교의 허상이 여실히 드러나는 상황이 전개되고 있었다.

주전 172년에 토비아드 가문 출신의 메넬라우스가 야손의 선례를 따라 대제사장직을 안티오쿠스 4세에게 뇌물을 주고 차지하는 일이 발생했다. 처음으로 아론계열의 제사장이 아닌 사람이 제사장 직분을 강탈하게 된 것이다. 메넬라우스는 성직을 매매하는 과정 가운데 성전 창고를 약탈하였는데 이는 주민들의 분노를 샀고

---

3) Martin Hengel, 『유대교와 헬레니즘 ②』, 90.
4) Jonathan Goldstein, *I Maccabees* (Garden City, NY: Doubleday, 1976), 213-219.
5) W. 푀르스터, 『신구약 중간사』, 61.

이윽고 폭력사태로 발전하였다.6) 결정적인 사건은 이후 주전 169-168년 이집트 원정에서 실패하고 돌아온 안티오쿠스 4세가 예루살렘에 돌아왔을 때 발생했다. 대제사장직을 탈환하려는 야손 이 천여 명의 군사를 거느리고 예루살렘의 메넬라우스를 포위 공격 하는 소요사태를 맞닥트리면서 안티오쿠스 4세는 이를 시리아 왕 조를 향한 심각한 반란으로 간주 무자비한 대학살을 자행한다. 유 대인들은 이제 더 이상 자신들의 율법에 따라 살지 못하게 된다. 안식일 준수는 물론이고 할례도 행할 수 없게 되었다. 율법 소유는 금지되었고 왕의 임명을 받은 관리가 파견되어 강제로 그리스의 법 령을 수행케 하였다. 무엇보다도 충격적인 사건은 예루살렘 성전 이 제우신의 신전으로 바뀌고 제단위에 "멸망하게 하는 가증한 것"(단 11:31; 12:11)인 돼지고기가 제물로 바쳐지게 되었다.7) 이 는 결국 경건한 유대인들인 하시딤의 봉기를 낳게 되고 당시의 제 사장 집안인 마카비 가문의 형제들이 앞장서서 전면적 항쟁으로 치 닫게 된다.

이와 같은 일련의 사태가 벤 시라의 『시락서』가 등장할 즈음에 일어난 사건들이다. 헹겔에 의하면, 벤 시라의 기록에는 아직 예루 살렘에서 부각되었던 심각한 위기상황이 드러나 있지 않기에 기록 시기를 본격적인 마카비 투쟁이 발발하기 전인 주전 175년경으로 추정한다.8) 그럼에도 분명한 사실은 벤 시라의 율법과 지혜의 융 합 그리고 예언적 목소리에 입각한 지혜자의 성찰이 담긴 메시지는

---

6) Lee I. Levine, "헬레니즘 시대: 알렉산더 대왕과 하스모니아 왕국의 흥망," 340.
7) W. 푀르스터, 『신구약 중간사』, 62.
8) Martin Hengel, 『유대교와 헬레니즘 ②』, 84-85.

헬라 문화와의 타협 또는 대결의 양 극단적 상황 속에서 배태되고 성장하여 선포되고 있다는 사실이다. 따라서 다음에서는 마카비 항쟁의 준비 시기부터 이루어진 벤 시라의 헬라적 유대주의의 성격을 규명하려 한다. 앞서 프톨레미 왕조시대의 반전통적 전도자의 목소리와는 얼핏 정반대의 방향으로 발전하고 있는 벤 시라의 사상적 경향은 기존의 히브리 지혜전승을 또 어떻게 통합시키고 새롭게 변혁, 발전시키고 있는가? 『시락서』에서 드러난 유대인 지혜자의 생존방식을 통하여 신학적이고 실존적인 지혜를 터득하고자 한다.

1. 마카비 항쟁의 준비

시리아의 통치 초기 팔레스틴의 헬라화는 가속화되었다. 팔레스틴에만 30개의 헬라도시가 서부해안지대와 티베리아 호수 주변, 요단강 동편 쪽으로 건립되었다.9) 특히, 예루살렘에 깊숙이 침투한 헬라의 문화와 교육은 더 이상 이방적인 요소이기보다는 예루살렘 유대인들에게 어느새 친숙한 환경이 되고 있었다. 이에 따라 헬라의 세속적 문화에 휩쓸려서 히브리 신앙의 고유한 가치가 상실될 위험에 처하게 된다. 이 시대의 혼합주의적인 신앙의 좋은 표본이 요세푸스의 기록 가운데 발견되는 토비아드 가문(Tobiads)의 이야기이다(Ant. 12. 154 -234).10) 토비아(Tobiah)는 야웨 신앙의

---

9) V. Tcherikover, *Hellenistic Civilization and the Jews* (New York: Atheneum, 1970), 90-116.

10) V. Tcherikover, *Hellenistic Civilization*, 126-136.

소유자이면서도 프톨레미 왕조시절 유다 지역의 헬라화에 적극 동참했던 인물이다. 토비아의 아들인 요셉이 이집트 왕에게 뇌물을 바쳐서 시리아와 페니키아, 유다와 사마리아 지역 전체의 세금징수 권리를 획득하게 된다. 많은 돈을 축적하게 되고 아들도 일곱까지 두게 되었다. 그러나 그가 이집트에 갔을 때 한 이집트 무희를 사랑하게 되어 그녀를 아내로 삼기 원한다. 그러나 요셉의 형은 유대인 남자가 이방인 여자와 결혼하는 것을 금지한 율법을 어길까봐 자신의 딸을 대신 침실로 보내고 결국 요셉은 자기 질녀와의 결혼으로 히르카누스를 낳게 된다. 이같이 겉으로는 율법을 지키는 듯하나 실제로는 무법적인 상황이 연출되는 혼합주의가 프톨레미 지배에서 셀류코스의 치세로 넘어가던 이 시기의 헬라주의적인 유대교의 단편이다.[11]

그러나 이 시기가 에스라와 느헤미야 때와 같이 유대인의 정체성까지 상실될 심각한 상황으로 읽혀지지는 않는다. 왜냐하면, 알렉산더가 전파한 헬레니즘은 고대근동의 다른 문화들에 비해 우수한 보편적 가치를 추구하는 것을 기치로 삼았고 실제로 헬라제국의 식민지 민족들은 새로운 문화를 적극적으로 받아들이고 있었기 때문이다. 이와 같은 상황은 예루살렘과 디아스포라 유대인들에게도 예외가 아니었기에 헬레니즘은 오히려 새로운 세계로의 통로로 환영받고 있었다. 당시에 활동했던 전통주의자인 벤 시라도 헬라세계의 여행을 통하여 새로운 지식과 환경에 노출되는 경험을 긍정적으로 묘사하고 있다(시락서 34:9-13). 물론, 벤 시라는 토비아드 가

---

11) W. 푀르스터, 『신구약 중간사』, 59.

문이 표방했던 혼합주의 즉, 자신의 이익여부에 따른 성급하고 무분별한 헬라화는 반대하였다.12) 하지만 전통적 야웨 경외 신앙에 위해가 되지 않고 조화를 이룰 수 있는 헬라의 문화와 체제는 수용하였다. 아래에서 살펴보겠지만 벤 시라가 유대교의 헬라주의화에 정면으로 반대했다고 주장하는 헹겔과는 달리 콜린스는 현자의 사회적 배경 자체가 새로운 문화를 받아들이는데 적극적이었던 지배체제와 긴밀한 관련이 있기에 조화로운 통합의 태도를 취하고 있었다고 주장한다.

그럼에도 불구하고, 벤 시라는 다음의 네 가지 차원에서 헬라주의를 경계하며 아직 수면으로 부상하지 않고 있는 전통적 야웨주의자들(하시딤을 대표로 하는)의 항변을 사상적으로 준비하고 있었다. 첫째, 그는 지혜교사로서 헬레니즘의 세속적 문화에 노출된 젊은 이들에게 전통적 신앙의 가르침들을 교육하였다.13) 시락서 51:23에서 젊은이들을 교육의 장으로 초청하고 있다: "배우지 못한 자들아, 내게 가까이 오너라. 내 배움의 집(베이트 미드라쉬)에 와서 묵어라."14) 로쓰에 의하면 이 '배움의 집'은 성전의 관할기구로서 실제적으로 교육이 일어난 장소는 자신의 집이나 회당이었을 것으로 본다. 벤 시라의 학생들 가운데에는 율법 서기관이 되려는 젊은이들이 포함되어 있었고 제사장을 비롯한 지배계층의 자녀들이 주로

---

12) John J. Collins, *Jewish Wisdom in the Hellenistic Age* (Louisville: Westminster John Knox, 1997), 31.
13) Wolfgang Roth, "On the Gnomic-Discursive Wisdom of Jesus ben Sirach," *Semeia* 17(1980), 59-79.
14) 한국 천주교 주교회의 편, 『성경』(서울, 한국천주교중앙협의회, 2005). 이하 인용되는 외경의 본문들은 『성경』에서 발췌한 것임을 밝힌다.

교육을 받았을 것이다. 퍼듀는 쿰란공동체의 활동으로부터 유추하여 벤 시라의 학교에서는 전통적 신앙에 대한 가르침 이외에도 율법을 필사하고 문서화하고 연구하며 해석하는 작업이 실행되었을 것으로 본다.15) 실제로, 벤 시라의 작품은 예루살렘 이외에도 마사다와 사해 두루마리에서 발견되었다.16) 벤 시라는 지혜교사이면서 동시에 율법에 정통한 학자였다. 헬레니즘의 격랑 속에서 율법에 담긴 야웨 신앙의 전통을 보존, 연구하고 젊은이들에게 전수하여 헬레니즘의 일방적 침투를 감시하고 분별하는 파수꾼의 역할을 감당하였다.

둘째, 벤 시라는 셀류코스 치하의 헬레니즘 시대에 이미 전통적 가르침으로부터 동떨어진 율법폐기의 세속문화를 의식하고 있다. 이는 벤 시라가 "배교자들의 가문"(16:4)을 지적하는 것에서 알 수 있다.17) 이곳에서는 프톨레미 왕조 이후 셀류코스 왕조에 이르기까지 정치적 권모술수와 무원칙의 기회주의로 강력한 권력을 유지하고 있던 토비아드 가문의 오만과 폭행을 비판하고 있는 것으로 볼 수 있다. 특히 시락서 41:8-9는 예언자적 목소리로 율법을 떠난 자들에게 심판을 선포하고 있다:

불행하여라, 너희 불경한 인간들!
너희는 지극히 높으신 분의 율법을 저버렸다.

---

15) Leo G. Perdue, *Wisdom Literature: A Theological History*, 221.
16) Yigal Yadin, *The Ben Sira Scroll from Masada with Introduction, Emendations, and Commentary* (Jerusalem: Israel Exploration Society, 1965).
17) Martin Hengel, 『유대교와 헬레니즘 ②』, 132.

너희 자손이 불어나도 파멸되기 마련이다.

너희는 태어나도 저주받기 마련이고

죽게 되어도 저주받기 마련이다.

더 나아가 벤 시라는 셀류코스 가문에 속한 압제자들과 그들을
추종하는 헬라화된 유대주의 분파들에 대항하여 통렬한 비판을 가
하고 있다[18](36:6-12):

새로운 표징을 보여 주시고 다른 기적을 일으켜 주소서.

당신 손과 오른팔의 영광을 드러내 보이소서.

진노를 일으키시고 분노를 쏟아 부으시어

적을 쳐부수시고 원수를 없애소서.

시간을 재촉하시고 정해진 때를 기억하소서.

사람들이 당신의 위대하신 업적을 헤아리게 하소서.

분노의 불꽃이 살아남은 자마저 사르고

당신의 백성을 학대하는 자들이 멸망하게 하소서.

"우리 말고는 아무도 없다"고 말하는

적의 통치자들의 머리를 부수어뜨리소서.

이와 같은 논조는 아직은 본격적으로 불거지지는 않았으나 후
에 일어날 반헬라적 투쟁을 준비한다. 본문이 기록되어 있는 시락
서 36:1-22은 몇몇 학자들에게 있어서 벤 시라가 살았던 헬라적

---

18) Martin Hengel, 『유대교와 헬레니즘 ②』, 135.

사회와는 동떨어진 내용이 담겨 있기에 후대에 삽입된 것으로 여겨지기도 한다.[19] 그러나 지혜자들은 이전의 모든 신앙의 전승들을 보존하고 집대성하는 자들임을 감안한다면 충분히 벤 시라 당대의 기록으로도 볼 수 있다. 몇몇 학자들 역시 이방민족에 대한 직접적인 반대정서가 여전히 헬레니즘의 파고가 몰려드는 유대사회에 가능함을 받아들인다.[20] 이것이 벤 시라의 기록이라면 히브리 현자의 헬레니즘 배후에 있는 이방문화에 대한 경계와 징계의 목소리로 받아들여질 뿐만 아니라 직접적인 마카비 투쟁과의 사상적 연계까지도 말할 수 있을 것이다. 막상 그리스의 군대와 유대교의 하시딤 사이의 군사적 충돌이 일어났을 때 벤 시라의 셀류커스 왕조와 친헬라적 그룹들을 향한 고발과 심판의 선포는 야웨의 궁극적 통치를 기대하는 자들에게 항거정신의 원천으로 작용하였을 것이다.

셋째, 벤 시라는 히브리 지혜전승의 인과응보적 교리를 새롭게 해석함으로써 이후 마카비 가문의 항쟁과 그 주변에 모여든 하시딤들에게 사상적 기반을 제공하였다. 마카비 항쟁 이전시대에 유대교의 근본적 가르침이 격렬한 논쟁에 휘말리는 것을 확인할 수 있는데 이 가운데 인과응보 교리는 더욱 중요한 쟁점으로 떠오르게 된다. 왜냐하면 당시의 헬라문화에 젖어들었던 대부분의 예루살렘 유대인들은 안이한 종교적 태도로써 타협주의와 혼합주의의 길을 가고 있었고 하나님이 개인의 삶에 더 이상 개입하지 않는다는 세속화된 현실주의가 팽배해 있었기 때문이다. 그들에게 전통적인

---

19) John J. Collins, *Jewish Wisdom in the Hellenistic Age*, 23.
20) Leo G. Perdue, *Wisdom Literature: A Theological History*, 218.

조상들의 신앙은 실제적인 삶에 구속력이 없었다:[21]

> 재산을 믿지 말고 "넉넉하다"고 말하지 마라.
> 너 자신과 네 힘을 붙좇지 말고 마음의 욕망을 따르지 마라.
> "누가 나를 억누르리오?" 하고 말하지 마라.
> 주님께서 기필코 징벌하시리라.
> "죄를 지었어도 내게 아무 일도 없었지 않은가?" 하지 마라.
> 주님께서는 분노에 더디시기 때문이다.
> "그분의 인자함이 크시니 수많은 내 죄악이 속죄받으리라"고 말하
> 지 마라.
> 정녕 자비도 분노도 다 그분께 있고
> 그분의 진노가 죄인들 위에 머무르리라(시락서 5:1-4, 6).

흥미로운 것은 벤 시라의 인과응보론은 전통적 지혜 사상인 잠언에서 나타나는 인과응보론을 변경하고 있다는 사실이다. 헹겔이 지적하듯, 잠언을 비롯한 전통적 히브리 지혜 사상에서의 "이 땅에서의 정당한 보응이 인간의 운명을 설명하는 데는 불충분한 원리임을 깨닫게" 되면서 기계적인 원인과 결과의 직접적인 연관성을 부정한다.[22] 대신에, 하나님 스스로가 의로운 보응의 강력한 원천임을 신학적인 원리로서 강조한다:[23]

---

21) Martin Hengel, 『유대교와 헬레니즘 ②』, 110.
22) Martin Hengel, 『유대교와 헬레니즘 ②』, 111.
23) Martin Hengel, 『유대교와 헬레니즘 ②』, 113.

지극히 높으신 분께서 죄인들을 미워하시고

불경한 자들에게 **징벌로 되갚아** 주실 것이다.

그분께서는 징벌의 날까지 그들을 지켜보신다(시락서 12:6).

때가 지난 뒤 주님께서는 일어나시어

그들에게 되갚아 주시고 그들 머리위에 **벌을 내리시리라**(시락서 17:23).

벤 시라의 하나님의 보응교리는 마카비 가문의 승리 이후 더욱 분명한 교리로 자리잡게 된다.[24]

끝으로, 하나님의 보응교리와 관련하여 더 확장된 논의가 바로 신정론(theodicy)의 문제이다. 벤 시라는 신정론 문제에 대한 전혀 다른 새로운 대답을 제공함으로써 악인과 선인의 삶을 명백히 구분해 주고 있다. 본래 벤 시라가 당대에 다른 유대인 현자들 또는 헬라의 철학자들에게 공격받았던 신정론적 논의는 선과 악도 모두 하나님으로부터 나온다고 말하는 그의 사상 때문이다: "좋은 일 (good)과 궂은 일(evil), 삶과 죽음 가난과 부, 이 모두가 주님에게서 온다"(시락서 11:14). 바로 앞에서 살펴본 것처럼 벤 시라가 하나님을 스스로 친히 보응하시는 분으로 이해하고 있기 때문에 세상의 모든 것 곧 선뿐만 아니라 악도 하나님으로부터라는 결론에 도달할 수밖에 없었다. 이와 같은 벤 시라의 사상은 후에 쿰란공동체에서

---

24) J. Becker, *Das Heil Gottes: Heils- und Sündenbegriffe in den Qumrantexten und im Neuen Testament* (Göttingen: Vandenhoeck & Ruprecht, 1964), 19-35.

'두 가지 영'의 논제로 발전하여 나타나기도 한다.[25] 벤 시라가 정작 말하고자 하는 것은 하나님의 창조세계의 선함과 창조자 하나님의 절대주권이다. 이 세상의 만물은 하나님의 다스림 앞에 섭리대로 진행되며 심지어 악조차도 세상에서의 기능적 차원에서 선하다고 본다. 즉, 악의 존재로 인하여 죄인들의 멸망이 드러나기 때문이다.[26]

신정론과 관련한 벤 시라의 완전히 새로운 논의는 두 가지 차원에서 전개된다. 첫 번째 차원은 심리학적인 방법의 접근으로 인간의 삶에 지워져 있는 짐은 사실상 감정적이고 정신적인 부분이 크다는 것이다. 죄인들에게는 마땅히 주어지는 근심으로 인한 고통의 강도가 일반 선한 사람들보다도 일곱 배나 더하다 말한다. 이와 같은 심리적이고 정신적인 작용 등의 금방 드러나 보이지는 않는 방식으로 하나님은 악인들을 징계하고 계시다는 것이다.[27] 두 번째 차원은 수학적 방법으로 우주의 구조는 '대조적인 짝'(science of opposites)을 이루고 있다고 본다:

선은 악의 반대고 생명은 죽음의 반대다.
마찬가지로 죄인은 경건한 이의 반대다.
지극히 높으신 분의 온갖 업적을 살펴보아라.
서로 반대되는 것끼리 짝을 이루고 있다(시락서 33:14-15).

---

25) John J. Collins, *Jewish Wisdom in the Hellenistic Age*, 84.
26) Leo G. Perdue, *Wisdom Literature: A Theological History*, 252.
27) James L. Crenshaw, *Old Testament Wisdom An Introduction*. 강성열 옮김 (서울: 한국장로교출판사, 2012), 235.

만물은 서로 마주하여 짝을 이루고 있으니

그분께서는 어느 것도 불완전하게 만들지 않으셨다.

하나는 다른 하나의 좋은 점을 돋보이게 하니

누가 그분의 영광을 보면서 싫증을 느끼겠는가?

(시락서 42: 24-25).

이 우주의 선한 것들은 의인을 위하여 창조되었고 악한 것들은
악인을 위하여 창조되었다. 결국 세상은 수수께끼가 많고 어두운
점도 있지만 하나님의 창조질서 가운데 조화롭게 운행되고 있다는
것이다.28) 이러한 상호보완적인 '대조적 짝' 개념은 그리스 철학자
피타고라스와 헤라클레이토스의 사상에서도 발견된다.29) 그러나
히브리 현자인 벤 시라에게 있어서는 이러한 관념 자체는 초월적
창조자의 섭리로 이해한다.30) 결국 선의 최후승리를 위한 악의 현
존은 마카비 투쟁의 사상적 배경으로 적절하게 이해될 수 있다.

2. 벤 시라의 헬라적 유대주의

벤 시라가 헬라주의의 사상과 어떠한 관계에 있는지에 대하여
학자들 마다 조화냐 대립이냐의 두 극단 사이에서 다양한 스펙트럼

---

28) Martin Hengel, 『유대교와 헬레니즘 ②』, 117.

29) Th. Middendorp, *Die Stellung Jesu Ben Siras zwischen Judentum und Hellenismus* (Leiden: Brill, 1973), 29.

30) John J. Collins, *Jewish Wisdom in the Hellenistic Age*, 85.

을 형성한다. 그 가운데 체리코버와 헹겔은 대립적인 측면을 더 강조하는데 반해[31] 콜린스는 조화의 차원에 더 비중을 둔다.[32] 퍼듀의 경우 균형적 입장을 취한다.[33] 우리는 이곳에서 벤 시라의 주제들을 하나하나 추적하면서 그의 헬라적 유대주의의 본래적 성격을 파악하려 한다.

벤 시라의 기본적인 입장은 전통주의자(traditionalist)이다. 특히 자신의 정체성을 묘사함에 있어서 지혜 또는 율법을 큰 강으로 비유하여(24:23-25) 그 강물들로부터 자신이 가꾼 동산에 물을 대는 운하(channel)로써 자신을 밝힌다:[34]

나로 말하면 강에서 끌어낸 운하와 같고 정원으로 이어지는 물길과 같다.

나는 "내 동산에 물을 대고 꽃밭에 물을 주리라" 하였다.

보라, 내 운하가 강이 되고 내 강이 바다가 되었다.

나는 교훈을 새벽빛처럼 다시 밝히고 그 빛을 멀리까지 보낸다.

나는 가르침을 예언처럼 다시 쏟아 붓고

세세 대대로 그 가르침을 남겨 주리라(24:30-33).

그러나 그는 옛 사상을 무작정 붙들고 있는 보수적 전통주의자는 아니었다. 오히려 새로운 문화와 사상을 옛 가르침과 접맥시켜 발전시키는 창조적 전통주의자였다. 이는 기존의 히브리적 사고와

---

31) V. Tcherikover, *Hellenistic Civilization*, 143-144.
32) John J. Collins, *Jewish Wisdom in the Hellenistic Age*, 28.
33) Leo G. Perdue, *Wisdom Literature: A Theological History*, 219.
34) Roland E. Murphy, *The Tree of Life: An Exploration of Biblical Wisdom Literature* (Grand Rapids, Michigan: Wm Eerdmans Publishing Company, 2002), 66.

새로운 헬라적 사고를 조화롭게 연결시키는 그의 통합적 사상에 잘 반영되어 있다. 우선, 인간의 자유의지에 대한 그의 강조는 기존의 히브리적 사고에서는 찾아볼 수 없는 요소이다:

한 처음에 인간을 만드신 분은 그분이시다.
그분께서는 인간을 제 의지의 손(자유의지)에 내맡기셨다.
네가 원하기만 하면 계명을 지킬 수 있으니
충실하게 사는 것은 네 뜻에 달려 있다(15:14-15).

그러나 여기에서 "충실하게 사는 것"은 헬라어로 믿음 곧 πίστι (피스티스)이며 히브리어로는 성실함 곧 אמונה(에무나)이다.[35] 구약성서 하박국 2:4b에 의하면, "의인은 그의 믿음으로 말미암아 살리라"에서 '믿음'에 해당하는 말이 성실함, 곧 에무나 이며 이것이 신약성서 로마서 1:17에서 인용될 때 피스티스로 번역되어 있는 것이다. 기존의 히브리 신앙에서 가장 근본적인 야웨 경외 사상으로서의 순종과 신뢰의 삶이 인간의지의 자유와 선택이라는 새로운 옷을 덧입었다. 순종을 철학적 방법으로 언급하는 방식으로 벤 시라에게서 히브리 신앙전통과 헬라적 인간학이 융합되고 있는 것이다.

둘째, 전통적인 지혜문학의 창조신학은 창조물에서 '존재론적 구조라는 법칙'을 발견함으로써 창조적 전통주의자로서의 면모를 유감없이 발휘한다. 위에서도 잠깐 언급한 바 있는 짝 구조 개념이

---

35) Martin Hengel, 『유대교와 헬레니즘 ②』, 105.

다. 곧 하나님께서 창조하시고 질서와 조화 가운데 섭리하시는 세계를 '대조적인 짝'의 존재론적 구조로 밝힘으로써 선과 악의 신정론적 문제를 철학적인 이원론에 근거하여 해결하면서도 동시에 유일신 야웨 하나님의 창조주로서의 주권을 여전히 강조하고 있다. 전통적인 창조신학의 지평에서 하나님은 모든 것을 창조하였으며 심지어는 악까지도 창조하였다고 언급한다. 그러나 결국 궁극적 하나님의 섭리 가운데 악조차 선한 것으로 나타나게 되어있다. 왜냐하면, 정해진 시기에 악인은 심판을 받을 것이기 때문이다. 하나님의 선하심은 이러한 의인과 악인의 분명한 구분에서 드러나게 되는 것으로 풀이하고 있다.36) 여기에서 사용된 그의 설명방식은 세계가 '쌍으로' 이루어져 있다는 존재세계에 대한 헬라철학적 사고로부터 도입된 것이다. 세계의 존재구조 자체가 하나님께서 창조하실 때 대조되는 짝으로(doctrine of pairs) 처음부터 형성시켰다는 것이다.37) 이와 같이 벤 시라의 사상에서는 히브리적 신앙전통과 헬라적 철학사상이 함께 녹아들어가 있다.

끝으로, 개인의 의지에 대한 주체적 결단의 강조와 존재론적 구조에 대한 철학적 분석뿐만 아니라 윤리성(ethos)에 있어서도 벤 시라는 전통사상과 외래관념을 아우른다. 특히 명예와 수치에 대한 관념에 있어서 기존의 히브리적 사고는 개인적 존엄성을 그리 부각시키지는 않았다. 물론, 창세기 34장에서 세겜에 의해 야곱의 딸 디나가 성폭력을 당했을 때라든지 또는 욥기 31장에서 욥이 불

---

36) Leo G. Perdue, *Wisdom Literature: A Theological History,* 252.
37) Leo G. Perdue, *Wisdom Literature: A Theological History,* 253.

평하는 장면을 통해서 보면38) 히브리 사상에서의 수치스러움에 대한 관점은 분명히 강조되고 있기는 하다. 그러나 벤 시라에 이르면 수치와 명예에 대한 주제가 현저하게 증가하고 있다.39) 용사의 명예를 그 어떤 것보다도 중시하는 호모의 서사시에서 볼 수 있듯이 헬라사회의 중심 가치는 존엄과 명예였다. 이러한 문화적 환경에서 벤 시라는 확실히 이전의 히브리 현자들보다도 이와 관련된 주제를 위해 많은 지면을 할애하고 있다(3:1-6; 4:20-31; 10:19-25; 20:21-23; 41:14-42:8).40) 이는 그만큼 벤 시라가 히브리의 전통적 가치질서 위에 새로운 그리스의 문화적 범주들을 효과적으로 세워가고 있음을 말해준다.

벤 시라가 반헬라적 위치에 서 있다고 말하는 헹겔조차도 시락서에서 다음과 같은 분명한 헬라적 성향을 발견한다. 즉 당시의 그리스적 사유방식인 변증적이고도 논쟁적인 벤 시라의 토론이나41) 철학적 방법으로 인간의지의 자유로운 선택의 문제를 다루는 새로운 사유구조42) 혹은 벤 시라의 창조론과 신정론에서 스토아주의의 이성적 세계이해에 대한 논의43) 등이 그것이다. 무엇보다도 귀족 젊은이들인 그의 제자들과 적대자들이 듣고 이해할 수 있도록

---

38) John J. Collins, *Jewish Wisdom in the Hellenistic Age*, 34.
39) Claudia Camp, "Understanding a Patriarchy: Women in Second Century Jerusalem through the Eyes of Ben Sira," in A. J. Levine, ed., *"Women Like This," : New Perspectives on Jewish Women in the Greco-Roman World* (Atlanta: Scholars Press, 1991), 5.
40) John J. Collins, *Jewish Wisdom in the Hellenistic Age*, 34.
41) Martin Hengel, 『유대교와 헬레니즘 ②』, 100.
42) Martin Hengel, 『유대교와 헬레니즘 ②』, 105.
43) Martin Hengel, 『유대교와 헬레니즘 ②』, 121, 126.

당대의 해박한 논거를 제시하는 논증과 이성주의는[44] 아무리 보수적 율법학자라 할지라도 벤 시라를 당대 헬레니즘 시대의 아들로서 규정한다.

이렇듯 벤 시라에게 히브리 사상과 헬레니즘적 문화의 융합이라 할 수 있는 헬라적 유대주의가 출현한 것은 크게 다음의 두 가지 이유에 기인한다. 하나는 벤 시라의 제사장적 삶의 자리 때문이다. 토라를 해석하고 가르치는 현자로서 제2성전 시대에 활동하는 지도자들은 대부분 제사장 그룹에 속한 자들이다. 시락서 50:27에 의하면, "예루살렘 출신 엘아자르의 아들(son of Eleazar), 시라의 아들인 나 예수"로 소개된 것은 제사장 가문임을 증명한다. 그의 가르치는 사역 자체가 성전에서의 제사장적 사명을 감당하는 일환이었음을 알 수 있다(45: 17).[45] 스타델만도 벤 시라가 서기관이자 교사로서 제사장 계층에 속하였을 것이라고 말하면서 에스라와의 유사성을 주장하고 있다.[46] 그러나 콜린스는 벤 시라가 제사장 그룹에 속했을 것이라는 주장에 대해서는 회의적이다. 왜냐하면, 시락서 그 어디에서도 벤 시라 자신이 제사장임을 명시하는 기록은 전무하기 때문이다. 그럼에도 불구하고 시락서 50:1-24에서 대제사장 시몬을 예찬하고 있는 모습이라든가 34:21-35:13에서 희생제의를 옹호하고 있는 모습은 실제로 벤 시라 자신이 제사장은 아니더라도 사회계층적으로 긴밀한 관계에 서 있었음을 증명한다. 앞서 살펴본바 대제사장 야손도 그랬고, 후에 메넬라우스도 셀류

---

44) Martin Hengel, 『유대교와 헬레니즘 ②』, 125.
45) Leo G. Perdue, *Wisdom Literature: A Theological History,* 231.
46) H. Stadelmann, *Ben Sira als Schriftgelehrter* (Tübingen: Mohr, 1980), 25.

코스 왕조의 그리스 정부와 결탁관계에 있었기에 헬라문화의 발전과 성장은 성전을 중심으로 하는 제사장 그룹들에 의해 수행될 수밖에 없었다. 이런 상황을 고려한다면 벤 시라에게 나타나는 헬레니즘적 요소들은 오히려 자연스러운 일이다.

벤 시라의 헬라적 유대주의의 형성의 또 다른 이유는 사회-경제적인 관점에서 이해될 수 있다. 셀류코스 왕조의 통치시기에 벤 시라와 같은 현자들 또는 서기관들은 사회적으로나 경제적으로나 안정된 환경에서 활동하였다. 시락서 38:24에는 다음과 같이 기록되어 있다: "율법 학자의 지혜는 여가가 얼마나 있느냐에 달려 있고 사람은 하는 일이 적어야 지혜롭게 될 수 있다." 또한 그는 여행도 자유롭게 다니고 있다: "여행을 많이 한 사람은 모든 일에 능통하다. 나는 여행하면서 많은 것을 보았지만 내가 배운 것을 말로 다 표현할 수는 없다"(34:11-12). 이들은 주로 가신(家臣)계층으로서 군인이나 교육자 또는 관료들처럼 통치세력의 필요에 봉사하는 자들이었다.[47] 서기관 계층의 영광은 귀인들과 통치자들 앞에서 맡겨진 일을 수행하는 일이다: "그는 고관들 사이에서 봉직하고 통치자들 앞에 모습을 보인다. 그는 이방 민족들의 땅을 두루 다니며 사람들 사이에서 좋고 나쁜 것을 체험으로 깨닫는다"(39:4). 궁극적으로 벤 시라가 교육하는 자들은 귀족층의 자녀들 또는 당시의 기득권을 가지고 있는 자들이었다. 이와 같은 벤 시라의 배경은 아무리 그가 전통주의자로서의 면모를 갖추고 있다고 할지라도 실제

---

47) A. J. Saldarini, *Pharisees, Scribes and Sadducees in Palestinian Society* (Wilmington: Glazier, 1988), 313.

적인 사상형성에 있어서 당대의 지배문화인 헬레니즘과 더불어 호흡할 수밖에 없었다. 이런 면에서 벤 시라가 헬레니즘에 대하여 일관되게 대립적인 입장을 취할 수 없었을 것이라는 콜린스의 주장은 타당하다.[48]

3. 시락서의 생존 방식[49]

자유주의적 헬레니즘의 거침없는 격랑 속에서도 벤 시라가 여전히 전통주의자로 서 있을 수 있었던 것은 하나님과 경건 그리고 도덕적 삶에 이르는 최고의 길은 헬라철학에 있는 것이 아니라 토라 즉 유대주의의 율법에 있다는 그의 확신에 있었다.[50] 벤 시라는 당대의 신학자요 철학자로서 전통적 유대주의와 혁신적 헬레니즘 사이에서 상호적응과 조화를 꾀한 지혜자로 정의할 수 있다.[51] 시락서는 양 문화의 사상적 통합의 대표적인 예로서 셀류코스 왕조 시대의 일단의 히브리 지혜자의 생존방식을 반영하고 있다. 그 방향은 기존의 히브리 사상의 근간이 되는 다양한 전승들을 지혜전승 내에서 융합하여 헬라적 보편주의와 상응하는 일이다. 그 만남의 중심에는 여전히 야웨 경외 사상이 있다. 시락서 38:6에 의하면 하

---

48) John J. Collins, *Jewish Wisdom in the Hellenistic Age*, 32.
49) 본 섹션의 일부 내용은 필자의 다음 논문에서 발췌한 부분임을 밝힌다: "헬레니즘 시대의 히브리 지혜전승의 보존과 변혁-집회서를 중심으로," 『장신논단』44-2(2012), 129-149.
50) Joseph Blenkinnsopp, *Sage, Priest, Prophet*, 19.
51) Leo G. Perdue, *Wisdom Literature: A Theological History*, 219.

4장_ 셀류코스 왕조의 지배와 마카비 항쟁시대(198-140 BCE) | 135

나님께서 허락하시는 지식의 영을 통해 비로소 실천적인 진리가 가능함을 말하고 있다: "그분께서 친히 사람들에게 지식을 주시어 당신의 놀라운 업적을 보고 당신을 찬양하도록 하셨다." 벤 시라의 헬라적 유대주의의 중심에는 야웨 경외사상이 있고 그 발현으로서 율법전승과 지혜전승의 만남이 이루어질 수 있었다.

그렇다면 문학전승사적 측면에서 가장 괄목할 만한 발전을 이룬 율법과 지혜의 통합은 어떻게 이 시기에 가능했는가? 시락서 24장은 히브리 지혜전승의 통합적 완성을 한껏 누리며 선포하고 있다:

이 모든 것은 지극히 높으신 하느님의 계약의 글이고
야곱의 회중의 상속 재산으로 모세가 우리에게 제정해 준 율법이다(24:23).

율법은 지혜를 피손 강처럼 첫 수확기의 티그리스 강처럼 흘러넘치게 한다.
율법은 지식을 유프라테스 강처럼 추수기의 요르단 강처럼 넘쳐 흐르게 한다.
율법은 교훈을 나일 강처럼 포도 수확이의 기혼 샘처럼 쏟아 낸다(24:25-27).

우선적으로 지적할 수 있는 것은 벤 시라가 이어받은 지혜전승은 그 자체로 이미 지혜와 토라의 긴밀한 연합이라는 사실이다. 무엇보다도 잠 2:6은 지혜의 근원이 하나님의 입으로부터 나오는 말씀 곧 율법에 있음을 증언하고 있다: "대저 여호와는 지혜를 주시며 지식과 명철을 그 입에서 내심이며."[52] 머피는 본문을 주석하면서 지혜의 강조점은 하나님의 선물임을 지적한다.[53] 지혜 사상은 인간의 경험과 관찰을 중시하지만 더불어 하나님의 선물로서의 주어진 삶의 조건을 고려한다. 벤 시라에게서 인간의 경험보다는 토라 중심의 신적 계시의 말씀을 부각시키고 있는 것은 전혀 새로운 방향이 아니라 본래부터 내재한 지혜 사상의 한 요소를 강조하고 있는 것뿐이다. 오히려 토라에 의해서 완성된 세계에 대한 인간 경험은 여전히 유효하다.

둘째, 구약성서 지혜의 챔피온인 솔로몬에게서도 이미 지혜와 토라는 불가불 상호연관성을 보인다. 솔로몬을 위한 다윗의 기도문은 이렇게 기록되어 있다(대상 22:12):

여호와께서 네게 지혜와 총명을 주사 네게 이스라엘을 다스리게 하시고 네 하나님 여호와의 율법을 지키게 하시기를 더욱 원하노라

솔로몬에게서 지혜는 곧 야웨의 율법을 잘 지키기 위한 통로가 된다. 그런데 구약성서 내의 문학전승은 솔로몬 이후 새로운 상황을 설명해 준다. 솔로몬처럼 율법 준수를 위한 지혜획득이 아니라 반대로 지혜습득을 위한 율법 준수로 바뀌어있다(신 4:5-6a):

---

52) 본 논문에서의 구약성서 본문은 한글개역개정을 따른다.
53) Roland E. Murphy, *Proverbs* (Nashville: Thomas Nelson, 1998), 15.

내가 나의 하나님 여호와께서 명령하신 대로 규례와 법도를 너희
에게 가르쳤나니 이는 너희가 들어가서 기업으로 차지할 땅에서
그대로 행하게 하려함인즉 너희는 지켜 행하라 이것이 여러 민족
앞에서 너희의 지혜요 너희의 지식이라

결국 경건을 바탕으로 하는 지혜추구를 말한다. 이러한 신명기
적 지혜의 발전은 포로후기 에스라-느헤미야시대에 더욱 분명하
게 드러난다. 이 시기에 토라 준수는 민족의 살길이었다. 그리고 그
토라는 제사장이자 현자인 에스라의 지혜에 의해 해석되어지고 가
르쳐졌다(에스라 7:25):

에스라여 너는 네 손에 있는 네 하나님의 지혜를 따라 네 하나님의
율법을 아는 자를 법관과 재판관을 삼아 강 건너편 모든 백성을 재판
하게 하고 그 중 알지 못하는 자는 너희가 가르치라

시편 또한 토라 중심의 지혜 가르침을 증언한다. 토라는 율법을
묵상하는 자들에게 행복을 가져다주는 도덕적 지혜로서 이해된다
(시 1, 19, 37, 49, 119).[54] 이와 같이 지혜와 율법은 히브리문학전
승의 발전에 있어서 떼려야 뗄 수 없는 관계를 형성하고 있었다.
실제로 토라의 원뜻이 '가르침'임을 기억할 때에 토라의 지혜 성격
은 본래부터 내재되어 있었다 할 수 있다.

이러한 전승의 흐름 중에 벤 시라에 이르러 비로소 지혜와 율법

---

54) Cornelis Bennema, "The Strands of Wisdom Tradition," 63-65.

의 통합이 부각될 수 있었던 요소 중 하나는 제2성전에 대한 변증과도 관계가 깊다. 벤 시라 당시의 제2성전은 솔로몬 성전에 비하여 많은 것이 부족했다. 그러나 가장 큰 문제는 법궤의 부재였다.[55] 헤이워드는 이에 착안, 벤 시라가 제2성전의 정당성을 변증하는 역할을 감당했으리라고 본다.[56] 흥미로운 사실은 그의 중심 사상인 지혜와 율법의 통합이 이러한 변증의 과정의 산물이라는 주장이다. 법궤가 광야를 여행하다가 마침내 다윗의 장막 그리고 솔로몬 성전에 안치되었듯이 벤 시라는 시락서 24장에서 의인화된 지혜의 여행을 그리면서 마침내 이스라엘의 시온에 장막을 치게 된 것으로 묘사한다(24:3-10). 법궤에는 모세가 받은 율법의 말씀이 들어있다(출 40:20; 신 10:1-5). 따라서 법궤를 통해 벤 시라는 지혜와 율법을 통합시키고 있는 것이다.[57] 이를 통해 벤 시라는 법궤가 없는 제2성전에 대하여 여전히 모세의 율법과 동일시되는 지혜가 시온에 자리하고 있음을 강조하면서 성전의 권위와 정당성을 주장하려고 한 것이다. 콜린스는 시락서 4:14a에서 성전에서의 지혜 예배를 증언하고 있는 것으로 본다:[58] "지혜를 받드는 이들은 거룩하신 분을 섬기고." 한편, 당시에 사마리아 사람들은 예루살렘 성전의 권위를 부인하면서 세겜에서의 성전의 정당성을 주장하고 있었다. 이에 대하여 벤 시라는 강하게 그들을 비판하면서[59] 우주보

---

55) C.T.R. Hayward, "Sirach and Wisdom's Dwelling Place," in *Where Shall Wisdom be Found?: Wisdom in the Bible, the Church and the Contemporary World*, ed. by Stephen C. Barton(Edinburgh: T & T Clark, 1999), 37.

56) C.T.R. Hayward, "Sirach and Wisdom's Dwelling Place," 45.

57) C.T.R. Hayward, "Sirach and Wisdom's Dwelling Place," 36.

58) John J. Collins, *Jewish Wisdom in the Hellenistic Age*, 51.

다도 먼저 있었고 모든 세계에 질서와 규율을 주는 지혜가 시온에 자리함으로 말미암아 예루살렘과 제2성전을 전 세계의 중심으로 두게 되었다.

끝으로, 벤 시라의 지혜와 율법의 통합은 벤 시라의 시대에 이루어진 유대교의 거룩한 문서인 타낙[60]의 정경화 과정과 무관치 않다. 헬라철학을 비롯한 다양한 헬레니즘의 도전적 세파 속에서 기존의 유대주의 문헌들은 정경화의 길을 서두르게 된다. 시락서의 서문에 의하면 당대의 정경으로서 율법서(Torah)와 예언서(Nebe'im)까지는 정리되어 있음을 알려준다. 그러나 성문서(Kethuvim)는 아직 형성되지 않은 채 "그 뒤를 이은 다른 글들"로만 표현되고 있다. 벤 시라의 시대 이전에 상당히 많은 양의 유대인 문헌들이 쏟아져 나왔으며 그 글들 가운데 점차적으로 권위를 인정받고 정경적 틀에 맞추어져 가는 상황들이 연출되고 있었을 것이다. 따라서 벤 시라를 전후하여 정경화 과정이 활발히 이루어졌음을 미루어 짐작할 수 있다.[61] 학자들 가운데는 벤 시라가 과연 어떤 문서들에 정경의 권위를 부여하며 읽었을까와 또 그 문서들이 어느 정도의 문자로 완성된 형태에 있었을까에 대한 다양한 견해들을 피력하였다. 데이비드 카의 경우는 토라만이 문학적으로 완성되고 닫힌 형태로 있었

---

59) "그들은 세이르 산에 사는 자들과 필리스티아인들 그리고 스켐(세겜)에 거주하는 어리석은 백성들이다"(시락서 50:26).

60) *Tanakh*은 Torah(오경), Nebeim(예언서), Kethubim(성문서)으로 이루어진 유대인 성경으로서 기독교의 구약성경과 같다. 그러나 책들의 순서는 다르다.

61) Claudia V. Camp, "Becoming Canon: Women, Texts, and Scribes in Proverbs and Sirach" in *Seeking Out the Wisdom of the Ancients: Essays Offered to Honor Michael V. Fox on the Occasion of His Sixty-Fifth Birthday* (Winona Lake: Eisenbrauns, 2005), 372.

을 것이라 주장하며 그라브 같은 경우는 토라뿐만 아니라 예언서와 상당수의 성문서들도 정경의 권위와 문학적으로 완성된 형태를 갖추고 있었을 것으로 본다.[62] 중요한 것은 권위 있는 문헌들이 여전히 기록되고 있고 또 완성된 글들 가운데 어떤 본문들이 어떠한 기준으로 정경이 될 수 있는지에 대한 정경화 논의가 이루어지는 시기에 벤 시라는 최소한 보다 더 심혈을 기울여 연구하고 묵상할 책들의 우선순위를 갖고 있었을 것이다. 그는 지혜문헌들을 연구하고 잠언과 시편 전통을 기록하면서도 오직 토라만을 찬양하고 있다.[63] 이는 중간기의 지혜자 서기관들의 태도를 단적으로 보여주는 예이다. 모세의 율법의 권위가 가장 먼저 그리고 가장 중요하게 부각되었다. 현자로서 벤 시라는 더 나아가 예언서와 "그 뒤를 이은 다른 글들"의 권위를 고려하면서 특히 지혜문헌의 가르침에 집중하였을 것이다. 그 지혜 사상에 담긴 정신들에 종교적 권위를 부여해야 할 당위성으로 인해 지혜자인 벤 시라의 입장에서 지혜를 토라와 동일시하는 주장으로 자연스레 나아간다.

캠프는 벤 시라의 시대에 무엇이 정경을 형성하게 된 동기였는지를 질문한다. 구체적으로 구전전승과 기록단계 그리고 편집단계에 이르는 동안 어떤 시점에서 정경화에 대한 필요성이 대두되었는지 특히 구전전승이 지배적인 문화배경에서 어떻게 기록된 문헌들

---

62) Lester Grabbe, "Jewish Historiography and Scripture in the Hellenistic Period," in *Did Moses Speak Attic? Jewish Historiography and Scripture in the Hellenistic Period,* ed. by Lester Grabbe (Sheffield: Sheffield Academic Press, 2001), 142-148.

63) James Vanderkam, "Authoritative Literature in the Dead Sea Scrolls," *DSD* 5 (1998), 382-402.

이 권위적 지위를 획득하기 시작했는지를 고민한다.[64] 캠프의 주장대로 정경화의 동기를 연구하기 위해서는 구전과 기록을 통틀어 보다 더 넓은 영역의 연구 상황에서 정경화 논의가 진행되어야 한다. 하지만 한 가지 분명한 것은 지혜자 벤 시라에게 정경화 동기는 토라 묵상을 통해 얻어지는 지혜 사상의 선포요 보급이었다: "주님을 경외하는 이는 이렇게 행하고 율법을 터득한 이는 지혜를 얻으리라"(시락서 15:1). 벤 시라는 시락서에서 토라를 언급할 때 마다 지혜를 의미하고 있었다. 시락서 51:13-30에서 벤 시라는 자신의 평생 과업을 지혜에 대한 추구와 교육으로 천명하고 있다.[65] 이를 통해 보건대 결국 벤 시라는 토라의 주석가나 설명자이기보다는 지혜교사로 서 있음을 볼 수 있다.[66]

셀류코스 왕조 시기 벤 시라의 생존방식은 기존의 유대주의적 신앙전통인 야웨 경외의 유산을 그의 사상의 중심에 두고서 헬레니즘의 문화적 형식과 개념들을 활용함으로써 새로운 환경과 사회적 변동을 해석하고 기민하게 대처하는 것이었다.[67] 벤 시라의 헬라적 유대주의의 탄생은 결국 헬라세계 내에서 유대교적 세계관 모색 가운데 형성된 결과물인 것이다. 놀랍게도 벤 시라는 양 극단에서 어느 것에도 치우치지 않는 중용의 길을 걸어갔다:

너는 이것도 잡으며 저것에서도 네 손을 놓지 아니하는 것이 좋으

---

64) Claudia V. Camp, "Becoming Canon," 373.
65) Leo G. Perdue, *Wisdom Literature: A Theological History*, 231.
66) John J. Collins, *Jewish Wisdom in the Hellenistic Age*, 56.
67) Leo G. Perdue, *Wisdom Literature: A Theological History*, 227.

니 하나님을 경외하는 자는 이 모든 일에서 벗어날 것임이니라(전 7:18).

5 장
하스모니안 왕조시대의 지혜(140-63 BCE)

마카비 항쟁은 마침내 결실을 보았다. 주전 141년 마카비 형제들 중 막내였던 시몬이 예루살렘에서 시리아 수비대를 완전히 몰아내고 셀류코스 통치로부터 정치적 독립을 선포했다. 이후 로마장군 폼페이가 주전 63년 예루살렘을 함락할 때까지 유대인의 독립된 하스모니안 왕조가 형성되었고 거의 옛날 다윗왕국의 국경선을 회복하기에 이른다. 르반인은 국제적인 관점에서 운이 좋았다고 평가한다. 왜냐하면 주전 2세기 중엽은 프톨레미와 셀류코스 왕조의 쇠퇴기였기 때문이다. 팔레스틴 지역의 정치적 공백기는 소규모 민족왕국들의 신생과 중흥을 가능케 했다. 이와 같은 현상은 이미 고대이스라엘 역사 속에서도 확인할 수 있으니 그것이 바로 주전 10세기 다윗과 솔로몬 시대였다.[1]

하스모니안 왕조시대가 도래하기까지 유대인들은 마카비가를

---

1) Lee I. Levine, "헬레니즘 시대: 알렉산더 대왕과 하스모니아 왕국의 흥망," 347.

중심으로 하는 하시딤(חסידים) 운동 즉, 하나님을 경외하고 율법에 충실한 자들을 통해 끊임없이 율법준수의 보장과 정치적 독립을 위한 항쟁이 진행되었다. 히브리 신앙전승은 주로 하시딤들을 통해 이 시대에 전수된다. 특히, 주전 167년부터 이루어진 안티오쿠스 에피파네스의 박해는 유대인들에게 혹독한 시련기였으며 이로부터 위기문학인 다니엘과 같은 묵시서가 출현하게 된다. 다니엘서의 목적은 종교적인 박해 가운데에서도 유대인들에게 끝까지 율법준수와 신앙고수에 충실하라는 위로와 호소이다. 한편, 예루살렘에서 이루어진 극심한 헬라 제국과의 대결과는 달리 디아스포라 유대인들 특히 이집트 알렉산드리아의 유대인들은 비교적 헬레니즘 문화와 조화롭게 공존하고 있었다. 비록 시기적으로는 논쟁의 여지가 있으나 예루살렘에서 하스모니안 왕조가 통치할 무렵 알렉산드리아에서는 솔로몬의 지혜서가 집필되었다.[2] 이 지혜서는 유대주의적 사고를 대표하면서도 동시에 전적으로 헬라문화의 요소로 가득 들어찬 작품이다. 머피는 솔로몬의 지혜서를 설명하면서 저자 자신의 신앙적 표현을 위해 당대의 문화를 적극적으로 활용한 흥미로운 책으로 보고 있다.[3] 크레스코는 한발 더 나아가 그리스와 로마문화의 파괴적 위협에 저항하는 유대 지성의 현명한 투쟁으로 읽고 있다.[4]

---

2) 솔로몬의 지혜서의 저작연대는 주전 220년에서 주후 50년에 이르기까지 다양하게 논의된다: David Winston, *The Wisdom of Solomon*(Garden City: Doubleday & Company, Inc., 1984), 20.

3) Roland E. Murphy, *The Tree of Life*, 85.

4) Anthony R. Cresko, *Introduction to Old Testament Wisdom: A Spirituality for Liberation*(Maryknoll, NY: Orbis Books, 2005), 139.

본 장에서는 헬레니즘 시대의 히브리 지혜전승의 추적을 위한 작업 중 하나로 하스모니안 왕조의 탄생시기를 전후하여 지혜와 묵시의 관계를 다니엘서를 통해 살펴보는 한편, 지혜와 헬라철학의 관계를 솔로몬의 지혜서를 통해 살펴보려 한다. 그러나 이에 앞서 유대인 왕조의 성립은 예루살렘 유대인들에게 어떠한 신앙의 변화와 문제를 가져왔는가를 먼저 살펴봄으로써 하스모니안 왕조의 헬레니즘과 유대주의의 독특한 통합에 대하여 먼저 검토하려 한다. 사실상, 유대교의 여러 분파가 생겨난 것은 이 시기이다.

1. 유대인 왕조의 성립

유대인 왕조 형성의 주된 공로자는 율법에 충실한 마카비가의 형제들과 하시딤들이다. 따라서 이들을 통하여 건립된 하스모니안 왕조는 그 출발에서부터 유대교의 전통적 신앙을 고수하게 된다. 이미 마카비 전쟁의 과정 중에서 유대인들은 다음의 '세 가지 목표'를 발전시키고 있었다.[5] 첫째, 율법에 따라 평온하게 살아가는 공동체의 건립이다. 하시딤은 이 목표 외에 다른 것을 추구하는 바가 없었다. 그러나 둘째 목표인 마카비 일가의 목표를 주목할 필요가 있다. 왜냐하면 하시딤의 목표보다는 한발 더 나아가 율법 준수의 삶을 종교적인 차원뿐만 아니라 정치적인 차원에서도 확대하려 했기 때문이다. 이와 같은 목표로 인해 마카비 형제들은 칼을 빼어

---

5) W. 푀르스터, 『신구약 중간사』, 67-68.

들고 '하나님을 믿지 않는 자들'을 찾아내어 징계하였다. 셋째 목표는 이스라엘의 한 분이신 하나님을 믿는 자들에게만 '약속된 땅' 곧 이스라엘에게 약속된 땅에서는 어느 곳에서나 살도록 허락하였다. 이는 곧 약속의 경계 내에 사는 이들은 유대교의 율법을 따라 살아야 하는 것이 강요되었고 그렇지 않은 경우 사형을 시켰다. 이와 같이 하스모니안 왕조의 형성기에는 마카비 전쟁의 여파로 과격한 측면이 부각되고 있었다. 그러나 그들의 과격함은 율법전통에 충실하려는 노력이었다. 단지 그 노력의 차원이 종교적인 영역에 머무를 것이냐 정치적인 영역까지 나아갈 것이냐에 따라서 하시딤과 마카비 형제들의 길이 나중에 갈리게 된 것이다.

유대인 왕조의 탄생을 도운 하시딤의 기원은 외경인 마카비 1서 2:42와 7:13에서 찾을 수 있다: "그 때에 한 무리의 하시드인들이 그들과 합류하였다. 그들은 이스라엘의 용맹한 전사들이며 모두 율법에 헌신하는 이들이었다", "이스라엘 자손들 가운데에서 처음으로 그들과 평화를 모색한 사람들이 바로 이 하시딤들이다." 정경에서 바로 이 하시딤 신앙의 실제적 내용을 담고 있는 본문이 바로 다니엘서이다. 특히 다니엘 1-6장은 바빌론으로 끌려온 유대교 젊은이들에 대한 보도이다. 그들은 정결 음식법(Kosher)을 고수하였고, 우상숭배를 단호하게 거부하였으며, 율법 준수에 관한 한 타협이 아닌 죽음까지 불사하는 열정적 율법 수호자들이었다.[6] 그중에서도 다니엘은 동료들 가운데에서 탁월한 지혜와 능력을 소유한 자로 부각되고 있으며 결국 자신을 박해하던 이교도들의 무리에 대

---

6) Joseph Blenkinnsopp, *Judaism; the First Phase*, 212.

항하여 승리를 기념하게 된다. 실제로, 하시딤들이 대결해야 할 세력은 종교적 무감각과 이방인들의 풍습이었다. 에스라와 느헤미야의 종교개혁에서 율법을 지키겠다고 서약한 이후 유대인들이 기다리는 구원의 날의 도래가 자꾸 지연되는 상황에서 다니엘과 세 친구들의 구원 이야기는 투쟁 중에 있는 하시딤들에게는 소망과 격려가 되었을 것이다. 또한 세속주의 문화와 대결하는 전투적 신앙과 더불어 하시딤의 율법 준수의 목표는 회개운동이었다.[7] 도래하는 구원의 날을 준비할 수 있도록 온 민족에게 율법중심의 신앙을 종용하며 특히 의식과 제사가 예루살렘 성전에서 엄격하게 실시되고 있지 않음을 지적하면서 이를 교정하려 하고 있다.

이와 같이 하스모니안 왕조의 형성과정과 초기 정책을 보면 전통주의적 유대교의 보수성이 부각되고 있다. 이에 대하여 르바인은 하스모니안의 유대인 왕조의 성공에는 긍정적 요소와 부정적 요소가 동시에 있다고 본다.[8] 한편으로는 율법신앙전통의 고수가 하스모니안 지도자들의 정복과 통치에 추진력을 부여하고 있었다. 왜냐하면, 단순한 정치적 선동뿐만 아니라 신앙적 동기와 잇닿는 초월적 대의를 제공할 수 있었기 때문이다. 그러나 다른 편으로는 그들의 강한 반이교도 정책은 적개심을 자아냈다. 이교도들의 반셈족주의(anti-Semitism)는 이 시기로부터 등장한 것으로서 특히 하스모니안 지도자들에 대한 정치적, 종교적 반대로 촉발되었다.[9]

---

7) W. 푀르스터, 『신구약 중간사』, 64.
8) Lee I. Levine, "헬레니즘 시대: 알렉산더 대왕과 하스모니아 왕국의 흥망," 350.
9) Israel Finkelstein, *The Archaeology of Israelite Settlement* (Jerusalem: Israel Exploration Society, 1988), 82.

르바인에 의하면, 구체적으로 하스모니안 지도자들에게 나타나는 전통주의적 목소리는 다음의 세 가지에서 드러난다. 먼저, 자신들을 구약성서에 나타나는 위대한 지도자들, 즉 사사들이나 다윗과 솔로몬과 같은 인물들의 후손으로 자처한다. 특히 주전 2세기 말에 하스모니안 지도자들의 후원아래 기록된 마카비 1서는 하스모니안 지도자들과 성서시대 유대정치 지도력 사이에 의도적 유비를 보여준다.10) 둘째, 하스모니안 왕조시기 통용되던 주화를 확인해 보면, 당시 사용되던 정사각형의 아람어 문자 대신 제1성전 시대에 사용되던 고대 히브리어 문자를 적고 있다. 이는 하스모니안 지도자들이 자신들의 통치의 정당성을 다윗왕조의 전통으로부터 확보하려는 시도가 포착된다. 셋째, 하스모니안 지도자들은 정복을 통해 왕국의 경계를 계속 확대해나가면서 동시에 자기 영토 내의 모든 우상숭배적 관행을 척결하는데 헌신하였다. 땅의 종교적 정화가 근본정책이 되었음이 목격된다.11)

그러나 하시딤과는 달리 헬라의 문화를 수용하고 지지하는 유대인들도 있었다. 그들은 알렉산더 시절부터 안티오쿠스 에피파네스의 통치 초기까지 유대인들이 누렸던 종교의 자유를 지적하면서 헬레니즘을 받아들이고 사이좋게 지내는 것이 유대인들에게 큰 이득이 된다고 주장하였다 이들은 헬라문화의 위협을 대수롭지 않게 여겼다.12) 하스모니안 지도자들은 대중을 다스리는 자리에 있었

---

10) Lee I. Levine, "헬레니즘 시대: 알렉산더 대왕과 하스모니아 왕국의 흥망," 349-350.
11) Lee I. Levine, "헬레니즘 시대: 알렉산더 대왕과 하스모니아 왕국의 흥망," 350.
12) 정태현, 『성서 입문, 상권: 성서의 배경과 이스라엘의 역사』 (광주: 일과 놀이, 2004), 433.

기에 결국은 실제적인 통치의 방향으로 나아가게 된다. 유대주의와 헬라주의의 타협의 길을 모색하게 된다. 그러나 그렇다고 유대인들 중 극단적인 헬라주의자들이 주장하듯 유다주의를 헬레니즘의 강령에 맞도록 변경하지는 않았다. 그보다는 헬레니즘의 형태를 유다주의에 적합하게 만들어 수용하고 싶어 했다.13)

    비커만은 하스모니안 지도자들의 태도를 온건한 헬레니즘의 한 형태라고 정의한다.14) 그들은 유대사회의 문화적, 사회적 환경에 깊은 영향을 끼칠 정도로 헬라적 요소와 유대적 요소를 독특하게 결합시켰다는 것이다. 예를 들면, 하스모니안 왕조시대의 청동주화에 새겨진 명문을 보면 유대인 지도자의 헬라식 직함(왕)과 헬라식 이름(얀네우스)을 헬라어로 기록하고 있는 반면, 히브리어 동전들에는 유대적 직함(대제사장)과 히브리어 이름(요나단)을 여전히 함께 사용한다.15) 주화에 새겨진 상징들도 종려나무 가지, 닻, 풍요의 뿔, 바퀴나 별 등 이교의 상징들을 사용하고 있다. 지나치게 이교적인 색채를 띠지 않는 한 조심스럽게 헬레니즘 세계의 상징들을 모방하고 있는 태도를 읽을 수 있다. 르바인은 이를 하스모니안 왕조가 보인 절충정책(accommodation)으로 보고 있다.16) 하스모니안 왕조시절 건축된 궁전들에서도 헬레니즘의 건축양식 및 헬라적 사교·오락시설이 발견됨과 동시에 의식적 정결례를 행하는 미크보트와 같은 독특한 유대교적 시설 또한 갖추고 있었다.17) 이

13) Lee I. Levine, "헬레니즘 시대: 알렉산더 대왕과 하스모니아 왕국의 흥망," 353.
14) Elias Bickerman, *The Maccabees* (New York: Shocken, 1947), 85-97.
15) Lee I. Levine, "헬레니즘 시대: 알렉산더 대왕과 하스모니아 왕국의 흥망," 353.
16) Lee I. Levine, "헬레니즘 시대: 알렉산더 대왕과 하스모니아 왕국의 흥망," 354.
17) Ehud Netzer, "Ancient Ritual Baths(Miqvaot) in Jericho," in *Jerusalem*

시기의 절충주의적 문화양상의 가장 대표적인 결과물은 외경인 에스더 부록이다. 사실 정경으로서의 에스더는 '하나님'에 대한 언급이 없고 기도와 같은 전통적 유대교적 경건의 모습이 드러나 있지 않다. 이에 대하여 헬라어로 기록된 외경 부록에서는 오히려 정경 에스더의 부족함을 보충한다. 친유대교적인 보수적 입장에서 전통 신앙의 입장을 개진하여 유대인 여인 에스더가 이방인 왕의 왕비가 된 사실에 대한 설명이 첨가된다. 흥미로운 것은 이 유대교 중심의 내용이 헬라적 문학 양식으로 표현되고 있다는 사실이다.[18] 예상할 수 있는바, 이 시기에 문학의 보전과 생성은 고등교육을 받은 제사장이나 레위인에 의해 수행되었을 것이고 그들이 받은 교육은 헬레니즘적 문학과 사상이었을 것이기 때문이다. 결국 하스모니안의 유대인 왕조의 개방성과 절충성이 이러한 독특한 유대주의와 헬라주의의 결합을 이루어내고 있는 것이다.

르바인은 하스모니안 사회에 깊숙이까지 헬레니즘 문화가 전적으로 영향을 미치고 있었음을 지적하면서 하스모니안 국가에서 이루어진 문화적 성향을 아래와 같이 정리한다:[19]

하스모니안 국가는 헬레니즘에 대한 반작용, 즉 더 큰 세계의 요구, 유혹, 무조건적 강요 앞에서 유대의 민족주의적이고 종교적인 의지를 재천명하는 것으로 흔히 묘사되어 왔다. 그러나 이런 견해는 단지 부분적으로만 사실이며, 따라서 왜곡이다. 좀 더 깊은 의

Cathedra 2. ed. Lee I. Levine(Jerusalem: Ben Zvi Institute, 1982), 106-119.
18) Lee I. Levine, "헬레니즘 시대: 알렉산더 대왕과 하스모니아 왕국의 흥망," 356.
19) Lee I. Levine, "헬레니즘 시대: 알렉산더 대왕과 하스모니아 왕국의 흥망," 359.

미에서 하스모니안 국가는 적어도 부분적으로는 헬레니즘의 산물로, 주변 문화에 대한 거부 못지않은 긍정으로, 그리고 국제적인 환경에 의해 배양되고 형성되는 민족 주권의 표현으로 보아야 한다. 따라서 하스모니안 국가는 소생하는 유대의 정체성을 다양한 헬레니즘의 표현과 통합하는 새로운 유대교적 경향성을 구체화했다. 대부분의 유대인들은 정도는 다르고 어느 정도 조정과 변경을 거치긴 하겠지만 헬레니즘의 여러 형태를 자기들의 생활양식에 받아들일 준비가 되어 있었다.

하스모니안 국가를 부분적이기는 하지만 '헬레니즘의 산물'로 보는 르바인의 입장은 일면 타당하다. 왜냐하면, 그 출발에서는 유대주의적 율법 신앙에 깊게 뿌리박혀 있기는 하지만 마카비 형제들이 대면하고 있는 사회는 헬레니즘 사회요, 통치해야 할 대상은 헬라화 된 유대인들이었기 때문이다. 그러나 유대주의적 왕조를 헬레니즘의 산물로 한마디로 정리하기는 힘들 것이다. 그 이유는 이 시기에 이루어진 헬라주의와 유대주의의 만남은 완전한 통합의 성격보다는 절충 또는 병렬로써 나타나기 때문이다. 하스모니안 왕조시기에 등장하는 다양한 유대주의의 분파 가운데 형식적 절충주의의 성격을 띠고 있는 양대 분파가 바로 사두개파와 바리새파이다.

다양한 히브리 전승의 흐름이 공존하며 종교적으로 자신들의 길을 가고 있었던 제2 성전기와는 달리 하스모니안 시대에 이르러서는 종교집단들의 정치적 참여가 특징적이었다.[20] 제사장 계열

---

20) Lee I. Levine, "헬레니즘 시대: 알렉산더 대왕과 하스모니아 왕국의 흥망," 351.

의 귀족층으로 이루어진 현실 위주의 사두개인과 하시딤 운동의 주축세력으로 이루어진 사후의 보상을 중시하는 바리새인 사이의 갈등은 헬레니즘 문화와의 통합의 문제가 원인이기보다는 유대주의 내의 율법해석과 적용에 대한 입장 차이에서 불거졌다. 그리고 이 문제는 급기야 정치적 싸움으로 이어졌다. 알렉산더 얀네우스 시절(주전 103-76), 대제사장으로서의 얀네우스의 정당성을 인정하지 못했던 바리새인들은 그의 하야(下野)를 요구했고 결국 800명의 바리새인들이 십자가 처형을 당하는 사건이 초래되었다.[21] 반면에 사두개인들은 자신들의 정치적 지배권을 상대적으로 확대할수 있었다. 그러나 얀네우스 사후 그의 아내 살로메 알렉산드라 시기(76-67)는 다시금 바리새인들이 등극하여 사두개인들에게 보복하는 사건들이 벌어진다.

사두개인들과 바리새인들이 보여준 정치적이고 절충주의적 유대주의의 길과 달리 본래의 하시딤들이 보여준 경건주의는 다니엘이라는 묵시문학을 낳음으로써 헬레니즘 시대의 전혀 색다른 유대주의의 한 흐름을 형성하게 된다. 이 전승의 한 흐름이 에세네파의 쿰란공동체와 연결되는 것도 하스모니안 시기이다. 반면에 디아스포라 유대인들, 즉 이집트의 알렉산드리아에서는 하스모니안 시기에서 로마시대로 넘어갈 즈음 헬라주의적 색채의 새로운 지혜문헌이 등장하니 그것이 바로 솔로몬의 지혜서 이다. 우리는 아래에서 다니엘과 솔로몬의 지혜서를 살펴보면서 지혜전승의 변천과정 가운데 유대주의적 관점과 헬라적 목소리가 각각 어떻게 융합되고 발

---

21) W. 푀르스터, 『신구약 중간사』, 104-105.

전하는가를 분석하려고 한다.

2. 다니엘과 솔로몬의 지혜서의 이질적 요소

1) 다니엘

유대인 왕조 형성의 배경이 되는 마카미 항쟁의 과정에서 출현한 위기문학이 다니엘서이다. 이 문서를 통해 하스모니안 왕조 초기의 하시딤 신앙의 묵시적 차원을 접할 수 있다. 또 다른 하나는 하시딤 왕조 후기에 로마의 지배로 넘어가면서 출현하는 솔로몬의 지혜서이다. 이 문서는 유대인들에게 얼마나 헬레니즘적 세계관들이 뿌리 깊게 자리하고 있는가를 보여준다.

먼저, 다니엘서에서 드러나는 묵시적 요소가 히브리 지혜전승과 긴밀한 관계성 상에서 발전하고 있음을 관찰할 수 있다. 묵시문학의 기원을 예언에 두고 있는 일반적인 입장과 달리, 폰 라드는 묵시문학의 모판을 지혜에 두고 있음을 앞서 제1장, 4절에서 살펴본 바 있다. 그는 묵시문학의 주인공들이 하나같이 현인들로 묘사되고 있음을 주목한다. 다니엘은 궁중 지혜자로 교육을 받고(단 1:3 이하) 이후 줄곧 지혜자로 이해되었다(단 2:48). 에녹은 "의를 기록하는 자"로서 지혜에 있어서 모든 다른 사람의 지혜를 능가하는 학자로(에디오피아 에녹서 37: 4) 나타난다. 에스라도 "최고학문의 기록자"로 불렸다(제 4에스라서 14:50).[22] 묵시문학이 예언자들의 이름보다는 지혜의 조상들인 다니엘과 에녹, 에스라 등의 이름과 결부되어있다고 하는 사실 자체가 지혜전승의 근원을 시사해 주고 있다는 것이다. 폰 라드가 제시하는 지혜와 묵시의 또 다른 관계성의 근거는 묵시문학 전반에 흐르는 인식의지이다.[23] 세상의 질서와 인간의 결국 그리고 이 모든 것에 내재된 하나님의 섭리를 알고자 하는 인식의지는 묵시와 지혜의 공통기반인 것이다. 묵시문학은 처음부터 신이 모든 인간과 민족들을 위해 그들의 사건과 때를 미리 정해놓았음을 전제한다. 지혜문학은 인간의 삶과 사건들 더 나아가 자연세계의 이치들에서 신의 다스리심과 질서를 묵상한다. 세상의 보편적 역사에 대한 관심과 통찰이 지혜와 묵시를 함께 이어준다.

묵시사상의 기원에 있어서 핸슨이 주장한바 이미 기원전 6세기 말 포로기 이후로부터 배태된 묵시적 종말론의 관념이[24] 헬레니즘 시대를 통과하면서 하시딤 그룹의 묵시적 지혜와 조우하고 있음을 볼 수 있다. 그런데 폰 라드에게 있어서 묵시사상의 기원으로 지혜를 언급했을 때에는 잠언의 궁정지혜나 교육적 지혜보다는 꿈이나 환상을 해석하여 미래를 내다보는 현자의 능력을 정작 의미하고 있었다. 이에 대해 뮐러는 많은 부분에서 묵시사상의 특징들은 복술적 예언과 긴밀한 관련이 있음을 지적한다.[25] 예를 들어 종말

---

22) G. von Rad, *Old Testament Theology, vol. II*(New York: Harper & Row, 1965), 306; 폰 라트/허혁 옮김, 『구약성서신학 제2권』(왜관: 분도출판사, 1977), 302.
23) G. 폰 라트, 『구약성서신학 제2권』, 303.
24) P. D. Hanson, *The Dawn of Apocalyptic,* 1-31.
25) Hans-Peter Müller, "Mantische Weisheit und Apokalyptik," *Supple-ments to Vetus Testamentum* (Leiden: Brill, 1972), 268-293.

론적 경향이나 결정론적 세계관, 지혜 해석가의 계몽능력, 상징을 통한 실재 분석 등이 그것이다. 실제로 다니엘서를 보면 꿈을 해석하고 벽에 나타난 암호를 해독하는 복술적 측면으로부터(단 2-6장) 완벽한 묵시문학적 표현으로(단 7-12장) 옮아가고 있음을 볼 수 있다.26) 이같이 묵시사상의 형성 과정에서 예언전승과 지혜전승의 교집합이라 할 수 있는 복술적 지혜관념 또한 발견되고 있음을 기억해야 한다.

흥미로운 사실은 '경건한 자'(חסיד) 다니엘을 떠올리는 순간 우리는 그가 토라에 충실한 자이며 꿈과 환상을 해석하는 지혜자로서 파악하고 있다는 사실이다. 즉, 토라경건과 지혜경건의 대표자로서 다니엘을 알고 있다. 결국 묵시문학과 지혜전승과의 관련성은 시작부터 분명하다. 더군다나 히브리어 구약성서인 마소라 본문에서 다니엘 자체가 예언서(Nebi'm)가 아닌 성문서(Kethuvim)에 편입되어 있다는 사실 자체가 이를 확증한다. 물론, 콜린스의 주장과 같이 다니엘서가 다양한 묵시문학의 형태들 중 한 형태에 불과함을 기억한다손 치더라도27) 묵시사상의 원류에 엄연히 존재하는 지혜전승적 요소들은 부인할 수 없는 사실이다.

이는 유대 묵시사상의 담지자들이었던 하시딤공동체의 종말론적 출발점에서 더욱 분명해진다. 그것은 이미 '전도자'와 벤 시라의 후기 지혜에서 추구되었던 질문의 해답과 같은 것으로서 즉 하나님

---

26) James C. Vanderkam, "Recent Studies in 'Apocalyptic'," *Word and World 4* (1984), 76.

27) John J. Collins, *The Apocalyptic Imagination: An Introduction to the Jewish Matrix of Christianity* (New York: Crossroad, 1984), 68.

의 뜻 안에서의 인간의 삶에 대한 의미 추구이다.[28] 묵시문학의 기원을 예언으로 보는 반면, 지혜로 볼 수 없다는 학자들의 주장의 근거는 지혜문학 내의 종말론이 결여되어 있다는 문제이다. 그러나 정작 종말론의 근저에는 세계이해에 대한 지혜자의 질문이 있다. 룩크는 묵시문학이 다루는 창조에서부터 심판에까지 이르는 역사의 '구조'는 묵시문학이 그 나름대로 극복하고자 한 세계이해에서 결과된 것이라 주장한다.[29] 다시 말하면 인간의 역사와 세계의 종말에 대한 논의 자체는 고통 가득한 역사의 현장과 삶의 실재의 경험으로부터 기존의 인식체계와 신앙경험이 더 이상 유효한 응답을 주지 않는 상황 속에서 여전히 주권적 질서의 도래를 요청하는 세계이해에 기반 한다.

우리는 이와 같은 정황을 하시딤의 출현과 헬라문화와의 투쟁에 대한 역사적 고찰을 통해 얻을 수 있다. 본래 하시딤, 즉 '경건한 자들'은 일찍이 에스라와 느헤미야의 개혁 당시 율법대로 살겠노라 맹세하고 구원의 날을 기다리는 경건주의자들의 그룹으로부터 형성되었다. 앞서 살펴보았듯이 기원전 3세기부터 예후드공동체 지도자들의 타협적 헬라화에 반기를 들었던 이 그룹은 급기야 안티오쿠스 4세의 팔레스타인 지역에 대한 헬라화 정책의 절정으로서 예루살렘 성전에 "파멸의 우상"이 세워지고 율법책을 불사르는 일이 발생하자(마카비 1서 1:54-57) 봉기하여 마카비 투쟁을 일으킨다.[30] 본격적인 발화점은 기원전 168년 모데인이라고 하는 마을

---

28) 마르틴 헹엘, 『유대교와 헬레니즘 ②』, 326.
29) Ulrich Luck, "유대적 묵시문학의 세계이해: 에디오피아 에녹서와 제 4에스라서를 중심하여," 『신학사상』 30(1980), 455.

에서 시작되었다. 안티오쿠스 왕의 관리가 왕의 포고령을 강제로 집행하기 위해 당도했을 때 하스모니안 제사장 계열의 맛다디아라고 하는 사람이 왕 숭배를 거절했으며 뿐만 아니라 유대인 한 사람이 왕명을 따르겠다고 하자 그를 제단 옆에서 칼로 베고 왕의 관리까지 죽이는 사건이 발생했다. 이를 계기로 율법과 언약에 열심이 있는 이들을 모아 자기 아들들과 구릉지대로 피신하였고 이후 하시딤 사람들이 몰려들면서 안티오쿠스 왕에 대항한 게릴라전을 기원전 164년 12월 예루살렘 성전을 회복하고 정화할 때까지 펼치게 된다.

다니엘은 이 시기 하시딤의 신앙적 선포이다. 율법을 지키는 이유로 죽임을 당할 수밖에 없는 현실 앞에서 그들의 세계경험은 고통의 연속일 수밖에 없었다. 마카비 2서 7장에 기록된 한 어머니와 일곱 아들의 순교는 당시 율법준행의 삶이 얼마나 큰 고통을 동반하고 있는가를 극명하게 보여준다(7:1- 41). 묵시사상의 세계경험은 고통의 실재를 다루고 있으며 그 고통의 현장에서 여전히 하나님을 말할 수 있다는 것은 기존의 율법이나 예언 또는 지혜 등의 신앙적 체계를 넘어서는 새로운 차원의 계시의 세계로 나아가야 함을 의미했다. 왜냐하면 현실의 고통을 극복하기에는 토라경건이나 예언자의 종말론 또는 지혜자의 야웨 경외 신앙 등의 관습적 신앙체계에서는 만족할 만한 해답을 얻을 수 없었기 때문이다.

이곳에서 하시딤의 신앙은 전통적 경건의 형태들과 결별한다. 그리고 신앙적 위기와 박해의 혼돈의 실재로부터 여전히 하나님의

---

30) W. 푀르스터, 『신구약 중간사』, 64.

절대섭리를 읽을 수 있는 초월적 지혜경험과 비의적 깨달음을 요청하게 된다. 하나님으로부터 "일곱 때의 교훈을 받은" 의인들은 다니엘서의 "지혜로운 자"에 해당하며 이들은 교사와 순교자들로서 박해를 견디어 낸 집단을 가리키는 하나의 확고한 개념으로 소개되고 있다. 이들이야말로 하시딤의 '엘리트'로 평가된다.[31] '꿈의 해석자'로서 이방인 동료들의 교활한 음모를 무너뜨리는 다니엘이야말로 하시딤의 대표자이다. 그는 1-6장에서 이방인 통치자에게 하늘의 계획을 가르치고 있으며 7-12장에서 동료 유대인들에게 하늘의 신비한 비밀을 가르치는 '지혜자'이다.[32]

다니엘서에서 흐르는 묵시는 기존의 지혜를 넘어선다. 잠언은 물론이고 욥기와 전도서는 여전히 관찰과 성찰이라는 전통적인 귀납적 지혜경험에 의존한다. 총괄적인 신의 계획이나 임박한 세상의 종말, 부활과 심판, 천사들과 죽은 자들의 왕국에 대해서는 어떤 것도 알려주지 못하는 것이 사실이다.[33] 이러한 지식은 신의 직접적 계시가 아니고서는 결코 터득할 수 없다. 그러나 그럼에도 불구하고 여전히 묵시는 또 다른 종류의 지혜이다. 왜냐하면, '경건한 자'들은 주어진 삶에서 세상을 바라보는 다른 방식을 제공하며 하나님에 대하여도 다소 분명치 않은 상징적 용어를 사용하여 새로운 방식으로 이야기하기 때문이다.[34] 혼돈 가운데 여전히 창조자에

---

31) 마르틴 헹엘, 『유대교와 헬레니즘 ②』, 225-226.
32) 왕대일, "구약 묵시문학 다니엘서의 지혜 정신," 『지혜전승과 설교: 구덕관박사 회갑기념 논문집』 (서울: 대한기독교서회, 1991), 185.
33) 마르틴 헹엘, 『유대교와 헬레니즘 ②』 288.
34) Christopher Rowland, "'Sweet Science Reigns': Divine and Human Wisdom in the Apocalyptic Tradition," in *Where Shall Wisdom be Found?:*

게 전적으로 새로운 질서를 갈구함으로써 오늘을 살게 하는 것이 보존과 개혁의 과정을 통과한 묵시적 지혜이다.

2) 솔로몬의 지혜서

예루살렘의 유대인들에게 기존의 히브리 지혜관념이 전통을 뛰어넘는 선험적 묵시사상으로 부각되었다면 이집트의 알렉산드리아를 중심으로 하는 디아스포라 유대인들에게는 지혜관념이 점차로 보편화된 영적 지혜로 추상화 내지는 철학화 되는 양상을 보인다. 이미 셀류코스 왕조 초기 벤 시라에게 있어서 지혜는 율법과 동일시(시락서 24:23)되면서 전통적인 유대교의 관념이 새로운 헬레니즘의 상황에서 효과적으로 설명되어 작동하고 있었다. 그런데 하스모니안 왕조의 격변하는 영고성쇠가 유다 지역에서 진행되는 동안 알렉산드리아의 디아스포라 유대주의는 헬레니즘 문화에 전면적으로 노출되면서 더욱 큰 영향을 받고 있었다. 솔로몬의 지혜서 (Wisdom of Solomon)는 바로 이 시기 알렉산드리아에서 헬라적 정신(Hellenistic Geist)으로 채색되어 나타난다.[35] 물론, 지혜서의

Wisdom in the Bible, the Church, and the Contemporary World. ed. Stephen C. Barton (Edinburgh: T & T Clark, 1999), 62; cf. Benjamin G. Wright III, "Joining the Club: A Suggestion about Genre in Early Jewish Texts," *Dead Sea Discoveries* 17 (2010), 298.

35) 솔로몬의 지혜서의 저작연대는 학자들 마다 의견이 일치하지는 않지만 그 가능한 범위는 주전 1세기에서 주후 1세기로 본다. 다시 말하면, 하스모니안 왕조에서 로마 제국 시대로 넘어가는 과도기이다: James L. Crenshaw, *Old Testament Wisdom: An Introduction* (Revised and Enlarged; Louisville: Westminster John Knox Press, 1998), 165; 머피는 주전 1세기로 보며 윈스턴은 주후 38년 경 로마황제 칼리굴라의 통치시기로 본다: Roland E. Murphy, *The Tree of Life,*

저자는 성서적 지혜전승의 신실한 계승자로 여전히 나타난다. 사실상, 그의 동기는 자신이 전수받은 지혜정신을 더욱 적극적으로 개진하기 위해 헬라문화를 무작정 배척하기보다는 오히려 적극적으로 수용하는 길을 택하고 있다.36)

디아스포라 유대인들은 프톨레미의 통치 기간 동안 알렉산드리아에서 자유롭게 신앙을 보존할 수 있었고 여타 헬라사상과도 적극적으로 대화할 수 있었다. 알렉산드리아는 단순한 항구도시가 아니었다. 지중해 세계의 모든 물품들이 이곳의 부두를 통과했으며 더불어 새로운 사상의 중심지이기도 하였다. 거대한 도서관에서 고대 헬라 문헌들이 필사되었고 주석들이 기록되었다. 유대인 공동체 역시 자신들의 종교적 전통과 당대의 철학적 사조들을 연구하면서 지성적 활동을 활발히 전개했다.37) 주전 331년부터 기원력이 주후로 바뀌는 이 시기동안 알렉산드리아의 유대인들은 자신들의 전통을 헬레니즘적 형식과 언어, 문화적 기준들에 적용하는 과정을 겪으면서 풍부한 사상적 발전과 더불어 다량의 문학작품들을 쏟아내게 되었다. 코헨은 이 시기를 "제1차 유대교의 황금기"로 부르고 있다.38) 솔로몬의 지혜서에서 당대 알렉산드리아 중심의 스토아학파나 여타 다양한 철학적 사조들의 경향이 등장하는 것은 이

83; David Winston, *The Wisdom of Solomon*, 20-25; cf. 천사무엘, 『신구약중간시대의 성서해석: 예수시대 전후의 유대교 성서해석』(서울: 대한기독교서회, 2014), 210.

36) Ronald Cox, *By the Same Word: Creation and Salvation in Hellenistic Judaism and Early Christianity* (Berlin: Walter de Gruyter, 2007), 58-59.

37) Richard J. Clifford, *The Wisdom Literature* (Nashville: Abingdon, 1998), 136.

38) Leo G. Perdue, *Wisdom Literature: A Theological History*, 270.

때문이다. 동시에 지혜서 11-19장에 보면 이집트에 관련된 사상과 관심들 또한 드러나고 있다. 여러 사상들이 한데 엮여서 나타나기 때문에 초기 솔로몬의 지혜서 연구가들은 저자를 잡다한 지식의 수합자로 평가절하하기도 하였다.[39] 그러나 최근에 들어 윈스턴을 기점으로 하여 저자는 단순히 당대의 스토아 사상이나 플라톤 철학의 답습자가 아니라 중기 플라톤주의의 사상적 핵심을 꿰뚫고 있는 뛰어난 사상가로 평가되고 있다.[40]

솔로몬의 지혜서는 히브리 지혜전승과 유사한 사상을 표출한다. 특히, 창조 시 등장하는 의인화된 지혜관념의 존재와 활동은 잠언 8장이나 욥기 28장, 시락서 24장의 내용과 그 사상적 맥을 같이한다. 그러나 중기 플라톤주의는 솔로몬의 지혜서에 영혼개념의 확장이라는 사상적 변화를 가져다준다. 즉, 지혜를 영적인 개념으로 발전시켰다. 이전에는 지혜는 단지 감각적인 차원에서 경험될 뿐 그리고 최대한 의인화된 표현으로 비유될 뿐 이성적으로 설명가능하지는 않았다. 그러나 솔로몬의 지혜서에 이르면 창조세계 내에 실제적으로 존재하며 이성적으로 설명 가능한 지혜로 부각된다.[41] 물론, 전통적인 히브리 지혜전승에서 창조세계내의 임재와 참여 개념은 발견이 되나 그 임재의 양상이 구체적으로 어떤 것인지에 대하여는 모호하였다. 그러나 솔로몬의 지혜서는 초월적 창조자와 경험적 피조세계 사이의 중간자로서의 영적 지혜를 분명히

---

39) Chrysostom Larcher, *Études sur le Livre de la Sagesse* (Paris: Gabalda, 1969), 235-236.
40) John J. Collins, *Jewish Wisdom in the Hellenistic Age*, 200.
41) Ronald Cox, *By the Same Word*, 59.

구별하고 있다. 솔로몬의 지혜서가 플라톤주의의 영향을 받아 드
러내는 독특한 측면이다:

> 그래서 나는 지혜를 맞아들여 함께 살기로 작정하였다.
> 지혜가 나에게 좋은 조언자가 되고 근심스럽고 슬플 때에는 격려
> 가 됨을 알았기 때문이다.
> 나는 지혜덕분에 백성 가운데에서 영광을 받고 젊으면서도 원로
> 들에게 존경을 받으며… (지혜서 8:9-10).

> 그러나 지혜는 하느님께서 주지 않으시면 달리 얻을 수 없음을 깨
> 달았다.
> 지혜가 누구의 선물인지 아는 것부터가 예지의 덕분이다.
> 그래서 나는 주님께 호소하고 간청하며 마음을 다하여 아뢰었다
> (지혜서 8:21).

이전 시기 시락서에서 벤 시라의 지혜관념은 개인적 차원에서
의 하나님과의 관계성을 위한 매개이기보다는 민족적인 차원에서
의 관계성이었다:

> 나는 누구의 땅에 머물까 하고 이 모든 것 가운데에서 안식처를
> 찾고 있었다.
> 그때 만물의 창조주께서 내게 명령을 내리시고
> 나를 창조하신 분께서 내 천막을 칠 자리를 마련해 주셨다.

그분께서 말씀하셨다.

'야곱 안에 거처를 정하고 이스라엘 안에서 상속을 받아라'(시락서 24:7-8).

선택된 이스라엘에게 향한 민족적인 차원에서의 지혜와의 관련 성은 시락서 24장의 결론부에서 지혜를 토라와 동일시하는 데에서 절정을 이루고 있음을 우리는 안다(시락서24:23). 그러나 솔로몬의 지혜서에서는 이와 같은 사상은 드러나지 않는다. 오히려 영적 지 혜의 창조세계내의 활동성이 특정한 그룹이 아닌 이성적인 활동을 하는 개인들 누구에게나 확장된다. 왜냐하면 이제 지혜는 하나님 과 인간을 이어주는 중간자 역할을 감당하기에[42] 지혜를 터득한 이들은 초월적 존재와 연결될 수 있기 때문이다. 특정 계시를 통하 기보다는 일반적인 경험과 앎을 통하여 하나님을 알아가는 지혜개 념의 보편적인 차원이 헬레니즘의 문화적 배경 가운데 더욱 발전하 고 있다. 개인적 신앙인의 관점에서 지혜를 통한 하나님과의 관계 성 곧 영성생활의 가능성이 솔로몬의 지혜서에서 확보되고 있다.

솔로몬의 지혜서에서 드러난 중기 플라톤주의의 영향 중 두 번 째로 크게 부각되는 사상은 영혼의 불멸성(immortality)에 대한 관 념이다. 본래 플라톤의 존재론에서 이데아 사상에 입각하여 영혼 은 선재하였음을 전제한다. 그러한 영혼이 완벽한 이상향으로부터 보이는 물질적 존재세계로 들어왔다. 이것이 타락(fall)인지 아니 면 의도된 육화(incarnation)인지는 플라톤의 기록마다 차이는 보

---

42) Ronald Cox, *By the Same Word*, 60.

이나[43] 분명한 것은 솔로몬의 지혜서 저자는 이러한 영혼의 선재설 사상을 도입하고 있다는 사실이다:

나는 재능을 타고 났으며 훌륭한 영혼을 받은 아이였다. 더 정확히 말하면 나는 영혼으로서 티 없는 육체 안으로 들어갔다(지혜서 8:19-20).

윈스턴은 19절을 다음과 같이 번역하면서 본문이 영혼의 선재설을 말하는 것으로 본다:[44] "I was, indeed, a child well-endowed, having had a noble soul fall to my lot." 특히 후반절에 나의 운명으로 정해진 "고귀한 영혼"에서 기존의 다른 존재들에 간섭되지 않는 순전한 상태의 선재적 영혼 관념을 말하고 있다(지혜서 7:22-23). 문제는 이러한 영혼이 "썩어질 육신"에 들어와 있다는 것이다: "썩어 없어질 육신이 영혼을 무겁게 하고 흙으로 된 이 천막이 시름겨운 정신을 짓누릅니다"(지혜서 9:15). 확실히 플라톤주의에서 말하는 영과 육의 분명한 분리가 발견된다. 그러나 그렇다고 지혜서의 저자가 이데아의 세계에 선재했던 영혼의 철학적 관념을 그대로 받아들여 영혼 자체가 불멸하는 것으로 받아들이지는 않는다.[45] 오히려 영혼불멸의 근거는 존재론적 본성에 기인하는 것이 아니라 경험적 의와 지혜의 결과물이요 그 지혜의 절정은 하나님을 아는 지식임을 밝힌다.

---

43) John J. Collins, *Jewish Wisdom in the Hellenistic Age*, 185.
44) David Winston, *The Wisdom of Solomon*, 197-198.
45) John J. Collins, *Jewish Wisdom in the Hellenistic Age*, 186.

정의는 죽지 않는다(1:15).

나는 이러한 사실을 혼자 생각하고 마음속으로 숙고한 끝에 지혜
와 맺는 가족 관계에 불사가 있고(8:17).

당신을 앎은 온전한 정의이고 당신의 권능을 깨달음은 불사의 뿌
리입니다(15:3).

이제 지혜터득은 단순한 하나님의 섭리와 세상이치에 대한 깨
달음으로 끝나지 않는다. 영원한 삶이 보장된다. 히브리 지혜전승
의 흐름 가운데 새롭고도 큰 도약이 솔로몬의 지혜서에서 진행되고
있다.
끝으로, 헬라철학의 영향이 가져온 가장 큰 솔로몬의 지혜서의
변혁은 지혜를 영적 존재로 더 나아가 하나님과 가까운 독립된 실
체로 묘사하고 있는 부분이다:46)

지혜는 하느님의 권능의 숨결이고
전능하신 분의 영광의 순전한발산이어서
어떠한 오점도 그 안으로 기어들지 못한다.
지혜는 영원한 빛의 광채이고
하느님께서 하시는 활동의 티없는 거울이며
하느님 선하심의 모상이다(7:25-26).

---

46) Roland E. Murphy, *The Tree of Life*, 94.

지혜서의 저자는 지혜를 하나님으로부터 드러나는 빛의 광채로서 그리고 절대적 선의 본성을 물질세계에서 수행하는 모사적 선으로서 이해한다. 이는 지혜를 율법과 동일시하는 시락서보다 한층 더 진전된 논의로서 영적 지혜의 실체를 강조하는 플라톤주의의 영향이다. 물론, 아직 플로티누스의 신플라톤주의적 개념으로서의 '유출'(Emanation) 개념까지는 아니지만 지혜의 신적 기원을 분명히 언급하고 있다.[47) 알렉산드리아의 유대인 지혜자를 통하여 우리는 지혜를 독립된 실체로 이해하도록 안내를 받는다. 자존적 존재로서의 지혜가 강조된 본문이 9:1-4이다:

[1] 조상들의 하느님, 자비의 주님!
당신께서는 만물을 당신의 말씀으로 만드시고
[2] 또 인간을 당신의 지혜로 빚으시어
당신께서 창조하신 것들을 통치하게 하시고
[3] 세상을 거룩하고 의롭게 관리하며
올바른 영혼으로 판결을 내리도록 하셨습니다.
[4] 당신 어좌에 자리를 같이한 지혜를 저에게 주시고
당신의 자녀들 가운데에서 저를 내쫓지 말아 주십시오.

윈스턴에 의하면, 1b절에 "만물을 당신의 말씀으로 만드시고"의 말씀은 로고스(logos)인데 이것이 2a절의 지혜(sophia)와 동일시되는가를 묻고 지혜서 8:4[48)]에 근거해 동일시하였다.[49) 그렇

---

47) John J. Collins, *Jewish Wisdom in the Hellenistic Age*, 199.

다면 이미 전통적 지혜서인 잠언 8:30에 나타난 것처럼 "창조자"로서의 지혜 관념과 연결되어 있다. 그러나 헬레니즘 세계의 지혜서 저자는 한발 더 나아간다. 위의 4절에 "당신 어좌에 자리를 같이 한"("your throne companion")이라는 표현이 충격적이다. 이는 마치 그리스 신화의 제우스가 세계의 모든 일을 다스릴 수 없어서 아데나 여신을 평가자요 조언자로서 자신의 옆에 나란히 앉히는 장면을 연상케 한다.50) 히브리 지혜전승에서의 인격화된 지혜(personified wisdom) 개념이 솔로몬의 지혜서에 이르러 과격한 단계를 밟는다. 이제 지혜 곧 소피아는 하나님의 피조물 중에 하나가 아닌 하나님과 친밀하게 관계된 독립된 실체로 부각된다. 하나님의 숨, 하나님의 유출, 하나님의 형상으로서의 소피아는 세상의 모든 것들을 만들고 동시에 그 피조된 세계 안에 거하면서 질서를 유지한다.51)

솔로몬의 지혜서에서 드러난 소피아는 분명히 히브리전승에서 말하는 지혜를 넘어선다. 하나님과의 개인적 관계성을 가능케 하는 영으로서의 지혜관념이 표출되고 있으며 의로운 자와 지혜로운 자의 영원한 삶을 보장하는 불멸성의 본성을 갖고 있으며 궁극적으로 하나님으로부터 기원하지만 여전히 독립된 존재로 부각되는 점이다. 주전 1세기 후반 로마제국의 지배로 넘어가는 이 시점에서 헬레니즘의 철학사상이 히브리 지혜전승에 분명히 각인되고 있다.

---

48) "지혜는 하느님의 지식을 전해 받아 하느님께서 하실 일을 선택하는 이가 되었다."
49) David Winston, *The Wisdom of Solomon*, 38.
50) David Winston, *The Wisdom of Solomon*, 202.
51) Ronald Cox, *By the Same Word*, 87.

이는 알렉산드리아의 유대인 철학자 필로에게서도 나타나는바, 유대인 사회에서 헬레니즘적 문화와 철학을 적극적으로 수용한 결과이다.52) 우리는 이러한 지혜 사상의 흐름이 초기 기독교에서 지혜 기독론으로 발전할 수 있는 맹아를 솔로몬의 지혜서에서 읽을 수 있다. 그러나 전통적 히브리 사상과 다른 이질적 요소를 여전히 철저하게 거부하는 자들의 목소리 또한 이 시기 쿰란공동체로부터 들을 수 있다. 다음 장에서 연결되는 쿰란공동체의 사해사본의 지혜 문서들을 고찰하기 전에 아래에서는 원시기독교의 사상적 배경 가운데 하나인 히브리 지혜전승의 다양한 흐름의 발전을 먼저 살피려 한다.

3. 전승 보존의 위기

다니엘서와 솔로몬의 지혜서를 통해서 히브리 지혜전승의 흐름 중 두 극단을 보았다. 예루살렘에서 하스모니안 왕조가 형성되기 까지 투쟁했던 하시딤 부류 가운데 현실의 인간적 통치와 문화에서는 하나님의 뜻이 성취될 수 없다는 심각한 문제제기로부터 세계의 역사는 궁극적으로 결정론적 시간관의 지평에서 창조주가 정해놓은 종말론으로 향해가며 하나님의 직접적 도래가 의인의 최후승리로 이어진다는 묵시적 지혜로서의 다니엘을 보았다. 반면에, 알렉

---

52) L. K. K. Dey, *The Intermediary World and Patterns of Perfection in Philo and Hebrews* (Missoula, Mont.: Scholars Press, 1975).

산드리아의 디아스포라 유대인들을 통해서 기존의 유대주의 전통에서 찾을 수 없었던 사후세계에 대한 소망과 그에 따른 영적 세계와 물질적 세계의 중간자로서의 지혜의 역할을 강조하는 솔로몬의 지혜서에서는 현실역사에 구현되는 지혜를 읽을 수 있었다. 이 지혜는 초월적 하나님의 질서와 미를 세계 속에서 실현해주는 역할을 함으로써 중기 플라톤 사상에 입각한 정신적 또는 영적 지혜의 차원과 통한다.

본래 히브리 지혜전승의 핵심에는 세 가지 사상적 원리가 자리함을 살펴본 바 있다. 그것은 삶의 경험(Experience), 창조자 하나님(Creator), 창조질서(Cosmos)이다. 이를 간략히 인간의 경험, 창조주 하나님, 세계질서로 요약한 바 있다.53) 무엇보다도 히브리 지혜전승이 기존의 구약성서의 신학사상에 기여하고 있는 점은 인간의 경험에 대한 강조이다. 지혜전승의 인식론적 바탕은 예언과 율법의 계시성보다는 일상적인 삶의 경험을 바탕으로 한다. 부르그만은 지혜 담론의 원천자료는 생생한 경험들로서 정언적 명령이나 선험적 범주는 관계없는 것으로 지적한다.54) 머피 역시 주로 구원역사를 일깨우는 예언적 경험들과는 대조적인 지혜경험을 말하고 있는데 이는 창조세계와의 관계로부터 얻어지는 것으로 본다.55) 그렇다고 지혜경험이 구체적인 사물세계와의 경험만 말하지는 않는다. 인간경험의 원리를 묵시적 지혜는 깨뜨리고 있기 때문이다. 묵시적 지혜는 더 이상 인간의 관찰능력과 경험세계에 관

---

53) 앞서 1장의 결론부를 참조하라!
54) Walter Brueggemann, *Theology of the Old Testament*, 680.
55) Roland E. Murphy, "Wisdom and Creation," *JBL* 104 (1985), 6.

심이 없다. 궁극적으로 하나님의 절대적 섭리 안에서 인간세계는 파국만이 있을 뿐 이다. 따라서 히브리 지혜전승은 여전히 인간 중심의 세계관을 넘어선다.

히브리 지혜 사상의 두 번째 원리로서 창조주 하나님에 대한 인간의 인식이 부각되는 이유가 여기에 있다. 지혜자의 하나님은 세계질서의 창조자요 보존자로서 그려진다.[56] 세계질서를 경험하는 것은 곧 하나님을 아는 것이다. 지혜 사상에서 하나님은 일방적인 권력자 또는 임의적인 주관자가 아니다. 오히려 인간들에게 권위를 주고 적극적으로 세계 속에서 참여하고 변화시키고 업적을 이루도록 초청한다.[57] 하나님의 뜻에 따른 인간의 세계참여는 신정론의 문제와 관련된다. 특별히 사물과 세계와의 관계 속에서 경험하는 고통의 현장들이 신정론 논의의 출발점이다. 히브리 현자들은 삶의 현실에서 경험하는 무질서와 위협 가운데 하나님의 정의의 문제를 물을 수밖에 없었다.[58] 이러한 히브리 지혜자의 목소리가 솔로몬의 지혜서에서는 더 이상 들리지 않는다. 왜냐하면, 지혜는 더 이상 인간 편에서의 하나님의 정의와 섭리를 묻고 답을 얻는 인식론에 관계하는 것이 아니라 이미 하나님이 거룩한 영으로 온 세계의 만물들을 존재케 하는 존재론적 원인자로 부각되기 때문이

---

56) Carole R. Fontaine, "Wisdom Tradition in the Hebrew Bible," *A Journal of Mormon Thought* 33(2000), 102.

57) Walther Zimmerli, "The Place and Limit of the Wisdom in the framework of the Old Testament Theology," in *Studies in Ancient Israelite Wisdom*, ed. by Henry M. Orlinsky (New York: KTAV Publishing House, Inc., 1976), 321.

58) Leo G. Perdue, *Wisdom and Creation; The Theology of Wisdom Literature* (Nashville: Abingdon, 1994), 40.

다.59) 따라서 이제 지혜의 터득은 더 이상 창조자의 세상섭리에 대한 신정론적 깨달음에 있는 것이 아니라 존재의 근원 되시는 하나님을 닮아 가는 영혼의 신비한 고양에 있다.60) 이러한 영적 지혜의 가르침은 전통적 지혜전승의 차원에서 다분히 이질적이다.

그럼에도 불구하고, 묵시적 지혜도 영적 지혜도 여전히 전통적 사상의 맥락에 잇닿게 해주는 요인은 히브리 지혜전승의 세 번째 요소인 세계질서에 대한 원리 때문이다. 히브리 지혜의 사상적 강조점은 질서 또는 세계 내의 균형과 조화에 있다.61) 자연에 법칙이 있듯이 인간사의 내재적인 질서가 있다고 하는 사상은 이내 지혜사상으로 하여금 인과율에 근거한 세계관을 수립토록 하였다. 지혜문학에서 드러나는 창조질서는 절대자 하나님에게 연원한다. 비록 묵시적 지혜가 세계내의 법칙이 다 허물어지는 종말을 말하지만 여전히 모든 것 위에 계셔서 섭리하시는 살아계신 하나님의 의가 세계질서의 토대임을 기대하고 있다. 비록 영적 지혜가 존재론적 초월과 고양을 말하지만 이곳에서도 여전히 만물의 질서의 근원자 되신 하나님의 주권적 통치를 상정하고 있다. 이와 같이 맥락이 닿아있는 동일한 흐름과 동시에 다른 방향으로 갈라지는 이질적 흐름이 헬레니즘 시대에 드러나는 히브리 지혜전승의 변천과정이다.

벤네마에 의하면 헬레니즘 시대의 유대주의에서 네 가지의 지혜흐름이 발견된다고 지적한다. 그것은 토라 중심의 지혜전통, 영(Spirit) 중심의 지혜전통, 묵시주의 지혜전통, 그리고 쿰란공동체

---

59) John J. Collins, *Jewish Wisdom in the Hellenistic Age*, 197.
60) John J. Collins, *Jewish Wisdom in the Hellenistic Age*, 202.
61) Leo G. Perdue, *Wisdom and Creation*, 38.

의 지혜전통이다.62) 그러나 이 네 전통은 각기 독립되어 있기보다는 서로 얽혀 있어 하나의 히브리 지혜전승이라는 견실한 밧줄의 구성 요소들로 보는 것이 바른 이해일 것이다.

첫째, 토라 중심의 지혜전통은 구약성서의 신명기사가적 인과율에 근거한 지혜전승에 기초한다. 시락서가 바로 이 전승의 대표적 산물이다. 지혜와 토라의 관계성은 시락서 24:23에 명백히 드러나 있다:

이 모든 것(지혜)은 지극히 높으신 하느님의 계약의 글이고 야곱의 회중의 상속 재산으로 모세가 우리에게 제정해 준 율법이다.

지혜가 토라에서 발견되기에 지혜의 습득은 필연적으로 율법연구와 관련된다. 즉 토라에 대한 연구와 묵상 그리고 관찰이 지혜로 이끈다(1:26; 6:37; 15:1; 21:11). 콜린스에 의하면 벤 시라가 지혜를 토라와 연결시킨 것은 사실상 모세의 토라를 지혜그룹에 소개함으로써 두 개의 교육 전승을 통합하는 시도였다고 주장한다. 이는 헬레니즘 시대에 지혜가 보편적으로 추구되던 당시에 하나님에 의해 모세에게 주어진 토라 자체가 지혜의 구현임을 밝힘으로써 지혜와 토라 양자의 가치를 고양하는 측면을 지닌다.

둘째, 영 중심의 지혜전통은 솔로몬의 지혜서가 대표적인 문헌이다. 지혜는 토라를 지키도록 이끌지만 지혜 자체가 토라는 아니다. 지혜서의 자리는 토라가 아니고 지혜 자신이다. 곧 지혜 가르침

---

62) Cornelis Bennema, "The Strands of Wisdom Tradition" (2001), 68- 78.

이 지혜의 원천인 셈이다(지혜서 6:12-13):

> 지혜는 바래지 않고 늘 빛이 나서 그를 사랑하는 이들은 쉽게 알아
> 보고 그를 찾는 이들을 쉽게 발견할 수 있다. 지혜는 자기를 갈망
> 하는 이들에게 미리 다가가 자기를 알아보게 해 준다.

궁극적으로 지혜추구의 목표는 하나님과의 연합이다(7:14, 27). 지혜 자체가 하나님과의 긴밀한 관계에 있기 때문에(7:25; 8:3-4; 9:4) 지혜 추구는 결국 영생과 친밀한 하나님과의 교제로 인도한다. 그리고 그 지혜는 지혜의 영의 선물로 주어진다(9:17):

> 당신께서 지혜를 주지 않으시고 그 높은 곳에서 당신의 거룩한 영
> 을 보내지 않으시면 누가 당신의 뜻을 깨달을 수 있겠습니까?

이러한 지혜와 영과의 관계성은 지혜서 저자가 알렉산드리아의 헬라화 된 유대인으로서 스토아 철학이나 중기 플라톤 사상과의 교류와 무관하지 않다. 즉 절대자 하나님은 모든 힘의 원천이라는 주장과 근원된 절대존재와의 관계성을 논하는 사상이 히브리 지혜 사상과 만남으로 나타난 결과임을 알 수 있다.[63] 그러나 여전히 말씀에 순종하여 거룩해질 때 지혜의 선물을 얻게 된다는 지혜서의 토라 경건 강조는 일관된 히브리사상의 유산을 보여준다.[64]

---

63) Richard J. Clifford, *The Wisdom Literature*, 137.
64) Leo G. Perdue, *Wisdom Literature: A Theological History*, 288.

셋째, 묵시적 지혜전통은 지혜자가 환상이나 꿈을 통해 하늘의 신비를 보고 그 묵시적 환상의 의미를 천사가 설명해 주는 문학형식을 전제한다.[65] 다니엘을 비롯한 에녹 1서 그리고 에스라 4서 등이 묵시적 지혜전통의 대표적 작품들이다. 지혜와 묵시의 관계에 대한 논의는 폰 라드 이후 줄곧 진행되어왔다.[66] 그러나 묵시와 지혜의 관계는 구체적 내용의 상호 연관성에 대한 논의보다는 동일한 문학적 기원의 문제에 관심할 때 그 관계가 명확해진다. 묵시적 지혜전통은 지혜의 말씀을 받는 것 자체가 하나님의 길을 따르는 것을 의미하는 것으로 간주하며 이 길이 바로 구원으로 이르는 의인의 길임을 강조한다.

끝으로, 쿰란공동체의 지혜전통을 히브리 지혜전승의 네 번째 흐름으로 소개할 수 있다. 이제까지 논의된 토라와 영 그리고 묵시의 네 가지 요소들이 쿰란의 지혜에서는 긴밀하게 결합되어있다. 토라가 지혜의 근원인 한에서 지혜는 토라와 관련된다. 그리고 토라에 대한 순종이 곧 지혜에 이르는 길이다(1QS 9:17; 1Q22 2:8-9; CD 6:2-5).[67] 특이한 점은 쿰란공동체에게 지혜는 토라의 감추어진 지식을 계시해주는 신적 계시의 산물이라는 것이다. 바로 쿰란공동체의 지도자인 '의의 교사'가 신적 계시로서의 하나님 지혜의 전달자이다. 쿰란공동체의 지혜전통은 헬레니즘시대의 지혜전승을 전반적으로 소개해주지는 못하고 있으나 신구약중간기 시대의 유대인 문헌의 저장소라는 기능을 감안할 때 여전히 히브리 지혜전

---

65) Cornelis Bennema, "The Strands of Wisdom Tradition," 74.
66) Gerhard von Rad, *Wisdom in Israel*, 263-283.
67) Cornelis Bennema, "The Strands of Wisdom Tradition," 77.

승의 축소판이라 할 수 있다.[68]

이에 다음 장에서는 사해사본의 지혜문서들을 살펴보면서 초기 기독교의 형성 직전 유대교의 지혜전승이 어떠한 모습으로 준비되어 있는가를 고찰하려 한다. 어떤 면에서 지혜에 대한 극단적인 이해가 드러나기도 하지만 또 다른 면에서는 다양한 지혜전승 변화과정의 첨예한 단면을 기독교세계가 출현할 즈음 드러내 주고 있다는 의미에서 원시기독교의 사상적 배경으로써 의미 있는 정보를 제공해 줄 수 있을 것이다.

---

68) cf. Daniel J. Harrington, S. J. *Wisdom Texts from Qumran*(London: Routledge, 1996).

6 장
초기 로마시대(63-4 BCE)와 사해두루마리

　　하스모니안 왕조의 위대한 정복자 알렉산더 얀네우스(주전 103-
76)의 왕위는 그의 아내 살로메 알렉산드라에게 계승되었다. 알렉
산드라가 주전 67년에 사망하면서 본래 큰아들 히르카누스 2세에
게 대제사장의 직분을 허락하였다. 그러나 막내아들인 아리스토불
루스 2세(주전 67-63)가 왕위와 제사장 직을 찬탈한다. 주전 64년
에 로마의 폼페이(Pompey) 장군이 시리아-팔레스틴 지역을 점령
하게 되었을 때 히르카누스 2세와 아리스토불루스 2세는 폼페이
앞에서 유대인의 통치자로 인정해 달라고 논쟁을 벌이게 된다. 이
와 동시에 바리새인들 역시 대표단을 파견해 유대지역을 로마가 직
접 지배해 달라고 요청하였다. 아리스토불루스의 분명치 않은 태
도가 결국 폼페이의 예루살렘 공격을 불가피하게 만들었고 3개월
에 걸친 전쟁 후 도시는 함락되었고 폼페이는 성전의 지성소에까지

침범하는 일이 벌어졌다. 아리스토불루스는 포로가 되어 로마로 송치되었고 대신에 히르카누스(주전 63-40)가 대제사장으로 취임하기에 이른다.[1] 그러나 로마의 지배에 평화적으로 항복하기를 거부한 일련의 사건들로 인하여 하스모니안의 왕조의 영토는 많이 축소되었다. 모든 해안지대와 사마리아, 요단강 동쪽 강변에 있는 헬라 도성들, 요단강 서쪽 강변에 있는 스키토폴리스(Scythopolis; 벧산)가 상실되었다. 예루살렘의 대제사장은 유대인들이 사는 예루살렘 부근 지역과 갈릴리 지역만을 관할하게 되었다. 법적으로만 로마제국에 복속되지 않았을 뿐이지 실질적으로는 로마의 지배 아래 들어가게 되는 시기이다.[2]

폼페이의 예루살렘 정복 이후 30년간은 전체 로마세계의 혼돈기였다.[3] 이 시기는 케사르(Julius Caesar)와 폼페이 사이의 권력다툼이 일어났고 폼페이 사후 케사르의 권력획득이 이루어졌다. 그러나 케사르는 살해된다(주전 44년). 이후 원로원과 케사르 지지자들과의 갈등이 계속해서 빚어졌다. 권력투쟁은 이어 옥타비아누스와 안토니우스 사이에 벌어지게 되고 결국 악티움(Actium) 해전에서 옥타비아누스는 승리를 거두고(주전 31년) 로마제국의 단독통치자로 옹립하게 된다. 주전 20년대에 급기야 옥타비아누스는 자신의 권력체계를 견고히 하고 '아우구스투스'(Augustus)라는 황명으로 로마제국의 초대황제가 되어 41년 동안 로마의 평화 시기

---

1) W. 푀르스터, 『신구약 중간사』, 106.
2) Shaye J. D. Cohen & Michael Satlow, "로마의 지배: 유대인 반란과 제2성전의 파괴," 허셜 생크스 편, 『고대 이스라엘』 김유기 옮김 (서울: 한국신학연구소, 2009), 380.
3) Shaye J. D. Cohen & Michael Satlow, "로마의 지배," 381.

를 이끌게 된다. 이 기간 하스모니안 왕조는 로마를 탈출한 아리스토불루스의 아들인 안티고누스(Mattathias Antigonus)가 로마의 숙적인 파르티아인(Parthians)의 도움을 얻어 왕위에 올라 유대인 왕조의 재기를 노리게 된다. 그러나 최후 승리자는 유대남쪽지역의 이두매 사람 안티파터(Antipater the Idumean)였다. 모든 이두매인들과 마찬가지로 안티파터의 조상들도 마카비 전쟁 때 강제로 유대화 된 상황이었다. 그들은 경건한 유대인들에게는 반(半)유대인으로 간주되고 있었다.4) 케사르는 주전 47년에 히르카누스 2세를 통치자로 임명하면서 안티파터를 총독으로 임명하였다. 안티고누스가 주전 40년에 파르티안인들의 원조로 히르카누스를 사로잡고 통치권력을 찬탈할 때 총독은 안티파터의 아들인 헤롯이었다. 그는 로마로 피신해 원로원을 설득하여 군대를 이끌고 유대로 돌아와 치열한 전투 끝에 주전 37년 예루살렘을 점령하고 하스모니안 왕조를 멸망시킨다. 그는 '헤롯대왕'이 되어 향후 30년 넘게 유대인의 왕으로 통치하게 된다(주전 37-4).5)

우리는 본 장에서 로마제국을 등에 업고 득세한 헤롯대왕의 통치시기를 관찰하면서 반유대인으로서의 그의 정치와 종교적 행태를 추적하려 한다. 왜냐하면, 헤롯대왕의 정책과 삶이 주전 1세기 후반 초기 기독교가 형성되기 직전 헬라-로마 문화 내에서의 유대인의 행동양식과 생존방식의 한 전형을 제공해주고 있기 때문이다. 물론, 그는 반유대인이기에 그를 통하여 온전한 유대인의 삶의 모

---

4) W. 푀르스터, 『신구약 중간사』, 106.
5) Shaye J. D. Cohen & Michael Satlow, "로마의 지배," 382.

습을 재구성하기에는 한계가 있다. 그러나 헤롯은 자신의 정체성을 유대인으로서 계속해서 유지하려는 노력을 보였으며 실제적으로 유대교의 율법 준수를 위한 정책을 최소한 유대인들의 정착지역에서는 추진하려고 노력하였다. 따라서 그의 삶과 정책을 통하여 이 시기의 유대인의 삶을 어느 정도 추적할 수 있다. 이 위에 헤롯 대왕에게 반대하는 유대인들의 목소리를 분석한다면 이 시기의 유대인들의 사고와 행동양식을 간접적으로 확보할 수 있을 것이다.

그러나 무엇보다도 신구약 중간시기 유대인들의 헬라세계 적응과 히브리사상의 변천에 대한 마지막 국면을 고찰하기 위한 최고의 자료는 쿰란에서 발견된 사해 두루마리이다. 사해 두루마리는 유대주의 분파 가운데 하나인 에세네파의 쿰란공동체로부터 연원한다. 에세네파는 이미 주전 150년경 마카비가의 요나단이 예루살렘의 대제사장이 되었을 때 '하시딤'에서 분리하였다. 예루살렘의 형식적 제의공동체를 떠나 '의의 교사'를 따라 엄격한 규율과 높은 정신적 요구를 받아들이는 금욕주의적인 은둔공동체를 사해 북쪽 유대사막지역에 형성하였다.6) 그들의 정착지가 주후 68년 로마인들에 의해 파괴되기 전까지 특별한 형태의 유대주의적 묵시사상을 계승, 보존하였다. 사해 두루마리 가운데 지혜에 대한 용어가 많이 등장하고 있으며 최근에 들어 사해 두루마리 전문가들은 쿰란문헌의 중심적 사상의 흐름을 지혜전승에서 찾으려 하고 있다.7)

본 장에서는 반(半)유대인으로서의 헤롯의 유대주의를 고찰

---

6) Martin Hengel, 『유대교와 헬레니즘 ②』, 427.

7) John Kampen, *Wisdom Literature: Eerdmans Commentaries on the Dead Sea Scrolls* (Grand Rapids: William B. Eerdmans Publishing Company, 2011), 25-28.

후, 본격적으로 이제까지 발견되어 학자들에 의해 소개된 쿰란공동체의 지혜문서들을 검토하면서 초기 기독교의 사상이 형성되기 직전 히브리 지혜전승이 어떻게 발전, 변혁되었는가를 연구할 것이다. 이를 통해, 이 공동체의 지혜 사상이 기독교의 기원에 어떠한 영향을 미치고 있는가의 문제에 접근해 들어갈 것이다.

1. 헤롯대왕의 득세

헤롯대왕 연구의 전문가들은 그를 수수께끼 같은 인물로 규정한다.8) 독재자, 미친 사람, 살인자, 건축의 귀재, 교활한 정치가, 성공적인 왕, 유대인, 반유대인, 이방인 등 얼핏 그에게 붙여진 별명들을 살피더라도 쉽사리 분석될 수 없는 인물임에는 틀림없다.9) 더군다나 헤롯에 대하여 알려주는 자료의 대부분은 변증적인 성격의 요세푸스(Flavius Josephus)의 기록들에 의존할 수밖에 없기에 타당한 역사적 사료로서의 신뢰성이 의심되기도 한다. 그럼에도 불구하고 헤롯대왕에 대한 다음의 몇 가지 요소들은 역사적 사실로 받아들이는 데 무리가 없다. 첫째, 푀르스터에 의하면 헤롯대왕은 왕권보존에 대한 불안과 집착증에 시달린 인물이다. 그는 왕권에 관한 한 자기보다 나은 권리를 주장할 수 있는 모든 사람을 살해했다. 그의 통치 초기 하스모니안 귀족들 중 살아남은 사람들을 예외

---

8) 대표적인 학자로는 샬리트가 있다: Abraham Shalit, *König Herodes* (Berlin: de Gruyter, 1968).
9) Shaye J. D. Cohen & Michael Satlow, "로마의 지배," 385.

없이 숙청한다. 그는 히르카누스 2세의 딸인 마리암(Mariamme)과 결혼했기 때문에 자기 아내의 친척들을 살해하였고 결국 자신의 아내도 죽였을 뿐만 아니라 그의 통치 말기에는 자기의 아들들도 처형한다. 심지어는 자기가 죽기 5일 전 자기의 장자 안티파터를 살해하도록 명령한다.[10] 예수 그리스도 탄생전승에 등장하는 헤롯의 유아살해에 관한 기록(마태복음 2장)은 자신의 왕위에 위해가 되는 요소들은 그 뿌리부터 제거하려는 헤롯대왕의 광기적 집착증에 기인한다. 요세푸스의『유대인 고대사』에 따르면 그의 비밀조사단이 도처에 돌아다니며 왕국 내 주민들의 동향을 수시로 보고토록 하였다. 불만이 있는 세력들은 가차 없이 감옥에 투옥되었고 어떠한 폭동시도도 잔인하게 진압하였다. 심지어 대중들이 공공장소에 모이는 것조차 금지했던 것으로 보인다.[11] 영토의 도처에 요새를 건축하고 드라키아족이나 가울족과 같은 외국인으로 구성된 용병을 두어 국내에서 일어날 만한 소요 사태로부터 자신을 보호하도록 하였다. 가장 대표적인 조처는 사마리아와 갈릴리 사이의 평원에 이방인의 군대를 주둔시킨 일이다.[12] 그만큼 헤롯은 자신의 왕위 보존을 위해 전전긍긍하며 모든 필요한 안전대책을 세우는 소모병적 인물이었다.

둘째, 헤롯대왕은 자신의 왕위를 보존하기 위해서는 공포정치를 폈으나 반면에 유대 지역의 안녕과 복지를 위해서는 현명하고 자비로운 왕이었다. 아무도 정착하지 않는 불모의 땅을 새롭게 일

---

10) W. 푀르스터,『신구약 중간사』, 122.
11) Shaye J. D. Cohen & Michael Satlow, "로마의 지배," 389.
12) W. 푀르스터,『신구약 중간사』, 123.

구게 하고 도성들을 건립하였고 가뭄이 들 때에는 세금을 완화해주는 정책을 폈다. 때로는 백성들을 위한 구제와 투자도 아끼지 않았는데 심지어 자신의 궁전에서 금은 그릇도 내어주기조차 하였다.[13] 자신의 관할권 내 군사적 안정을 위해서는 사해에 위치한 마사다 요새를 비롯한 동부 국경지역의 요새들을 강화하기도 하였다. 그의 공적 중 가장 칭송받을 만한 것은 예루살렘 도성의 완성이었다. 많은 건물들이 건립되어졌으며 특히 성전의 건축을 위해 막대한 자본을 들인 결과 예루살렘 성전은 당대의 당당한 위용을 갖춘 '헤롯성전'으로 거듭나게 되었다. 이 성전은 그 기초가 더욱 확장되었고 오늘날 유명한 통곡의 벽은 헤롯이 확장한 부분의 일부이다.[14] 예루살렘의 수도시설이 완비되었고 극장과 원형 경기장도 확충되었다. 비록 자신이 처했던 주변 환경의 영향이라 하지만 헤롯은 율법을 엄격하게 준수하려고 노력하였다.[15] 그는 자신의 왕국회복을 위해 예루살렘을 포위하게 되었을 때, 그 성 안으로 희생동물들을 들여보냄으로써 성전의 제사의식을 유지하도록 배려하였다. 자기의 아들들을 교육시키기 위해 로마로 보냈을 때도 유대인의 가족들과 함께 배우도록 조치하기도 하였다. 성전재건 시에도 제사장들만 접근할 수 있다는 율법규정 준수를 위해 일천 명의 제사장을 석공으로 훈련시키기도 하였다. 그의 율법준수는 여기에서 끝나지 않는다. 이방인이었던 실레우스가 헤롯의 여동생에게

---

13) W. 푀르스터, 『신구약 중간사』, 123.
14) 헬무트 쾨스터, 『헬레니즘 시대의 역사, 문화 그리고 종교적 배경: 신약성서배경 연구』, 이억부 옮김 (서울: 은성, 2009), 630-631.
15) Martin Hengel, 『유대교와 헬레니즘 ③』, 57.

청혼하였을 때, 실레우스가 유대인의 율법을 받아들여야 된다는 약속을 확증한 이후에야 결혼이 성사되었다.16) 이와 같이 자신이 통치하는 유대지역의 정치적 안정과 경제적 번영, 종교질서 유지를 위해 힘쓴 헤롯의 노력으로 그의 치세 기간 동안 이스라엘 땅에는 오랜 전쟁과 불안정의 역사를 끝내고 드디어 평화의 시기가 도래하였다. 사마리아인들과 헬라인들 그리고 유대인 등 모든 주민이 그 혜택의 주인공들이 되었다.

셋째, 그는 뛰어난 건축가였다.17) 현재 이스라엘 지역에서 발견되는 고고학적 유물들에는 헤롯대왕의 업적이 많다. 무엇보다도 자신을 지지해 준 사마리아인들을 위해 황폐했던 사마리아를 세바스테(아우구스투스 황제의 다른 이름)라고 명명하고 재건하였다. 또한 가이사랴를 아름다운 부두를 갖춘 항구도시로 건설하여 로마 황제에게 헌정한다. 예루살렘을 제외한 다른 도시들에는 많은 이교 신전과 그리스식의 체육시설을 갖추었다.18) 사마리아 외에 로도(Rhodes) 섬에는 델피의 아폴로 신전과 유사한 건물을 짓게 하였고 안디옥에는 주요 거리 양편에 로마의 거리와 같이 거대한 주랑을 세우게 하였다. 무엇보다도 건축가로서의 그의 뛰어난 공적은 스룹바벨 이후 낡고 쇠퇴해 있던 예루살렘 성전을 재건한 일이다. 주전 22년에 시작하여 여러 해 동안에 건축하게 하였는데 성전구역도 이 시기 확장되었다. 규모만 하더라도 이전의 성전들보다 더 확대되어 기초공사는 깊이가 45m나 내려갔으며 완성된 성전의 표

---

16) W. 푀르스터, 『신구약 중간사』, 124.
17) Shaye J. D. Cohen & Michael Satlow, "로마의 지배," 386.
18) 정태현, 『성서 입문, 상권: 성서의 배경과 이스라엘의 역사』, 442.

면적은 가로 480m, 세로 300m에 달한다. 또한 남쪽 도시 헤브론도 확장하여 족장들의 무덤과 그 북쪽의 마므레 숲 지대를 크게 개발하였다.[19] 헤롯의 건축물들은 건축기술과 디자인 면에서 로마제국 전체에 있어서도 가장 화려하고 훌륭한 건축에 속한다. 이러한 막대한 건축 사업은 헤롯시대의 막대한 세금징수의 사실을 증명할 뿐만 아니라 그의 오랜 통치기간 동안 성취된 급속한 경제성장의 사실을 반영해 주고 있다.[20] 그리고 이러한 헬라적 도시로의 변모는 문화적인 측면에서 헬라문화에 개방적인 헤롯 대왕의 친헬라적 성향을 보여준다. 헤롯은 자신의 주변에 교양이 있는 헬라인들을 모아놓고 이방의 문화를 철학과 수사학, 역사를 통하여 습득하는데 힘썼다. 위에서도 언급했듯이 아우구스투스 황제 숭배를 위해 사마리아에 신전을 건축하고 도시 전체를 황제에게 헌정하기까지 하였다. 이를 통해 볼 때에 헤롯은 헬라의 우월한 문화와 교육의 영향에 자신을 노출하며 당대에 뛰어난 헬라시민으로 살고자 했음을 확인할 수 있다.[21]

넷째, 헤롯은 그러나 헬라인으로 살기를 원하면서도 여전히 근본에 있어서 유대인으로서의 자기 정체성을 삼고자 부단히 애쓴 인물이다. 유대교의 율법을 준수하며 특히 성전 제사예식 유지를 위해 힘쓸 뿐만 아니라 로마인들 앞에서도 헤롯은 유대교를 부인하지 않았다.[22] 특히 유대인 신앙에 어긋나는 이교적 요소들을 일체 유

---

19) W. 푀르스터, 『신구약 중간사』, 123-124,
20) 헬무트 쾨스터, 『헬레니즘 시대의 역사, 문화 그리고 종교적 배경: 신약성서배경연구』, 631.
21) W. 푀르스터, 『신구약 중간사』, 125-126,
22) A. Schlatter, *Die Theologie des Judentums nach dem Bericht des Josephus*

대인의 영토로 수입하지 못하도록 하였는데, 예를 들면, 그토록 충성의 태도를 보였던 로마 황제의 초상화를 한 장도 예루살렘에 유입되지 못하도록 금하였다. 또한 로마 황제의 형상이 주조된 동전도 만들지 못하도록 하였다.23) 로마인들 앞에서의 그의 분명한 태도는 그가 죽은 다음에도 로마인들이 유대인의 관습을 존중하며 보존토록 하는 계기를 삼게 하였다. 실제로, 아우구스투스의 사위 아그립바가 주전 15년에 예루살렘에 방문하였을 때 성전에 들어가 유대인의 하나님에게 큰 규모의 희생 제사를 드렸다는 기록이 남아있다. 이와 같은 일들은 유대인들의 대대적인 환영을 받기에 충분했다.24)

그럼에도 불구하고, 유대인 신하들은 그에게 정치적 충성은 보였으나 완전한 유대인으로 그를 받아들이지는 않았다. 그의 공포정치로 드러난바, 무자비한 폭군의 이미지가 유대인들과의 화합에 장애가 되었다. 그가 유대교의 제도를 충실하게 존중했으나 헤롯의 태생 자체가 이두매 사람이라는 한계가 있었다. 무엇보다도 유대인들은 로마의 통치를 혐오스러운 외국의 지배로 여기고 있었는데 헤롯 왕국 자체가 로마의 호의에 의존하고 있었다는 사실은 결정적인 갈등의 요소가 되었다. 바리새인들과 사두개인들은 어쩔수 없이 헤롯의 통치를 따를 수밖에 없었으나 결코 헤롯에게 지지를 보내지는 않았다.25) 로마의 불안한 정세는 언제나 헤롯을 긴장

(Gütersloh, C. Bertelsmann, 1932), 187.
23) W. 푀르스터, 『신구약 중간사』, 124.
24) W. 푀르스터, 『신구약 중간사』, 125.
25) 헬무트 쾨스터, 『헬레니즘 시대의 역사, 문화 그리고 종교적 배경: 신약성서배경 연구』, 631.

시켰으며 끊임없이 정책노선을 요동치게 하였다. 그뿐만 아니라 자신의 통치영역의 남부 국경지대에서는 이집트의 여왕 클레오파트라 7세가 권력을 잡은 후 헤롯이 다스리는 이스라엘 지역까지 자신의 영토로 편입시키기 위해 기회를 노림으로써 불안정한 정세를 가중시키고 있었다.[26] 헤롯은 안팎으로 자신의 입지의 정당성 입증과 유지, 보존을 위해 계속해서 불안한 세월을 보낼 수밖에 없었던 불행한 통치자였다.

헤롯은 주전 4년 자신이 가장 아꼈던 여리고 궁전에서 최후를 맞이한다. 전승에 따르면 그는 유대인들 가운데 아무도 자기의 죽음을 애도해 주지 않을 것을 예상하고 당시에 감옥에 있던 유대인 남자 수백 명을 자신의 죽음의 시기에 맞추어 죽이도록 하여 유대 땅에 곡소리가 들리게끔 하기도 하였다.[27] 얼마나 자신의 정체성의 불안정성으로 인해 그의 평생에 열등감과 번민에 젖어 살았던가를 엿볼 수 있는 대목이다.

헤롯대왕의 모습으로부터 당시 헬라문화 가운데 처한 유대인의 한 전형적 국면을 들여다볼 수 있다. 철저히 유대인의 율법을 고수하면서 동시에 헬라문화에 대하여는 개방적인 긴장과 갈등의 인물이었다. 이 혼합주의적 결합이 가능했던 것은 그에게 닥친 현실적 도전, 즉 정치적 목표달성에 기인한다. 국내적으로는 유대인의 지지를 받아서 유대인의 왕으로서의 자신의 입지를 든든히 하여야만 했었다. 외교적으로는 로마제국정부로부터 유대지역의 통치권을

---

26) 정태현,『성서 입문, 상권: 성서의 배경과 이스라엘의 역사』, 442.
27) 정태현,『성서 입문, 상권: 성서의 배경과 이스라엘의 역사』, 443.

인정받아야 할 상황이었기에 헬라-로마 문화에 개방적으로 처신
해야 했었다. 결국 헤롯은 자신의 생존을 위해 유대인과 헬라인의
이중적 인물로 살아간 인물이다. 이는 어떤 의미에서 이 시기의 대
부분의 유대인들이 취할 수밖에 없었던 모습을 대표한다 하겠다.
물론 유대 본토에서는 이방세계와의 동화나 혼합주의적 노선에 강
한 저항을 드러내기도 했으나 그리스어 사용지역 디아스포라 유대
인들에게 있어서 혼합주의적 경향은 불가피하였다.[28] 율법을 지
키고 문화에 충실한 삶이 어떤 종교적 가치와 문화적 이상에 근거
하기보다는 '살아남기'를 위한 현실적 투쟁이 되는 시기가 바로 유
대주의와 헬라주의의 격랑이 합류하는 지점에서의 유대인들의 적
나라한 상황이었다.

2. 사해두루마리의 지혜문서들

초기 로마시대는 헬레니즘의 문화를 그대로 이어받았을 뿐만
아니라 더욱 발전시켰다. 이는 유대교에 있어서는 여전히 이방세
계의 세속적 문화에 동화될 위기에 여전히 노출되어 있었다는 것을
의미한다. 더군다나 마카비 투쟁으로 유대민족의 자치적 왕국이
세워진 이래 정치적인 세력뿐만 아니라 종교적 세력까지 얻었음에
도 불구하고 하스모니안 왕조는 본래의 하시딤적 토라경건에서 벗
어나 점차로 헬레니즘에 빠져들고 있었다. 이에 실망한 하시딤은

---

28) Martin Hengel, 『유대교와 헬레니즘 ③』, 173.

순전한 유대교적 율법공동체 형성시도에 좌절하여 하스모니안 왕들을 비판하며 무정부적 열성주의로 나아가게 된다. 그 한 흐름이 바리새주의(Pharisees)이며 또 다른 흐름이 쿰란공동체의 에세네파(Essenes)이다.[29] 반면에 사두개인(Sadducees)들은 하스모니안 왕조의 정교일치 지배자들의 적극적 협력자들이었다. 토라신앙에 대한 경건주의와 열성주의로서의 시작은 같았으나 바리새주의는 기존 사회에서 토라경건을 실행하려고 노력한 반면, 에세네파는 하스모니안의 대제사장들을 악의 세력으로 보고 악이 지배하는 예루살렘과 성전을 떠나 유대 광야로 들어가 폐쇄적인 금욕주의적 공동체를 형성하게 된다. 현실 사회로부터 퇴거하여 자신들만을 '참된 유대인'(true Jews)으로 규정한다.[30] 묵시적 사상을 근거로 제의적 정결과 공동체의 엄격한 규칙을 강조하면서 결국에는 소종파적 묵시운동(sectarian apocalyptic movement)으로 발전한다. 최근의 학자들의 연구동향은 쿰란공동체의 묵시운동이 전통적 히브리 지혜전승과 긴밀한 관계에 있으며 그 만남이 사해두루마리의 기록들에서 증언되고 있음이 활발히 논의되고 있다.[31]

사해두루마리의 중심적 문헌인 다마스커스 문서(Damascus Do-

---

29) Martin Hengel, 『유대교와 헬레니즘 ③』, 168.

30) Russell Pregeant, *Engaging the New Testament: An Interdisciplinary Introduction* (Minneapolis: Fortress Press, 1995), 78.

31) Benjamin G. Wright III and Lawrence M. Wills, eds., *Conflicted Boundaries in Wisdom and Apocalypticism* (Atlanta: SBL, 2005); John J. Collins, Gregory E. Sterling, and Ruth A. Clements, eds., *Sapiential Perspectives: Wisdom Literature in Light of the Dead Sea Scrolls. Proceedings of the Sixth International Symposium of the Orion Center, 20-22 May, 2001* (Leiden: Brill, 2004); F. García Martínez, ed., *Wisdom and Apocalypticism in the Dead Sea Scrolls and in the Biblical Tradition* (Leuven: Leuven University Press/Peeters, 2003).

cument)에 의하면, 이 독특한 공동체의 시작은 '분노의 시대'(age of wrath) 즉 예루살렘이 바빌론의 느부갓네살에게 멸망당한 후 390년이 지난 시기로부터 기원한다고 나와 있다. 이 시기 '이스라엘과 아론' 즉, 경건한 유대인들과 제사장들이 신앙을 상실하고 타락하여 20년 동안 진리의 길에서 벗어나 방황하게 되었고 마침내 하나님께서 '의의 교사'(Teacher of Righteousness)를 보내어 '하나님의 마음'을 알려주는 길로 인도하게 하였다는 것이다.32) 그러나 의의 교사를 대적하는 자들이 생겨나고 예루살렘은 세상을 사랑하는 자들로 더욱 세속화되어 부정하게 되자 소수의 신실한 추종자들이 의의 교사와 더불어 멀리 '다마스커스의 땅'으로 유배의 길을 떠나 정착하게 되고 그곳에서 '새로운 계약' 공동체를 이룸으로써 쿰란 공동체가 탄생했다고 증언하고 있다.

이제까지의 사해두루마리 연구가들은 쿰란 동굴에서 발견된 문헌들의 장르적 다양성과 주제의 불일치성 때문에 사해두루마리를 어떤 특정한 문학전승의 틀 안에서 설명하기를 꺼려하였다. 단지, 묵시적 사상에서 지배적인 악과 선의 대결이 극단화된 영지주의적 가르침에 대한 토의나 종말론적 이원론과 관련된 윤리 또는 거룩한 법에 대한 독점적 가르침 등 쿰란동굴에서 발견되는 문서들이 하나하나 출판될 때마다 관련된 상이한 관점들과 해석들이 동원되면서 사해두루마리가 연구되어져왔다. 이러한 상황 가운데 특히 쿰란 제 4동굴에서 발굴된 문서들이 소개됨으로써 사해두루마리의 지

---

32) Geza Vermes, *The Complete Dead Sea Scrolls in English*(New York: Penguin Books, 1998), 54.

혜문서들에 대한 연구가 한층 더 활발해졌다. 왜냐하면, 기존의 제
2동굴에서의 욥기 파편이나 벤 시라의 파편들이 발견된 바는 있으
나 제4동굴에 이르러서야 잠언과 전도서 그리고 아람어 욥기 등의
지혜문헌들이 광범위하게 발견되었기 때문이다. 내용에 있어서도
지혜자와 어리석은 자의 성격을 말하는 문서(4Q420-21), 사귈만
한 친구와 멀리해야 할 사람의 구분법(4Q424), 지혜의 길로서의
시편 서론(4Q413), 또는 신약성경의 '팔복'에 비견될 만한 일련의
행복론이 포함된 문서(4Q525)등의 지혜전승과 관련된 자료들이
풍성하게 발굴되었다.

   캄펜은 더 많은 사해두루마리들이 출판되어 소개될수록 쿰란공
동체의 지혜전승적 측면이 강화되고 있음을 갈파한다. 이러한 사
해두루마리의 지혜문서에 대한 연구를 통해서 제2성전 시대의 지
혜전승의 변천과 발전에 대한 확장된 정보를 얻을 수 있음을 주지
시키고 있다.[33] 랑게와 같은 학자는 사해두루마리 가운데 지혜문
학 장르를 구분하거나 명확한 지혜에 대한 정의를 가지고 접근하는
것의 어려움을 지적하고 있다.[34] 그러나 캄펜은 우리가 구약성서
로부터 배운 지혜문학적 특징들을 여전히 사해두루마리의 지혜문
서 연구에 적용할 수 있다고 주장한다. 그는 지혜와 관련된 단어들,
지혜문학적 형식과 장르를 충분히 발견할 수 있으며 특히, 지혜문
학에 자주 등장하는 주제들 즉, 질서, 창조, 창조자, 경험, 생명, 선

---

33) John Kampen, *Wisdom Literature: Eerdmans Commentaries on the Dead Sea Scrolls,* 5.
34) Armin Lange, "Die Weisheitstexte aus Qumran: Eine Einleitung," in
    Wisdom Texts from Qumran and Development of Sapiential Thought, eds. C.
    Hempel, A . Lange, and H. Lichtenberger (Leuven: Leuven University Press,
    2002), 7.

인과 악인의 구분 등으로부터 지혜전승과 관련된 문서연구가 가능함을 알려준다.35) 우리는 아래에서 이미 구약성서 정경에서 지혜문학으로 알려진 문서들과 또 그 외에도 캄펜이나 콜린스가 지혜문서로 취급하며 분석하고 있는 사해두루마리의 지혜문서들을 분석하면서 원시 기독교 형성 직전의 유대교의 히브리 지혜전승이 어떻게 변천되어 가는가를 추적할 수 있을 것이다.

우선, 기존의 히브리 정경 또는 위경에 드러난 지혜문학들의 파편들을 살펴볼 수 있다.36) 구약성서의 잠언과 관련된 문서들은 4Q102, 103가 있으며, 전도서는 4Q109, 110이 있다. 욥기는 2Q15; 4Q99, 100, 101에서 발견되며 더불어 두 개의 아람어 욥기가 4Q157과 11Q10에 기록되어 있다. 또한 위경 가운데 시락서가 2Q18과 시편 두루마리(Psalms Scroll)에 남겨져 있다. 다음으로, 쿰란 자체에서 발견된 지혜문서들을 관찰할 수 있다. 사해두루마리를 연구하는 학자마다 지혜문학으로 취급하는 문서들과 제외된 문서들의 경계선이 분명치 않다, 일단 옥스퍼드의 게자 베르메스에 따르면 지혜문학 목록은 다음과 같다:37)

유혹하는 여인	4Q184
지혜추구 교훈	4Q185

---

35) John Kampen, *Wisdom Literature: Eerdmans Commentaries on the Dead Sea Scrolls*, 5-9.

36) 더 자세한 논의는 다음의 자료들을 참고하라: Daniel J. Harrington, *Wisdom Texts from Qumran*; L. H. Schiffman, *Reclaiming the Dead Sea Scrolls* (New York: Jewish Publication Society, 1994), 197-210.

37) Geza Vermes, *The Complete Dead Sea Scrolls in English*, 393-425.

나무 비유	4Q302
지혜문서(i)	4Q413
지혜문서(ii)	4Q415-18, 423, 1Q26
지혜문서(iii)	4Q420-421
지혜문서(iv)	4Q424
찬양하라	4Q434-437
지혜자 찬양	4Q510-511
행복론	4Q525

콜린스는 더욱 전통적 지혜문서의 구분을 따르는데 각각 제 4 동굴의 지혜문서 A, B, C 로 명명하여 다음과 같이 구분한다:[38]

4Q지혜문서 A	1Q26, 4Q415, 416, 417, 418, 423
4Q지혜문서 B	4Q419
4Q지혜문서 C	4Q424

그러나 가장 포괄적으로 최근까지 소개된 쿰란공동체의 지혜문서들은 캄펜에 의해 정리되고 있다. 그는 지혜문서들의 장르를 더욱 세밀하게 구분한다:[39]

---

38) John J. Collins, *Jewish Wisdom in the Hellenistic Age*, 117.

39) John Kampen, *Wisdom Literature: Eerdmans Commentaries on the Dead Sea Scrolls*, 10.

지혜교훈

충고	1Q26; 4Q415-418; 4Q418a; 4Q418c; 4Q423
신비의 책	1Q27; 4Q299-300; 4Q301?
시락서	2Q18
제4동굴 교육서 A	4Q412
제4동굴 찬양서 A	4Q426
제4동굴 행복서	4Q525

잠언 모음서

제4동굴 유사교훈서 B	4Q424

교육 강연

두 영에 관하여 1QS;	4Q257
제4동굴 지혜문서	4Q185
제4동굴 지하문서A	4Q298

기타 지혜문서 파편들

유혹녀의 계략	4Q184
교훈적 비유	4Q302
창조묵상 A	4Q303
창조묵상 B	4Q305
신의 섭리	4Q413

| 제4동굴 교육서 B | 4Q425 |
| 두 개의 길 | 4Q473 |

　의인의 길을 다루는 4Q420-421과 같은 문서는 꼭 지혜서로
규정하기보다는 율법서로도 정의할 수 있어 학자마다 경계설정의
기준이 다르다.[40] 4Q419 같은 경우도 기존에는 신명기 15:7과
관련하여 가난한 자들을 도우라는 교훈과 관련된 것으로 지혜문서
로 편입시켰으나 4Q419의 맥락은 하나님의 최후심판에 관계된 것
으로 논의되고 있다. 더군다나 본문의 많은 부분이 훼손되어 있어
더 정확한 정보를 얻기에는 어려움이 있으므로 현재의 상태에서 명
확하게 지혜문서로 취급하기에는 어려움이 있다.[41] 이곳에서는
공간의 제약과 연구자의 자료수집의 한계로 인해 모든 지혜문서들
에 대한 분석보다는 기존의 지혜전승이 쿰란공동체에게 어떻게 계
승되며 변천하는가를 알려주는 문서들을 중심으로 논의를 진행하
려 한다. 해당 문서들은 주로 구약성서의 지혜문학과 관련된 문서
들과 그 외의 사해두루마리의 지혜문서들 가운데에는 콜린스의 구
분에서 "4Q지혜문서 A"로 명명된 자료가 될 것이다.
　일반적으로 사해두루마리의 지혜문서들은 기존의 히브리문학
의 중심개념과 사상들을 근원으로 삼고 있다. 해링턴에 의하면 주

---

[40] John Strugnel, "The Smaller Hebrew Wisdom Texts Found at Qumran:
Variations, Resemblances, and Lines of Development," in *Wisdom Texts
from Qumran and Development of Sapiential Thought*. ed. C. Hempel, A . Lange,
and H. Lichtenberger (Leuven: Leuven University Press, 2002), 44-45.

[41] John Kampen, *Wisdom Literature: Eerdmans Commentaries on the Dead Sea Scrolls*,
11.

로 인용되는 지혜문학으로서는 잠언과 시락서와 욥기가 있고 묵시
문학으로서는 에녹 1서가 있음을 밝힌다.[42] 쿰란의 지혜문서는 잠
언으로부터 지혜용어들, 즉 잠언 1:2-7에서 나오는 지혜, 교훈, 이
해, 현명, 분별, 의, 정의, 지식, 배움 등의 단어들을 그대로 사용하
고 있다. 또한 젊은이들에게 교육하는 형식의 문학적 형태와 내용
에 있어서 공통적이며 특별히 창조에 있어서 지혜 여인의 중심적
역할을 강조하는 형식 또한 발견된다.[43]

쿰란의 지혜문서는 적어도 다음의 세 가지 점에서 시락서와 그
맥을 같이한다. 첫째, 이미 잠언 8:22-31에 기원한바, 지혜 여인은
창조시점에서부터 활동하였으며 거할 곳을 찾다가 이스라엘을 선
택해 예루살렘에 거주하게 되었으며(시락서 24:1-22) 마침내 지혜
가 이스라엘의 토라와 동일시된다는 기존의 기록들이 쿰란 제 11
동굴에서 발견된 시편 두루마리에서 여전히 등장한다. 둘째, 벤 시
라의 지혜교훈이 창조세계에 드러난 우주의 질서가 하나님의 지혜
를 가르치고 있음을 주장 한다(시락서 16:24-18:14; 39:12-35; 42:
15-43:33). 사해두루마리에서도 창조세계에 드러난 하나님의 질
서와 지혜를 이야기 하지만 한발 더 나아가 우리가 아래에서 논의
할 바, 창조에서부터 결정된 하나님의 섭리적 신비와 묵시적 때에
대한 가르침이 전개된다. 셋째, 우리가 이미 앞서 살펴본바, 벤 시
라는 하나님의 공의로운 통치를 변증하기 위해 존재세계의 구조를
'쌍으로' 형성되었다고 하는 이론을(doctrine of the pairs) 설명했

---

42) Daniel J. Harrington, *Wisdom Texts from Qumran*, 8-13.
43) Daniel J. Harrington, *Wisdom Texts from Qumran*, 8-9.

다. 세계구성에 대한 이원론적 해석은 벤 시라에게서는 다소 온건하게 논의되다가 에세네파의 세계이해에 있어서는 극단적인 형태로 발전한다.[44]

해링턴에 따르면, 에녹 1서는 쿰란공동체의 지혜 이해에 있어서 중심적인 문서이다. 5권으로 이루어진 에녹 1서의 모든 책이 발견될 뿐만 아니라 사해두루마리의 곳곳에서 계속하여 인용되고 있기 때문이다. 특히 인간 역사 내에서 비밀스럽게 계시된 하나님의 지혜, 경험 위주의 전통적 지혜와는 다른 하나님의 신비적 계시, 신적 임재를 통한 창조의 회복, 의인과 악인의 보상과 처벌 등에 대한 주제에 있어서 쿰란공동체는 에녹 1서의 사상을 따르고 있다.[45]

욥기의 경우와 같은 명백한 신정론적 항변이 쿰란 문서에서는 드러나지 않는다. 그러나 아람어 욥기(4Q157; 11Q10)가 발견되었으며 또한 최소한 욥 28장에서 설명하는 인간의 지혜소유의 불가능성에 대한 교훈은 쿰란의 지혜문서에서 강조하는 하나님의 특별한 신비 또는 계시로서의 지혜터득이라는 주제와 긴밀하게 관련되어 있음을 알 수 있다.[46]

이렇듯 사해두루마리의 기록들은 그 출발에 있어 문학형식과 주제들에 있어서 기존의 히브리문학의 지혜전승들에 의존하고 있다. 그러나 쿰란공동체의 지혜문서들은 점차로 에세네파의 특수한 정황들로 인하여 소종파적 특성이 드러나면서 기존의 지혜 가르침과 상이한 강조점들이 부각된다. 그러나 우리는 쿰란의 지혜문헌

---

44) Daniel J. Harrington, *Wisdom Texts from Qumran*, 9-10.
45) Daniel J. Harrington, *Wisdom Texts from Qumran*, 10-12.
46) Daniel J. Harrington, *Wisdom Texts from Qumran*, 13.

들을 다루면서 주의해야 할 것은 상이한 가르침으로 보이는 기록들이 어떤 새로운 사상이나 이질적 원리가 도입된 결과이기보다는 본래의 지혜전승의 다양한 주제들 가운데 에세네파의 소종파적 특성과 종말론적 세계관에 효과적으로 적용될 수 있는 요소들이 특별한 조명을 받음으로써 나타난 현상으로 보아야 한다. 이와 같은 현상은 마치 구약성서 내에서 발견되는 전승사적 발전 과정과 유사하다. 즉, 똑같은 출애굽의 구원사 이야기도 이스라엘 역사의 변천과 사회적 다양한 정황 가운데 각각 상이한 신학적 선포로 부각되어 구현되는 것과 같다. 새해두루마리의 지혜문서를 다룰 때 주의해야 할 또 다른 사항은 지혜문서 뿐만 아니라 사해두루마리 문헌 연구 전반에도 해당되는 사항으로 쿰란의 모든 문서들이 꼭 소종파적 특성을 가지고 있다고는 볼 수 없다는 사실이다. 왜냐하면, 사해두루마리의 자료층들이 그만큼 다양하다는 것이요 그 다양성의 이유 중 하나는 에세네파의 세계관이 반영되지 않은 이전 시대의 자료들도 상당량 포함되어 있기 때문이다.47)

소종파적 특징에 관련하여 뉴썸은 다음의 세 가지 에세네파의 정황을 고려하면서 사해두루마리들을 다루어야 한다고 충고한다:48) 1) 사회문화적 갈등 상황; 2) 자신들만의 정당성을 주장하

---

47) 크로스에 의하면, 쿰란문헌들은 크게 세 시기의 자료들의 모음집이다. 1. 주전 250-150년까지 거슬러 올라가는 고대자료; 2. 주전 150-30년 하스모니안 왕조 시기의 자료; 3. 주전 30-주후 70년 헤롯 왕조시기에 해당하는 자료: Franks M. Cross, "The Historical Context of the Scrolls," in *Under-standing the Dead Sea Scrolls: A Reader from the 'Biblical Archaeology Review'* ed. Hershel Shanks (New York: Vinrage Books, 1993), 23.

48) Carol A. Newsom, "'Sectually Explicit' Literature from Qumran," in *The Hebrew Bible and Its Interpreters*. eds., W. H. Propp, B. Halpern, and D. N.

는 주관적 성향; 3) 배타적 경계설정의 특징. 이곳에서는 뉴썸이 제시한 에세네파의 세 가지 사회배경 요소를 근거로 전통적 히브리 지혜전승에 가해진 새로운 강조점들을 지적함으로써 헬레니즘 시대의 지혜전승의 변천과 발전의 계기들을 발견하려 한다.

첫째로, 에세네파의 사회문화적 갈등 상황이 초래한 소외현상이다. 본래의 지혜문학의 대상자들은 기득권층이다. 잠언은 이스라엘 왕정시대의 궁중관료 후보자들의 훈련을 목적으로 정리된 교훈과 경계의 묶음이며 욥기와 전도서는 사회 중심부의 지도층들 내지는 선각자들의 인생에 대한 통찰을 다룬 지혜서이다. 벤 시라와 솔로몬의 지혜서의 저자들 역시 지도력을 발휘하는 사회적 유력자들로서 사회적 지위와 더불어 경제적 안정도 보장된 자들이었다. 그러나 쿰란의 제4동굴에서 발견된 4Q416와 417에 따르면, "너희는 가난한 자들이다"의 구절이 자주 등장한다. 물론, 이 표현이 실제적인 경제적 형편을 이야기하는지 아니면 영적인 상태를 말하는지는 논쟁의 여지는 있으나 4Q416의 기록은 바로 다음에 빚을 진자의 적절한 행동을 충고하고 있는 것으로 보아 실질적 경제적 약자를 향한 교훈임을 알 수 있다.[49] 지혜 선포의 대상자의 변화는 강조되는 주제의 변화를 동반할 수밖에 없다. 더 이상 사회적 상류층 진입이나 부와 건강의 안정된 행복을 위해 지혜자적 교훈이 선포되지 않는다. 그러나 그렇다고 사해두루마리의 지혜서들이 묵시문학인 에녹1서에서와 같이 부자와 권력자에 대하여 분노와 저주

Freedman (Winona Lake: Eisenbrauns, 1990), 167-187.
49) John J. Collins, *Jewish Wisdom in the Hellenistic Age,* 118-119.

를 노골적으로 드러내는 부정적 시각을 반영하고 있지는 않다.[50] 도리어 기존의 잠언과 전도서에서 강조되는 절제와 자기만족의 삶을 교육한다(4Q416 2. iii. 12-13; 4Q417 1. i.20-21). 더 나아가 겸비의 삶을 덕목으로 강조한다: "너 자신의 죄를 항상 기억하라!"[51]

이와 같은 사회적 소외자들에 대한 쿰란의 가르침은 그 공동체의 주된 구성원들이 당시 예루살렘의 하스모니안 대제사장과 대립하여 점차적으로 소외된 제사장들 그룹이었음을 기억하면 이해할 수 있다. 크로스에 따르면 쿰란의 에세네파는 사독계열의 제사장들로 구성되었고 지도되었음을 밝힌다. 그들은 주전 2세기 후반 예루살렘에서 이전의 순전한 신정정치체제의 이상을 더 이상 실현할 수 없음을 실감하고 사막지역으로 자신들을 추방하여 고립된 지역에 거주하면서 종말론적 이상 가운데 생활한 수도원적 공동체이다.[52] 그들의 출신배경으로 인해 에녹 1서나 기타 묵시문학들에서처럼 전형적으로 발견되는 기존 세계질서의 적극적 부정이 드러나지는 않고 있다는 것이다. 절제와 자기만족을 주장하는 것 또한 율법 공동체의 신실한 말씀 준수를 기반으로 하는 금욕주의적 삶의 정황을 반영한다. 그러나 기존 사회로부터의 소외된 상황은 새로운 질서 대망의 계기가 되고 점차로 종말론적인 이상 실현과 묵시적 세계이해로 나아가게 만들고 있다.

둘째, 자신들만을 참다운 율법계약 공동체로서의 정당성을 주

---

50) John Kampen, *Wisdom Literature: Eerdmans Commentaries on the Dead Sea Scrolls*, 17.

51) John J. Collins, *Jewish Wisdom in the Hellenistic Age*, 119.

52) Franks M. Cross, "The Historical Context of the Scrolls," 28.

장하는 주관적 성향은 창조질서에 대한 이해를 극단적으로 몰아간다. 즉 예루살렘에서 벌어지는 피상적 율법이해와 형식적 제사로써는 진정한 구원을 성취할 수 없다는 것이다. 왜냐하면 일반적 율법준수에는 온전한 하나님의 창조섭리 이해가 결여되어 있기 때문이다. 자신들의 지도자인 '의의 교사'에게 참다운 계시가 주어졌고 그의 가르침을 따를 때만이 새로운 이상적 예루살렘 실현이 성취될 가능성이 열린다고 믿었다.53) 공동체의 규율(Community Rule)에 그 길을 위한 모든 규정과 절차가 기록되어 이를 따르는 자신들의 공동체를 "거룩한 사람들" 또는 "완전한 거룩의 사람들"로 칭하고 있다.54) 콜린스에 따르면, 사해두루마리의 지혜서들 가운데 쿰란 공동체의 독특한 창조이해와 세계관을 반영하는 구절이 raz ni-hyeh("존재 자체의 신비")55)이며 총 20회가량 나온다. 제 4동굴에서 나오는 이와 관련된 표현은 다음과 같다(4Q417 2. i. 6; 4Q417 2. i. 18b-19):56)

By day and by night meditate **on the mystery that is to be/come**, and study it always. And then you will know truth and iniquity; wisdom and foolishness..

---

53) Franks M. Cross, "The Historical Context of the Scrolls," 26.
54) Geza Vermes, *The Complete Dead Sea Scrolls in English*, 27.
55) *raz*는 신비, *nihyeh*는 be동사의 수동분사형이다. 해링턴은 이 구절을 "mystery that is to be/come"로 번역하였고 콜린스는 이 번역을 받아들인다: John J. Collins, *Jewish Wisdom in the Hellenistic Age*, 121. 본서에서는 저자의 한글번역으로서 "존재 자체의 신비"로 표현하였다.
56) Daniel J. Harrington, *Wisdom Texts from Qumran*, 52-53.

낮과 밤으로 "존재 자체의 신비/실현될 존재의 신비"를 묵상하고
그것을 항상 연구하라.
그러면 진리와 거짓, 지혜와 어리석음을 알게 될 것이다.

And you, O understanding child, gaze on the mystery that
is to be/come and know the paths of everything that lives
and the manner of his walking that is appointed over his
deeds…

이제 지혜로운 자녀들이여, "존재 자체의 신비/실현될 존재의 신
비"를 바라보고 존재하는 모든 것들의 길과 그 존재의 행위에 정해
져 있는 길의 도리를 깨달으라…

쿰란공동체의 구성원들에게 주어지는 지혜 가르침의 주제가 바
로 "존재 자체의 신비" 또는 "실현될 존재의 신비"인 것이다. 놀라운
것은 바로 이 '신비'가 모든 창조세계의 기반임을 선포하고 있다
(4Q417 2. i. 8b-9):[57]

For the God of knowledge is the foundation of truth, and
by the mystery that is to be/come He has laid out its founda-
tion, and its deeds He has prepared with […] wisdom, and
with all cunning He has fashioned it. And domain of its

57) Daniel J. Harrington, *Wisdom Texts from Qumran*, 53.

deeds.

왜냐하면 지식의 하나님께서 진리의 근본이기 때문이다. 하나님
께서 "존재 자체의 신비/실현될 존재의 신비"로 진리의 기초를 놓
았고 하나님께서 […]과 지혜로 마련한 행위들, 그리고 하나님께
서 만드신 모든 현묘함의 기초를 놓으셨다. 또한 그 행사의 모든
영역들도.

중요한 사실은 쿰란공동체의 구성원만이 이 존재 세계의 신비
를 깨닫고 있다는 사실이다. 콜린스는 자신들 만이 진리를 깨닫고
있다는 에세네파의 주장이 '두 영에 대한 이론'(Two Spirits)이 담
긴 1QS3-4의 가르침과 유사함을 지적한다. 물론, 사해두루마리
의 지혜문서에는 '빛의 영들'과 '어둠의 영들'에 대한 언급은 직접적
으로 나오지 않으나 대신에 '영의 사람'과 '육체의 사람'의 구분이
나오기 때문이다. 이는 진리의 길과 거짓의 길에 대한 명확한 이원
론적 가르침이 전제되어 있는 것이며 필연적으로 영원한 보상과 심
판에 대한 교리에 수렴되고 있는 것이다.[58] 콜린스는 랑게의 논의
를 따라서 "존재 자체의 신비"의 구절은 선재하고 있는 창조세계의
질서로서 결론을 내린다. 곧 태초의 창조로부터 마지막 때의 종말
론적 심판에까지 이르는 하나님의 섭리를 의미한다는 것이다.[59]
이제 이 창조섭리에 대한 그들의 가르침은 전통적 유대교 토라 교

---

58) John J. Collins, *Jewish Wisdom in the Hellenistic Age*, 122.
59) cf. Armin Lange, *Weisheit und Prädestination: Weisheitliche Urordung und in der Prädestination in der Textfunden von Qumran* (Leiden: Brill, 1995), 60.

육과는 구별되기에 이르다. 오히려 쿰란 소종파 공동체의 '가르침의 본체'(body of teaching)를 형성하는 것은 모세의 율법이 아닌 의의 교사의 "존재 자체의 신비"에 대한 가르침이 되었다.[60]

사해 북서쪽의 메마른 광야에 정착한 에세네파 공동체는 대안적 공동체이어야 했다. 기존의 성전사회의 헤게모니 경쟁에서 밀려 사회의 중심부에서 주변부로 밀려난 소외된 집단이었기 때문이다. 따라서 그들 자체의 정신적이고 신학적인 대안이 요구되었으며 그 필사적 생존의 소망이 "존재 자체의 신비"에 대한 독점적 가르침으로 결정화된 것이다. 이 소외된 제사장 집단의 지혜는 과거의 창조세계의 질서를 미래의 종말론적 보응 교리와 연결시켰을 뿐만 아니라 현재를 살아가는 존재질서의 교리와 공동체의 규율로도 성화시키고 구체적으로 구현하고 있는 점에서 탁월하다. 이러한 창조세계의 질서에 기반한 종말론적 세계관이 바로 쿰란공동체에게 닥친 사회문화적 도전과 신학적 위기의 시련의 상황 속에서 삶의 빛을 제공하여 더욱 강렬한 삶에 의지를 담아 그들의 토라경건의 열정으로 승화되도록 인도하였다. 그런 의미에서 "존재 자체의 신비"와 관련된 종말론적 세계관은 에세네파의 소종파 공동체를 탄생케 했던 모판으로 간주해도 무리가 없을 것이다. 그 중심에 전통적 지혜전승의 창조질서의 가르침이 자리하고 있다.

셋째, 배타적 경계설정의 소종파적 특징은 결국 결정론적 이원론과 그에 따른 우주적 종말론으로 치닫게 하였다. 창세기 1-3장에 펼쳐지는 인류 최초의 죄악인 선악과 사건은 신구약 중간시기

---

60) John J. Collins, *Jewish Wisdom in the Hellenistic Age*, 123.

해석의 변화를 경험한다. 기존의 히브리적 가르침으로부터 아담의 타락으로 읽혔던 불순종의 사건이 더 이상 의미가 없게 되었다. 왜 냐하면, 선악을 알게 하는 지식은 이미 인간 형성 이전 태초로부터 존재했기 때문이다. 결정론적 이원론이다. 이와 같은 사실은 이미 시락서에 등장하고 있었다(17:7): "그분께서는 지식과 이해력으로 그들을 충만하게 하시고 그들에게 선과 악을 보여주셨다." 곧 선악 과 금지 규정을 무시하고 있다.61) 다음은 사해두루마리의 지혜교 훈에서 나오는 충고(Instruction)의 한 구절이다(4Q423 I. 1-2):62)

[…] and all the fruit of the produce and every pleasant tree, desirable for making wise. It is not a pl[easant] gar- den […] for making exceedingly wise? Over it he has giv- en you authority to serve and keep it…

… 소출로 얻은 모든 과일과 모든 탐스러운 나무들은 충분히 지혜 롭게 할 만하다. 그 정원은 그렇게 지혜롭게 할 만한 곳은 아니다? 그 정원에서 하나님께서는 네게 다스리고 지킬 권위를 주셨다….

이 충고에 따르면 선악을 구분하는 지식은 이미 에덴동산의 과 실들을 통해 상존하고 있었음을 알려준다. 콜린스는 사해두루마리 의 구절들을 통해 아담은 꼭 선악과 금지 규정에 얽매여 있지 않았

---

61) John J. Collins, *Jewish Wisdom in the Hellenistic Age*, 125.
62) John Kampen, *Wisdom Literature: Eerdmans Commentaries on the Dead Sea Scrolls*, 182.

다고 본다. 아담이 에덴동산에 거주하는 한, 선악과를 따먹는 여부에 의해 선악이 결정되는 것이 아니라 어떠한 나무 앞에서라도 그가 선을 택하느냐 악을 택하느냐의 기로에 서 있었다는 사실을 지적한다.63) 아담을 대표로 이후 모든 인간들에게 선과 악 사이의 선택의 결정은 항상 실존적으로 주어지는 것이며 그러한 삶의 정황은 이미 태초로부터 인간에게 주어졌다는 것이다. 그리고 그 선택의 결과 '두 영에 대한 이론'에서 파생한바, 육의 사람과 영의 사람으로 살며 영원한 심판과 영원한 영광의 삶이 정해진다는 것이다. 흥미로운 것은 이렇게 결정된 태초의 이원론적 삶이 종말론적으로 연결될 뿐만 아니라 현재에 이미 그 종말론적 결과가 성취되었다는 실현된 종말론을 사해두루마리의 지혜서들은 확인해 주고 있다. 왜냐하면 '두 영에 대한 이론'에서는 장차 이루어질 두 부류의 궁극적 결말을 내다보는 것으로 그치나 지혜문서들은 특별한 계시를 확보하고 있는 에세네파 공동체의 진리소유의 삶 자체가 이미 선택된 자들의 독점적 특권임을 상기시키고 있기 때문이다. 그들은 공동체 안에 있음으로 인해(insider) 다른 사람들에게(outsider) 감추어져 있는 "존재 자체의 신비"를 밝히 보고 깨닫고 있는 것이다.64)

순종과 불순종의 자유의지적 선택과 윤리적 판단의 근거는 더 이상 쿰란공동체의 구성원들에게는 의미가 없어졌다. 왜냐하면, 이미 태초부터 정해져 있는 존재세계 내지는 하나님의 섭리세계의 '신비'에 참예함 없이는 그 어떤 인간의 노력과 결단이 소용없기 때

---

63) John J. Collins, *Jewish Wisdom in the Hellenistic Age*, 126.
64) John J. Collins, *Jewish Wisdom in the Hellenistic Age*, 127.

문이다. 이제, 사해두루마리 공동체의 필사적인 과제는 선택받은 이 공동체에 정당하게 속하였느냐 그렇지 않느냐의 문제이다. 왜냐하면 처음부터 종말에 이르는 하나님의 통전적(integral) 섭리 안에서의 독점적 선택은 공동체 안이냐 밖이냐의 경계설정으로 판가름이 나 있기 때문이다. 그렇기 때문에 공동체에 입문하기 위한 정결례가 강조되며 공동체의 규율 준수가 목숨보다 중요하며[65] 존재 자체의 신비를 알려주는 '의의 교사'의 가르침에 절대적으로 따를 수밖에 없었다. 보편적 인간경험과 자연세계의 이성적 깨달음에 대한 지식을 다루는 히브리 지혜전승은 이제 에세네파 공동체의 특수한 상황으로 인해 극단적인 성향을 띠게 된다. 그 계기로서 소외집단의 대안적 세계관 추구, 독점적 창조이해의 관점 형성, 배타적 소종파적 경계의 규정이 작용하고 있다. 이러한 에세네파의 새로운 극단적 지혜이해의 일반적 측면을 살피고 이러한 지혜전승의 변천이 원시기독교의 사상 형성에 어떤 영향을 끼치게 되는가를 아래에서 살펴보려 한다.

---

65) 헴펠은 사해두루마리의 기록물을 남긴 당사자들인 에세네파 집단이 하나의 집단으로 간단히 설명될 수 없음을 지적한다. 그러나 이 집단들에게 있어서 가장 중요한 문서는 다마스커스 문서(Damascus Document)나 공동체의 규율(Community Rule), 회중의 규율서(The Rule of the Congregation) 등으로 그만큼 공동체의 합법적 구성원이 되는 공동체의 입법서들이 중요했음을 알려준다. 사해두루마리를 전달해 준 가장 핵심적인 집단이 이러한 규율서의 장본인이었으며 그들을 모체집단(parent movement)으로 보며 이후 갈래로 나오는 집단들(yahad 또는 S-전승자) 역시 이 핵심적인 규율들을 공동체의 금과옥조로 간직하고 전수해주었음을 주장한다: C. Hempel, "Qumran Sapiential Texts and the Rule Books," in *The Wisdom Texts From Qumran and the Development of Sapiential Thought*, eds. C. Hempel, A. Lange, H. Lichtenberger (Leuven: Leuven University Press, 2002), 277.

3. 지혜의 극단적 이해

앞선 논의들을 통하여 우리는 원시기독교 형성 직전 다양한 유대주의의 모습들 가운데 두 가지, 양 극단의 모습을 접하게 되었다. 하나는 헤롯대왕을 통해 나타나는 양상으로 자신의 정체성 규정을 철저히 유대인으로 삼고 형식적 율법준수를 힘쓰나 실제적인 삶은 당시의 지배적 문화인 헬레니즘을 좇는 삶이다. 표면적 유대인의 모습이요 혼합주의적 신앙을 대표한다. 또 다른 하나는 쿰란공동체를 구성한 에세네파의 소종파적 특징으로서 세속화된 현실사회의 비경건성으로부터 떠나서 자신들만의 순전한 구원 공동체를 이루는 전형적인 반헬레니즘적, 반현실주의의 종말론적 생활태도이다. 한쪽으로는 철저한 타협주의로 또 다른 쪽으로는 급진주의적 결별주의로 유대주의는 나뉘어 있었다. 물론, 하스모니안 왕조에 봉사하는 현실주의적 사두개인도 있었으며 유대교의 토라 경건을 여전히 현실 사회에서 실천하려는 바리새인도 있었다. 그럼에도 불구하고 지혜전승과 관련하여 두 극단적 생존방식은 기독교 형성 시기 유대인의 세계관과 생활태도를 요약해준다.

위더링톤에 의하면 히브리 지혜전승 변천의 요체를 인과관계 규정에 대한 이해로 설명한다.[66] 즉, 잠언에서 확립된 창조세계의 질서는 세계에 대한 명확한 인과관계론을 전제한다. 그러나 욥기와 전도서를 거치면서 인과관계론은 예외적 상황을 맞이하게 된다.

---

66) Ben Witherington III, *Jesus the Sage: The Pilgrimage of Wisdom* (Minneapolis: Fortress Press, 2000), 86.

신구약 중간시기 시락서는 전통적 인과론을 헬라적 세계관과 통합하면서 사후세계에 대한 개념 도입을 통해 궁극적 인과관계론을 새롭게 확립한다. 이것이 솔로몬의 지혜서에서는 영적 지혜개념의 실체를 부각시킴으로써 인과응보 중심의 세계관을 견고하게 완성한다. 이러한 세계관의 흐름에서 헤롯대왕과 같은 타협주의적 헬라화는 불발된 인과관계론의 잔재로서 특히 전도서에서의 회의적 물음에 그친 현실지향적 태도의 자취로 볼 수 있겠다. 그러나 실상에 있어서는 헬레니즘 시대의 강력한 지배적 문화의 세파는 전통적 지혜신앙 또는 인과응보 이론의 신학적 고민과는 처음부터 아무런 상관없이 그저 현실의 생존과 이기적 욕구충족을 위한 삶의 추구로 나아갔다고 말할 수 있겠다. 이것이 형식만 남은 겉치레의 헤롯대왕의 삶이었고 더 넓게는 하스모니안 기득권층의 생활태도였다. 그러나 에세네파의 종말론적 세계관은 지혜전승 변천과 직접적인 연관이 있다. 실제로, 그들의 쿰란 도서관 자체가 지혜문헌들을 간수하고 있었을 뿐만 아니라 기존의 유대교의 모든 신앙전승들을 '의의 교사'의 가르침 가운데 통합한 새로운 세계관을 낳고 있기 때문이다. 그 특징이 지혜 사상의 극단적 이해이다. 기존 사회의 안정된 울타리 안에서는 세계관의 반성과 변화가 쉽지 않다. 그러나 울타리가 파괴되고 사회의 주변부로 밀려난 상황에서는 대안적 가치와 삶의 태도를 요구하게 된다. 소외된 집단으로서의 에세네파의 쿰란공동체의 사상은 그래서 우리에게 지혜전승의 변천의 요소들을 선명하게 전해준다.

헹겔에 의하면, 에세네파 공동체는 새로운 것이었고 구약성서의 어떤 특정한 히브리적 전통에서 설명될 수 없던 생활방식이었음을 주장한다. 그래서 이 공동체의 형성은 가족의 모든 인연조차 끊고 구원의 공동체로 향해야 했던 개개인의 결연한 돌이킴을 요구하는, 새로운 시대의 정신에서만 이해 가능하다고 보았다.[67] 그러나 그들의 수도원적 공동체의 삶의 방식은 이전에 없었던 전혀 새로운 것일 수는 있으나 그 공동체 형성의 근본정신은 앞서 사해두루마리의 지혜문서들을 분석한 결과 유대교적 히브리 전통과 전혀 상관없는 사상과 운동이 아니라 기존의 지혜전승을 근거로 형성되었음을 알 수 있다. 단지 그들의 소종파적 특징이 극단으로 치달음으로 말미암아 결과적으로 기존의 유대인 전통과 상관없는 전혀 새로운 이종의 유대교 공동체로 보이게 된 측면이 있을 뿐이다. 이곳에서는 헹겔이 특징적으로 삼고 있는 별종의 에세네파의 특징들이 여전히 히브리 지혜전승과 관련되어 있음을 논의함으로써 원시기독교 형성 시기 헬레니즘 하에서의 히브리 지혜전승의 연속점과 불연속점을 첨예하게 부각시키려 한다.

첫째, 헹겔의 표현에 의하면 일찍이 히브리 사상에서는 아직 존재하지 않았던 '철학적' 추상성(Begrifflichkeit)이 쿰란공동체의 특성[68]이었음을 지적한다. 구약시대의 히브리 사상은 영육 이원론이나 헬라철학적인 체계적이고 분석적인 사고로써는 고려되지 않는다. 더군다나 구체적인 역사와 실제적인 삶의 정황을 종합적인 사고의 틀에서 밝히는 것이 히브리인들의 특징이기에 사해두루마

---

67) Martin Hengel, 『유대교와 헬레니즘 ②』, 408.
68) Martin Hengel, 『유대교와 헬레니즘 ②』, 329.

리에서 드러나는 추상적 개념들과 존재의 신비에 대한 교리들은 기존의 구약사상에서는 낯설다. 그러나 그렇다고 사해두루마리의 지혜문서들이나 그 외의 공동체의 규율서 등에 드러나는 에세네파의 추상적 교리들이 히브리 지혜전승의 사색적 맥락에서 전혀 설명될 수 없는 것은 아니다. 헹겔 자신이 인정하듯 이러한 사고의 흐름은 이미 전도서와 벤 시라에서 등장하고 있다.[69] 전도서 3장의 때와 영원에 대한 묵상은 본격적인 헬레니즘의 영향 이전에 히브리인들의 정신세계에 잠재해 있던 경험세계의 관찰을 통한 고백이요 사색임을 알 수 있다.[70] 또한 헬레니즘 시기에 벤 시라는 유대적 전통 위에 서 있으면서도 존재세계를 '쌍'(pairs)으로 이루어져 있는 구조로 설명하면서 헬라철학적 사고와 접맥을 시도하고 있는 것을 우리는 앞선 장에서 살펴보았다.[71] 전도서나 시락서의 추상적 경향들은 여전히 헬레니즘적 영향임을 간과할 수는 없으나 보다 더 중요한 것은 그 자체가 히브리적 사고와 헬라적 사고의 만남과 통합의 과정을 이미 통과한, 또는 통과하고 있는 히브리 문화의 본질적 요소라는 사실이다. 이런 맥락에서도 사해두루마리의 추상화적 경향을 전적으로 헬라적 요소로써 볼 수 없다는 것이다. 이미 내재적 체계화와 추상화의 단초는 상존했고 새로운 환경에서 비로소 발현되었다는 것이다. 더 주목해야 할 것은 그 발현의 촉매제 또는 기폭제로서의 중심역할이 지혜전승의 담지자인 현자들 또는 지혜 서기

---

69) Martin Hengel, 『유대교와 헬레니즘 ②』, 329.

70) Michael V. Fox, *A Time to Tear Down & A Time to Build Up: A Rereading of Ecclesiastes* (Grand Rapids, Michigan: William B. Eerdmans Publishing Company, 1999), 194.

71) Leo G. Perdue, *Wisdom Literature: A Theological History,* 253.

관들에 의해 수행되었다는 것이다. 왜냐하면, 히브리신앙의 전승 과정에서 지혜자들은 율법전통과 예언전통을 비롯한 모든 신앙전 통들의 보존자요 전달자이며 포로후기 시대 이후 모든 전통들을 통 합한 장본인들이기 때문이다.[72] 더군다나 이 종합의 시기에 헬라 적 사고에 노출되자마자 소외된 공동체의 대안적 세계관이 추상화 작업을 통해 펼쳐지게 된 것이다.

둘째, 헹겔은 구약의 틀을 넘어서는 에세네파의 또 다른 관점으 로서 우주론적 이원론을 들고 있다.[73] 특히 이는 두 영에 대한 교 리가 담긴 『공동체의 규율』(*Community Rule*)에서 설명되고 있다 (1QS 3-4). 이곳에서는 존재세계에 대한 이해가 히브리전승의 창 조신앙에 대한 고백으로부터 출발하여 종합적으로 체계화된 설명 을 제공하고 있다. 본래 전통적 히브리 신앙의 창조는 '존재'(Sein) 자체에 대한 묘사로 끝난다(창 1:3[74]). 그러나 내포되어 있는 존재 세계에 대한 이해는 한순간의 창조로 끝나는 것이 아니라 계속해서 창조되어져감(Werden)을 의미한다(ex. 창 1:28, 2:19). 그런데 전 통적 히브리 개념과 사고의 틀에서는 창조세계의 역사적 전개과정 을 표현하기보다는 하나님의 전능한 창조에 대한 선포로 충분하였 다. 왜냐하면 히브리 정신에서 가장 중요한 모세 율법의 규범적 선 포를 위한 틀로써 창조 곧 하나님께서 모든 존재세계를 태초로부터

---

72) Michael E. Stone, "Ideal Figures and Social Context: Priest and Sage in the Early Second Temple Period," in *Ancient Israelite Religion: Essays in Honor of Frank Moore Cross*. ed. Patrick D. Miller, Jr., Paul D. Hanson, S. Dean McBride (Philadelphia, Fortress Press, 1987), 580-581.
73) Martin Hengel, 『유대교와 헬레니즘 ②』, 362.
74) "하나님이 이르시되 빛이 있으라 하시니 빛이 있었고"

지금의 모습으로 규정하였다는 것이 강조되었기 때문이다. 그러나 부르그만이 날카롭게 지적하듯이 이미 히브리 사고에서의 창조선포는 닫힌 세계를 의미하는 것이 아닌 무한하게 열린 존재세계로의 초대였다.[75] 그러므로 창조세계의 존재에 대한 설명이 헬라철학의 개념과 체계를 만났을 때 비로소 역사적 사건으로 생동감 있게 다가올 수 있었다. 따라서『공동체의 규율』에서는 '존재'와 '사건'을 신학적 기초명제로부터 체계적인 형식을 통해 현실의 문제를 다루어 가는 방식으로 전개할 수 있었다. 즉 출발점은 창조에 관한 존재자체의 선포로 시작하지만 정작 중요한 사실은 태초부터 하나님의 완전한 지각이 내재하였고 창조 이후의 세계역사는 그 예정된 뜻 가운데 '빛의 길'과 '어둠의 길'로, '선한 길'과 '악한 길'로 펼쳐져 가고 있음을 설명하게 된 것이다.[76]

본래의 히브리적 창조선포의 규범성이 율법적 선포로 끝나지 않고 다가오는 존재세계의 예외적 양태와 상황들을 묵상하고 마침내 다양성을 포용할 수 있는 인식론적 토대를 쌓은 것이 지혜자들 또는 서기관들의 공적이다. 이것이 특히 시락서에서 드러난 세계구조가 대조되는 짝(doctrine of pairs)으로 이루어졌다는 이해로 설명되기도 하였다. 그런데 쿰란공동체의 창조이해가 기존의 지혜전승의 전통적 이해로부터 근본적으로 차이를 드러내는 불연속점이 발견된다. 그것은 바로 잠언 8장과 욥기 28장, 시락서 24장, 솔로몬의 지혜서 9장 등에서 드러나는 인격화된 지혜(Personified

---

75) Walter Brueggemann, *Theology of the Old Testament: Testimony, Dispute, Advocacy*, 149.
76) Martin Hengel, 『유대교와 헬레니즘 ②』, 330-331.

Wisdom)의 창조활동이 사해두루마리의 문헌들에서는 증언되지 않고 있는 점이다. 물론 제2동굴에서 발견된 히브리어 시락서 (2Q18)와 제11동굴의 시편 두루마리(11Q5)에서는 인격화된 지혜가 등장하며 특히, 제 11동굴에서 발견된 시편 154편에서는 지혜의 문으로 들어간 지혜 공동체에 대한 노래(12-15절)가 기록되어 있으나[77] 정작 창조의 중재자로서 묘사된 곳은 없다. 왜 지혜정신의 창조 활동에 관련된 행적이 쿰란공동체의 세계에서 끊어져 버렸을까? 그 원인은 바로 하나님의 직접적인 세계섭리에 대한 에세네파 공동체의 강력한 소망 가운데 발견된다. 즉, 창조자 하나님께서 친히 창조와 역사의 모든 질서를 견고히 세우셨다는 것이다. 태초부터 종말까지 하나님의 경륜 가운데 세계 역사는 속해 있다. 이것이 쿰란공동체의 가르침의 근본인 "존재 자체의 신비"의 요점이다. 심지어 마지막 때에 있을 묵시적 전쟁까지도 하나님의 예정의 비밀 가운데 결정되어 있다고 설명한다(1QS 4.18).[78] 결국, 전통적 히브리 지혜전승의 창조신학은 쿰란공동체의 결정론적 역사관 내지는 운명론적 예정론이라는 소종파적 극단주의로 치닫고 있음을 확인하게 된다.

셋째, 헹겔에게 있어서 에세네파의 역사관은 이원론으로 절대화되어 있다고 주장하지만 동시에 이원론의 마지막 단계에서는 다시 이 이원론을 극복하는 방향으로 나아가고 있다고 정당하게 설명한다. 왜냐하면, 태초부터 작동하는 하나님의 완전한 지각에 대한

---

77) Daniel J. Harrington, *Wisdom Texts from Qumran,* 27.
78) Martin Hengel, 『유대교와 헬레니즘 ②』, 333.

이원론적 교리에 대한 이해는 진리의 영이 지배하는 공동체에 의해서 주어지고 오직 이 공동체에서만이 "구원하는 지각"으로 들어가는 길을 열어주기 때문이다.[79] 결국 에세네파의 이원론은 구원론으로 극복되어지고 있다고 설명한다. 따라서 헹겔은 쿰란공동체가 이스라엘의 민족 연합에는 아직은 생소한 "종말론적인 구원공동체" 즉 "교회"를 이루고 있다고 보고 있다.[80] 실제로, 사해두루마리의 지혜문서들에서도 미래의 종말론적 구원공동체가 현재 실현되었다고 하는 사상이 자주 나타난다. 즉, 선택받은 자들이 천사의 지식을 깨닫고 공동체 밖의 일반 사람들에게는 감추어진 "존재 자체의 신비"를 발견하고 이로부터 허락된 생명의 삶을 나누게 되는 그들의 공동체에 이미 구원이 종말론적으로 성취되었다는 것이다.[81]

우주적 이원론에서 소종파적 구원론으로 그리고 실현된 종말론으로 이어지는 쿰란공동체의 사유의 흐름은 분명히 기존의 히브리 전통의 관점에서는 이질적이다. 그러나 하나님의 선택된 백성으로서의 율법 공동체의 창조와 다윗 왕조의 형성을 통한 시온 구원론 그리고 포로 공동체에게 주어지는 새 예루살렘의 종말론적 비전은 창조론과 구원론 그리고 종말론이라고 하는 중심주제에서 닮아있다. 그리고 그 유비(analogy)의 중심에는 하나님의 세계에 대한 인간 공동체의 특별한 연결점이 부각되어 있다. 그것이 이스라엘 공동체에게는 율법 중심의 계약 공동체이며 쿰란공동체에게는 지혜

---

79) Martin Hengel, 『유대교와 헬레니즘 ②』, 339.
80) Martin Hengel, 『유대교와 헬레니즘 ②』, 342.
81) John J. Collins, *Jewish Wisdom in the Hellenistic Age,* 127.

중심의 묵시 공동체이다. 곧 율법과 지혜의 특별한 소유 더 나아가 독점적 소유가 구원여부를 결정짓고 있는 것이다. 그러나 "진정한 이스라엘"에 대한 강조가 쿰란공동체에서는 자주 사용하는 yahad 라는 단어 곧 "연합체" 또는 "공동체"라는 단어에서 부각된다.[82] 즉 공동체 밖에서는 어떠한 구원도 찾아볼 수 없다는 그들의 확신 이 담겨있는 용어이다. 따라서 정식 공동체의 일원으로 가입되는 정결례의 절차가 까다롭게 엄수되며 매년 새언약의 갱신제를 실시 하며(4Q226 16-18) 무엇보다도 '의의 교사'의 가르침과 그 중심 메 시지인 "존재 자체의 신비"에 대한 깨우침에 진력하였다. 종말론적 구원공동체로서의 에세네파 쿰란공동체는 예민한 종교적 감수성 과 규율로 자신들만의 순전한 이스라엘의 이상을 좇았고 그 실현을 공동체 내 구원성들 가운데에서는 성취할 수도 있었을 것이다. 그 러나 그들의 공동체는 사회로부터 고립된 사해의 메마른 사막지역 에서 결국 주후 68년 로마황제 베스파시안에 의해 철저히 파괴당 한다. 이렇듯 소종파적 묵시운동은 역사의 뒤안길로 사라지게 되 나 그들의 영향은 직접적으로 원시 기독교의 형성에 사상적 모판으 로 드러나게 된다.

　신구약중간시대가 끝나가고 유대교로부터 한 종파로서의 기독 교가 갈라져 나올 무렵 유대인들은 다양한 삶의 유형을 보이고 있 다. 생존과 이기적 목적을 위한 형식적 율법준수의 대표자 헤롯대 왕과 같은 반유대인으로부터 타협주의의 사두개인, 현실 사회에서

---

82) James C. VanderKam, *The Dead Sea Scrolls Today* (Grand Rapids, Michigan: William B. Eerdmans Publishing Company, 1994), 111

의 율법적 경건주의를 추구하던 하시딤의 한 갈래인 바리새인 그리고 반헬라주의에서 묵시주의로까지 치달은 에세네파에 이르기까지 넓은 스펙트럼을 형성하고 있다. 그러나 우리의 관심인 히브리 지혜전승의 변천을 위해서 우리는 위에서 특별히 사해두루마리의 지혜와 관련된 문서들을 관찰하였다. 기존의 유대교적 맥락과는 동떨어진 이교적 공동체로서 특징들, 즉 추상화와 이원론적 세계관의 절대화, 실현된 종말론 등이 논의되었다. 각각의 특징적 접근과 사상에 대한 분석을 통해 쿰란공동체의 사상은 전적으로 헬라적 영향이기보다는 철저하게 기존의 히브리 지혜전승에 기반한 정신들이 에세네파의 가르침과 운동에 뿌리를 두고 있음을 발견할 수 있었다. 그러나 그럼에도 불구하고 여전히 별종의 묵시적 공동체로서의 독특한 발전을 부인할 수는 없다. 이는 사회적으로 소외된 쿰란공동체가 점차로 배타적인 은둔 공동체로 고립되는 과정에서 나타나는 소종파적 극단화로서 설명될 수 있다. 바로 이곳에서 "종말론적 구원공동체"로서의 기독교회의 맹아를 발견하게 된다.

7 장
기독교 공동체의 지혜문헌 형성

기독교 공동체의 문헌형성에 대한 역사를 재구성하기 위해서 먼저 기억해야 할 배경요소들이 있다. 먼저, 예수의 사역과 가르침을 기록한 복음서의 형성배경이 공관복음서와 요한계 문서가 다른 길을 밟고 있다는 점이다. 즉, 공관복음서는 일반적으로 공통자료인 마가복음과 소위 Q자료로부터 각 복음서공동체의 상황에 맞는 기록들이 형성된 반면, 요한복음을 비롯한 요한계 문서 들은 Q자료와 관계없이 헬라철학적 사고와 유대 묵시적 역사관에 입각한 다른 성격의 기록이라는 것이다. 특히, 요한복음의 경우, Q자료와 같이 예수의 생애와 가르침에 입각한 1차적 자료에 근거하기보다는 공관복음서보다 후대에 요한 공동체의 특수한 상황과 그에 따른 예수의 가르침에 대한 선별적 묵상과 신학적 해석을 통한 기록임을 기억해야 한다. 또 다른 배경은 바울서신들과 일반서신들 또한 각기 초기 기독교 공동체의 다양한 상황에서 드러난 교훈이기에 각각의 구체적 정황에 따른 상이한 신학적 전제들을 가지고 있다는 점이다. 따라서 바울과 일반서신의 저자들이 기존의 지혜전통을 기독교복음 구성과 선포를 위해 어떻게 새롭게 해석하고 활용하고 있느냐를 주목하는 것이 히브리 지혜문학이 기독교사상 형성과정에 어떻게 영향을 미치고 있는가를 밝혀주는 관건이 될 것이다.

본 장에서는 히브리 지혜전승이 각각 복음서와 바울서신 그리고 일반서신에서 어떻게 수용되고 적용되어 기독교사상과 통합되어 있는지를 분석하려고 한다. 사실상, 구약성서에 나타난 히브리 전승이 신구약 중간시기 지혜자들을 통하여 전수되고 있음을 상기할 때 지혜전승과 신약성서의 만남은 기독교회의 구약성서와 신약성서의 정경적 통합의 주제와도 관련된다. 히브리 사상의 흐름과 신약성서의 기독교적 메시지가 종교학자와 사회과학자들에게는 전혀 별개의 연구로서 받아들일지 모르나 실질적으로 히브리 사상은 굳이 '구약'과 '신약'의 용어를 빌리지 않더라도 원시기독교 형성에 필연적으로 관련되어 있다. 왜냐하면, 신약성서의 기독교적 복음 선포는 전통적 히브리 사상이 예수 운동을 통과하면서 드러난 진리증거의 한 결정체(crystallized)이기 때문이다. 다시 말하면, 히브리 사상, 그 가운데에서도 지혜전승의 유산이 없었다면 지금의 기독교사상의 형성이 불가능했을 것이라는 사실이다. 아래에서 그 자세한 정황을 살펴보려 한다.

1. 지혜 기독론의 뿌리

신약성서에 지혜 기독론의 문제가 제기되는 극명한 이유는 요한복음의 다음과 같은 선포로 시작되는 예수에 대한 지혜 기독론 찬양 때문이다(요 1:1-18):

태초에 말씀이 계시니라 이 말씀이 하나님과 함께 계셨으니 이 말씀은 곧 하나님이시니라

그가 태초에 하나님과 함께 계셨고 만물이 그로 말미암아 지은 바 되었으니 지은 것이 하나도 그가 없이는 된 것이 없느니라(1-3).
…

말씀이 육신이 되어 우리 가운데 거하시매 우리가 그의 영광을 보니 아버지의 독생자의 영광이요 은혜와 진리가 충만하더라(14).
…

율법은 모세로 말미암아 주어진 것이요 은혜와 진리는 예수 그리스도로 말미암아 온 것이라

본래 하나님을 본 사람이 없으되 아버지 품 속에 있는 독생하신 하나님이 나타내셨느니라(17-18).

던에 의하면 요한복음은 이미 명증적으로 예수는 곧 성육화된 '지혜'로써(Wisdom incarnate) 선포하고 있다. 이에 대하여 어떤 이론이나 비판의 여지가 없다.[1] 단지 던이 제기하는 문제는 요한

---

[1] 한 가지 기억해야 할 것은 요한복음은 sophia(지혜) 대신 logos(말씀)를 사용하

복음 자체가 예수에 대한 역사적이고 객관적인 자료에 의해서 기록
되었다기보다는 요한 공동체의 상황이 상당 부분 반영되어 있고 무
엇보다도 예수의 생애와 사건 '자체를' 전달하는 것이 아니라 예수
사건에 '대하여' 묵상한 결과라고 하는 사실이다.[2) 즉, 요한복음이
전하는 지혜 기독론은 일정한 과정을 통과한 신학적 반영물이지 실
제적으로 역사적 예수의 사역으로부터 얻어진 결과물은 아니라는
것이다. 따라서 이곳에서는 요한복음이 결론적으로 선포한 성육화
된 지혜로서의 예수에 대한 정체성이 정립되기 이전 단계인 공관복
음서에서는 어떻게 히브리 지혜전승이 통합되고 있는가를 밝히는
논의에 집중하려 한다.

　　공관복음서의 지혜 기독론 형성의 과정은 특히, Q자료에 대한
연구를 통해서 추적할 수 있다. 왜냐하면 지혜(Sophia)와 예수의
관계성이 Q자료를 통해 복음서 특히 마태복음과 누가복음에서는

　　고 있다는 점이다. 이에 대하여 샤론 린지는 1세기 알렉산드리아의 필로에게 확인
　　되는 바, 헬라철학의 남성 중심적 영육 이분론의 영향으로 본다. 즉, 영원한 것은
　　남성으로 일시적인 것은 여성으로 표현하는 사상적 배경에서 이제 여성으로서의
　　sophia의 자리를 남성인 logos가 대체한 결과로 본다: Sharon H. Ringe,
　　Wisdom's Friends: Community and Christology in the Fourth Gospel (Louisville:
　　Westminster John Knox, 1999), 43. 그러나 린지를 비롯한 학자들은 여전히 말
　　씀으로 이 땅에 임한 하나님의 지혜로서의 예수에 대한 관념은 여전히 히브리 지혜
　　전승의 인격화된 hokma 로 간주하는데 이의를 달지 않는다: Sharon H. Ringe,
　　Wisdom's Friends, 45; Stephen C. Barton, "Gospel Wisdom" in *Where Shall
　　Wisdom Be Found?: Wisdom in the Bible, the Church and the Contemporary World*, ed.
　　Stephen C. Barton (Edinburgh: T & T Lark, 1999), 104; Anthony R.
　　Ceresko, *Introduction to Old Testament Wisdom A Spirituality for Liberation*
　　(Maryknoll, NY: Orbis Books, 2005), 177.

2) James D. G. Dunn, "Jesus: Teacher of Wisdom or Wisdom Incarnate?" in
　　*Where Shall Wisdom Be Found?: Wisdom in the Bible, the Church and the Contemporary
　　World*, ed. Stephen C. Barton (Edinburgh: T & T Lark, 1999), 77-78.

주로 밝혀지기 때문이다. 초기 Q자료는 사실, 예수를 하나님의 아들이라는 절대적 자리에서 말하고 있지 않다. 오히려 세례요한과 더불어 소피아의 자녀 중 대표자격 정도로 취급하는 경향을 보인다.3) 예를 들면, 누가복음 7:33-35와 마태복음 11:18-19에서는 세례요한과 예수가 소피아와의 관련성에서 동등한 수준으로 묘사되고 있다.4) 또한 Q는 예수의 사역을 하나님의 아들로서의 특이성과 절대성을 강조하지 않고 히브리 지혜전승의 긴 역사적 맥락에서 예수의 특이성을 상대화 시키고 있다.5) 이를 통해 보건대, Q자료로부터 섣불리 지혜 기독론을 바로 도출하는 것은 무리가 따른다. 예수는 원시기독교 형성시기 처음부터 바로 소피아로 간주되지 않았다는 것이다. 단지, 소피아를 대변하는 위대한 인물들 가운데 1인자로서의 위치로(primus inter pares) 부각될 뿐이었다.6) 이러한 상황이 변화된 계기는 마태 공동체의 다음의 선포에서 강조된 메시지 때문이다:

> 내 아버지께서 모든 것을 내게 주셨으니 아버지 외에는 아들을 아
> 는 자가 없고 아들과 또 아들의 소원대로 계시를 받는 자 외에는
> 아버지를 아는 자가 없느니라.7)

---

3) James M. Robinson, "Jesus as Sophos and Sophia: Wisdom Tradition and the Gospels," in *Aspects of Wisdom in Judaism and Early Christianity*, ed. Robert L. Wilken(Notre Dame, Indiana: University of Notre Dame Press, 1975), 5.
4) 세례요한의 금식과 예수의 먹고 마심을 대조적으로 언급하면서 여전히 양자 다 지혜(소피아)의 진리성을 증명하는 자녀들로 부각되고 있음을 강조한다: "지혜는 자기의 모든 자녀로 인하야 옳다함을 얻느니라"(눅 7:35; cf. 마 11:19b).
5) James M. Robinson, "Jesus as Sophos and Sophia," 6.
6) James M. Robinson, "Jesus as Sophos and Sophia," 11.

그러나 이 사상은 마태공동체에서만 나타난 것이 아니라 누가 공동체에서도 나타난 것으로 보아(눅 10:22) 이미 Q자료에서 후기 사상으로 갈수록 예수와 소피아의 관계규정에 있어서 변화가 일어남을 추적할 수 있다. 로빈슨에 의하면 이와 같은 사상의 변화가 Q자료의 마지막 순간에 나타난 것으로 본다. 바로 소피아의 독점적 성격과 위치가 하나님의 아들에게 이양된 것이다. 아직은 요한계 문서에서 나타나듯이 창조 이전에 선재하던 소피아와의 동일시까지는 아니지만 최소한 예수를 소피아와 동일하게 일치시키는 움직임을 이미 Q자료에서 읽을 수 있다는 것이다.[8] 그리고 예수와 소피아의 동일시는 마태공동체를 통해 다음의 선포를 통해 확정된다(11:28-30):[9]

수고하고 무거운 짐 진 자들아 다 내게로 오라 내가 너희를 쉬게 하리라
나는 마음이 온유하고 겸손하니 나의 멍에를 메고 내게 배우라 그리하면 너희 마음이 쉼을 얻으리니
이는 내 멍에는 쉽고 내 짐은 가벼움이라 하시니라

마태복음에서 예수는 육화된 소피아로(incarnated Wisdom) 나타

---

7) 마 11:27; cf. 눅 10:22.
8) James M. Robinson, "Jesus as Sophos and Sophia," 10.
9) 시락서 24:19-22에서 소피아의 1인칭 선포와 비교하라: "나에게 오너라, 나를 원하는 이들아 와서 내 열매를 배불리 먹어라…나에게 순종하는 이는 수치를 당하지 않고 나와 함께 일하는 이들은 죄를 짓지 않으리라"(『성경』, 한국천주교주교회의 번역, 2005).

나는데 이는 이미 시락서에서 토라와 지혜를 동일시한 것과 관련이 깊다. 벤 시라는 지혜가 사람들에게 배척함을 당하여 거주할 곳을 찾지 못하다가[10] 마침내 토라를 땅 위의 거주지로 삼았다고 전한다(시락서 24:8, 23). 마태 공동체는 지혜를 예수와 동일시함으로써 전통적 히브리 지혜전승의 맥락과 연결되고 있다. 왜냐하면 이와 같은 지혜의 정체성과 자리 규명에 대한 고민은 신구약 중간시기 지혜전승의 변천과정에서 일관되게 일어난 현상이기 때문이다. 헬레니즘의 격랑과 유대인들이 통과해야할 특수한 역사적 상황들 가운데 지혜는 다양한 모습으로 동일시되어 왔다. 즉, 시락서에서는 지혜가 토라로, 솔로몬의 지혜서에서는 지혜가 하나님의 영으로 동일시되었고,[11] 급기야 쿰란공동체의 사해두루마리에서 지혜는 순전하고 비밀스러운 하나님의 지식으로("존재 자체의 신비") 변천되어 나타났기 때문이다. 그러던 것이 원시기독교 형성시기 Q자료를 통해 보건대, 지혜는 비로소 하나님의 아들 예수와 동일시되기에 이른 것이다. 이것이 결국 요한복음의 지혜 기독론 찬양에서 절정에 이르게 된 것이다.

Q자료를 근거로 하는 지혜 기독론이 히브리 지혜전승과 관계하는 또 다른 흐름이 발견된다. 이는 토라적 지혜전승이나 영적 지혜전승의 맥락보다는 묵시적 지혜전승에서 발견되는 흐름이다. 에

---

10) 인간세계에서의 지혜 배척의 모티프는 시락서에서는 분명하게 묘사되지는 않는다. 그러나 묵시서인 에녹서에 의하면, 지혜는 이 땅에서 거주할 곳을 찾지 못하고 결국 하늘로 돌아가 천사들 가운데 거주하는 것으로 나타난다: R. H. Charles, ed., *The Apocrypha and Pseudepigrapha of the Old Testament, II* (Oxford: The Clarendon Press, 1913), 213.

11) Ben Witherington III, *Jesus the Sage,* 116.

녹서에 의하면 지혜가 이 땅에서 거할 곳을 찾지 못하고 하늘로 퇴거하는 기록이 발견된다(42:2):[12]

지혜가 인간의 자녀들 가운데 거할 곳을 정하기 위하여 다녔으나
거처를 발견하지 못했다.
지혜는 본래의 자리로 돌아가서
결국 하늘의 천사들 가운데 거하게 되었다.

사실상, 지혜의 하늘로의 퇴거는 마지막 때 일어나는 현상으로 유대교의 묵시서의 주된 모티프이다. 제4에스라서에서도 이와 관련된 기록이 발견된다(5:10):[13]

그 때에 지식은 자신을 감추고 지혜는 자신의 밀실로 돌아갈 것이다.
많은 이들이 찾아 헤맬 것이나 발견치 못할 것이다.

이는 전통적 지혜문서인 구약성서의 잠언의 한 장면을 상기시킨다(1:24-28):

내가 불렀으나 너희가 듣기 싫어하였고 내가 손을 폈으나 돌아보

---

12) R. H. Charles, ed., *The Apocrypha and Pseudepigrapha of the Old Testament, II,* 212.

13) R. H. Charles, ed., *The Apocrypha and Pseudepigrapha of the Old Testament, II,* 570.

는 자가 없었고 도리어 나의 모든 교훈을 멸시하며 나의 책망을
받지 아니하였은즉
너희가 재앙을 만날 때에 내가 웃을 것이며 너희에게 두려움이 임
할 때에 내가 비웃으리라
너희의 두려움이 광풍 같이 임하겠고 너희의 재앙이 폭풍 같이 이
르겠고 너희에게 근심과 슬픔이 임하리니
그 때에 너희가 나를 부르리라 그래도 내가 대답하지 아니하겠고
부지런히 나를 찾으리라 그래도 나를 만나지 못하리니.

이와 같은 문학적 모티프가 Q자료를 바탕으로 한 복음서에 고
스란히 각인되어 나타난다(마 23:37-39 cf. 눅 13:34-35):

예루살렘아 예루살렘아 선지자들을 죽이고 네게 파송된 자들을
돌로 치는 자여 암탉이 그 새끼를 날개 아래에 모음 같이 내가 네
자녀를 모으려 한 일이 몇 번이더냐 그러나 너희가 원하지 아니하
였도다
보라 너희 집이 황폐하여 버려진 바 되리라
내가 너희에게 이르노니 이제부터 너희는 찬송하리로다 주의 이
름으로 오시는 이여 할 때까지 나를 보지 못하리라 하시니라

기존의 지혜문학에서 어리석은 자들이 지혜교훈을 따르지 않음
으로 말미암아 결국 멸망의 길로 떨어질 수밖에 없다는 가르침이
묵시적 지혜의 옷을 입어 결국 인자이신 예수 그리스도의 재림의

때에 임하는 묵시적 심판의 메시지로 선포되기에 이른 것이다.14)

지혜전승의 담지자요 보존자로서의 서기관들 또는 현자들이 각각의 시대에 지혜의 기능과 위치를 신학적으로 재규정하고 새롭게 해석하는 능력은 그들이 지닌 민첩한 응용력이나 단기적 적응력의 탁월함에 있지 않다. 도리어 그들은 과거로부터 흘러오는 전통적 히브리 사상의 도도한 흐름을 전체적으로 아우르고 있었다. 실제적으로 사람들의 지혜에 대한 거부와 지혜의 하늘로의 퇴거는 단지 지혜문학의 산물만이 아니다. 이미 신명기적 역사서에서 다루어졌으며 예언서에서도 반복하여 드러나는 모티프이다. 신명기적 역사가들은 이스라엘의 역사를 반복되는 하나님의 율법과 예언에 대한 이스라엘 백성의 거부로 보고 있으며 결국 그들의 하나님 거부는 이스라엘 백성에 대한 하나님의 거부로 이어져 이스라엘의 멸망으로 끝나게 됨을 묘사하고 있는 것이다.15) 로빈슨은 Q자료의 지배적 개념에는 바로 거부당하고 고난받는 예언자의 개념이 들어 있다고 날카롭게 지적한다.16) Q자료의 이러한 관심은 복음서에서 고스란히 증언되고 있다(눅 11:48-50; cf. 마 23:34-37):

그러므로 하나님의 지혜가 일렀으되 내가 선지자와 사도들을 그들에게 보내리니 그 중에서 더러는 죽이며 또 박해하리라 하였느니라

---

14) James M. Robinson, "Jesus as Sophos and Sophia," 13.

15) James M. Robinson, "Jesus as Sophos and Sophia," 13.

16) O. H. Steck, *Israel und das gewaltsame Geschick der Propheten: Untersuchungen zur überlieferung des deuteronomistischen Geschichtsbildes im Alten Testament, Spätjudentum und Urchristentum* (Neukirchen-Vluyn, 1967), 232ff.

창세 이후로 흘린 모든 선지자의 피를 이 세대가 담당하되 곧 아벨
의 피로부터 제단과 성전 사이에서 죽임을 당한 사가랴의 피까지
하리라 내가 너희에게 이르노니 과연 이 세대가 담당하리라

이와 같은 맥락에서 세례요한과 예수 그리고 예수의 가르침을
따르는 이후 기독교인들의 박해받고 죽임 당하는 고난의 삶의 주제
는 다양한 히브리 문학전승의 지류들이 강물을 이루고 급기야 통합
되어 대해를 이룬 곳에서 결정화된 기독교 정신의 요체임을 알 수
있다. 이 기독교복음의 핵심은 신명기적 역사가들의 반복적 역사
관과 예언문학에서의 불발된 회개선포가 중심에 흐르고 있다, 이
것이 지혜문학에서의 지혜 여인의 초청과 사람들의 불순종, 그리
고 묵시문학에서의 거부당한 지혜의 하늘로의 퇴거와 묵시적 심판
선포로 이어졌다. 마침내 신약시대 예수 그리스도의 생애와 가르
침으로 완전히 발현되었다. 십자가의 죽음은 불순종과 거부를, 부
활과 승천은 하늘로의 퇴거를, 재림의 선포는 마지막 때의 심판을
의미하게 된 것이다.

Q자료의 전수자 또는 편집자는 누구였을까? 이론의 여지없이
기존의 히브리 문학전승의 보존자였을 것이며 자연스레 서기관 집
단 또는 현자 집단이었을 것이다.[17] 원시기독교 형성 초기 예수 그

---

17) 로빈슨은 Q자료의 문학양식을 금언들의 모음집으로 보고 이를 수집하고 편지한
이들이 바로 일단의 지혜자 또는 랍비 그룹으로 주장함으로써 Q자료 연구의 새로
운 장을 열었다: James M. Robinson, "*Logoi Sofon: On the Gattung of Q,*"
Trajectories through Early Christianity, eds. James M. Robinson & Helmut
Koester (Philadelphia: Fortress, 1971), 71-113. 로빈슨의 주장은 이후 클로
펜보그에 의해 Q자료의 문학양식 자체가 헬라적 영지주의의 영향이기보다는 고

리스도의 사건과 가르침을 당시의 헬라적 로마문화의 사회적 배경에서 전통적 사상들을 새롭게 해석하는 작업이 여전히 지혜자들을 통해 수행되어졌으며 결국, Q자료의 기록자 또한 바로 지혜자들이었음을 부인할 수 없을 것이다. 위더링톤은 Q자료가 지혜전승의 주제를 중심으로 다음과 같이 A~G까지의 7묶음의 구성으로 형성되었음을 보여준다:18)

A. 현자/지혜로서의 예수의 이야기
- 현자의 오심을 예비하는 자
- 현자의 성령의 기름부음 받음
- 현자/지혜 예수가 시험 받음
- 현자의 설교
- 현자의 이적 수행
- 현자에 대한 물음
- 현자의 응답
- 현자를 "이 세대"가 거부함

B. 현자 예수를 따르는 제자도: 그 특징과 사명
C. 현자/지혜의 전쟁과 화
D. 지혜의 계시

대로부터 전수된 지혜교훈과 관계되어 있다는 논의로 확증되고 있다: John S. Kloppenborg, "The Formation of Q and Antique Instructional Genres," *JBL* 105(1986), 443-462. Q자료의 수집자 또는 편집자의 사회적 배경에 대한 연구사를 위해서는 다음의 논문을 참조하라: Paul Foster, "Is Q a 'Jewish Christian' Document?" *Biblica* 94(2013), 368-394.
18) Ben Witherington III, *Jesus the Sage*, 219-221.

E. 현자/지혜의 이야기 잠언과 금언들

F. 전환기의 제자도

G. 종말의 때

　　위더링톤은 특히 A, C, D, E(굵은 글씨 부분)는 기존 히브리 지
혜전승과 긴밀한 관련을 보이고 있음을 주장한다. 우선, 인격화된
지혜에 대한 글로 끝나거나 예수가 지혜 자체로서 연설하는 것이
전통적 히브리 지혜문학과 공통점을 지닌다. 둘째, 의인이 반드시
보상을 받는다는 인과응보 이론이 Q의 마지막 부분에서 강조되는
데 이는 잠언서는 물론이고 솔로몬의 지혜서나 시락서 등에서 어김
없이 강조되는 메시지이다. 셋째, 클로펜보그의 주장을 인용하면
서,19) 시락서와 솔로몬의 지혜서는 도입구문에서 현자에 대한 시
험과 유혹이 나타나는데 위의 묶음 A의 3번째 섹션에서도(232쪽
밑줄 부분) 지혜로서의 예수가 시험을 받는 장면이 나온다. 이는 또
한 잠언(1:8- 19)과 전도서(2:1ff), 그리고 욥기(1-2장)에서 일관
되게 나타나는 모티프이다.20) 이를 종합해 보건대, 한 가지 분명한
사실은 지혜 기독론의 뿌리는 히브리 지혜전승으로부터 이며 그 형
성자들은 이 전승의 정통한 자들이었음을 부인할 수 없다.21) Q자

---

19) J. S. Kloppenborg, *The Formation of Q* (Philadelphia: Fortress Press, 1987), 278-279.

20) Ben Witherington III, *Jesus the Sage,* 222.

21) 스콧은 원시기독교형성초기 유대교의 히브리 지혜전승은 이미 Q를 비롯해 도마복음서와 마가복음 그리고 마태복음과 누가복음에 공통적 기반으로 자리하고 있었음을 밝히고 있다: B. B. Scott, "Jesus as Sage: An Innovative Voice in Common Wisdom," in *The Sage in Israel and the Ancient Near East.* ed. J. G. Gammie and L. G. Perdue (Winona Lake: Eisenbrauns, 1990), 399-415.

료를 바탕으로 공관복음서는 지혜 기독론의 길을 닦았으며 마침내 요한복음에 이르러 하나님의 말씀인 지혜가 예수 안에 성육화되었음을 말하는 완전한 지혜 기독론(Wisdom Christology)이 발현된 것이다. 이런 의미에서 신약성서의 복음서를 지혜복음서(Gospels of Wisdom)라고 불러도 과언이 아닐 것이다.22)

그렇다면 복음서가 정리되기 이전 시기적으로 앞선 바울서신들에서는 지혜가 어떻게 수용되고 새롭게 해석되어지는가의 문제가 새로운 과제로 부각된다. 왜냐하면, 정체가 밝혀지지 않는 Q와 대조해 보면 바울은 분명한 정체성을 가진 인물로 우리에게 소개되고 있기 때문이다. 더군다나 그는 유대인 중에 유대인으로서 전통적 히브리 사상에 정통한 인물이었다. 그가 말하는 지혜전승의 요체를 그의 서신에서 살펴보아야 하는 이유가 여기에 있다.

2. 히브리 지혜와 바울의 지혜

신약성서의 서신들 가운데 최소한 7권, 최대한 13권 이상의 책을 기록한23) 바울이 히브리 지혜전승과 어떠한 관련이 있는가를 묻는 것은 신약성서의 복음서가 앞선 논의에서 지혜복음으로 규정

---

22) Stephen C. Barton, "Gospel Wisdom" 108; Ben Witherington III, *Jesus the Sage: The Pilgrimage of Wisdom,* 335-380.

23) 신약성서의 서신들 가운데 바울의 저작이 몇 권인가는 학자들 간 의견이 분분하다. 그러나 최소한 다음의 7권은 대부분의 학자들이 인정하는 바울신신들이다: 로마서, 고린도전서, 고린도후서, 갈라디아서, 빌립보서, 빌레몬서, 데살로니가전서.

된 것과 더불어 바울사도의 예수 그리스도 복음의 전파가 곧 하나님의 지혜 전파로도 간주할 수 있느냐의 문제와 관련된다. 얼핏, 사도 바울은 전통적인 지혜에 대하여 반대하는 입장을 취하고 있는 것으로 보인다. 특히 로마서 1장은 바울의 지혜 비판을 기록하고 있다(1:20-22):

> 창세로부터 그의 보이지 아니하는 것들 곧 그의 영원하신 능력과 신성이 그가 만드신 만물에 분명히 보여 알려졌나니 그러므로 그들이 핑계하지 못할지니라
> 하나님을 알되 하나님을 영화롭게도 아니하며 감사하지도 아니하고 오히려 그 생각이 허망하여지며 미련한 마음이 어두워졌나니 스스로 지혜 있다 하나 어리석게 되어

창조세계의 질서를 경험함을 통해서 창조자에 대한 이해와 세계에 대한 지혜를 추구하는 전통적 지혜전승의 노력이 불발되어 한낱 어리석음에 지나지 않는 것으로 이해된다. 더군다나 고린도전서 2장은 그리스도의 복음이 지혜와 정면으로 배치되는 것으로 묘사된다(2:4-5):

> 내 말과 내 전도함이 설득력 있는 지혜의 말로 하지 아니하고 다만 성령의 나타나심과 능력으로 하여 너희 믿음이 사람의 지혜에 있지 아니하고 다만 하나님의 능력에 있게 하려 하였노라

그러나 고린도전서 2:6 이하에서 바울은 "온전한 자들 중에 있는 지혜"에 대하여 그의 지혜론을 전개하고 있다. 실제로, 학자들 간에 이견이 없는 7권의 바울서신에서 소피아와 관련된 단어들이 34회 나오고 그중 28회가 고린도전서에서 나온다.24) 그만큼 바울은 지혜에 대하여 특히 고린도전서에서 집중하여 그의 가르침을 베풀고 있다. 콘첼만은 일찍이 바울의 지혜 가르침에 주목하여 바울이 에베소에 지혜학파를 형성하고 기존의 히브리 지혜전승과 기독교전통이 활발하게 만나는 장이 있었음을 주장하기도 하였다.25) 그러나 이후 학자들에 의해 수행된 연구들은 바울서신의 또 다른 성향, 즉 묵시적 또는 종말론적 선포가 자주 등장하고 있는 점을 활발히 논의하였다. 그래서 바울의 사상을 연구하는 학자들은 '지혜자적 바울'과 '종말론적 바울' 사이에서 어느 쪽에 더욱 비중을 두느냐에 따라 연구방향이 두 갈래로 나뉘는 실정이다.26) 그러나 키에 의하면 지혜문학과 묵시문학의 세계관이 헬라-로마 시대의 유대교적 지혜이해에서 다음과 같은 공통점이 발견됨을 지적하면서 바울연구가 상이한 전승에 따른 별개의 연구이기보다는 통합적 연구이어야 함을 상기시켜주고 있다: 우주질서의 보존과 경륜, 책임적 존재로서의 인간, 우주의 목적을 드러내는 계시, 사명자에 대한

---

24) Richard B. Hays, "Wisdom According to Paul" in *Where Shall Wisdom Be Found?: Wisdom in the Bible, the Church and the Contemporary World*, ed. Stephen C. Barton (Edinburgh: T & T Lark, 1999), 111-112.

25) Hans Conzelmann, "Paulus und die Weisheit," *New Testament Studies* 12 (1965-1966), 231-244.

26) E. E. Johnson, *The Function of Apocalyptic and Wisdom Traditions in Romans 9-11*, (Atlanta: Scholar's Press, 1989), 23-54.

신적 선택, 신화적 용어에 근거한 신적 경륜의 표상.27)

이와 같은 논의에서 바울이 근거하고 있는 지혜전승의 흐름이 확인된다. 우주질서를 말하는 전통적 지혜 사상 위에 벤 시라와 바래새주의에서 강조하는 인간적 책임성, 그럼에도 불구하고 묵시적 지혜에서 말하는 역사적 결정론과 신적 경륜에 대한 비의적 계시, 그리고 쿰란적 지혜에서 발견되는 배타적 선택사상 등이다. 이 위에 바울은 고린도교회에 암세포처럼 퍼져있던 영지주의적 지혜 관념을 물리치기 위하여 종말론적 하나님의 심판을 선포할 때 예언서의 구절들을 동원하고 있다(사 29:14, 40:13, 44:25; 렘 9:23). 또한 묵시문학의 이원론, 즉 "이 세상의 지혜"나 "없어질 통치자들의 지혜"를 말함으로써(고전 1:20; 2:6, 8; 3:18f.) "온전한 자들 중에 있는 지혜"(고전 2:6f.)와 극명하게 대조시키고 있다. 에녹 1서 등에서 자주 등장하는 강한 자가 낮아지는 모티프나 또 마태복음 11:25에서 결정화된 하나님의 지혜를 어린 자에게만 허락하신다는 묵시문학적 사상들이 산재해 있다. 결국, 바울서신은 지혜전승과 예언전승 그리고 묵시전승을 아우르는 유대교의 지성적 대표자로서 또한 예수 그리스도의 사건에 실존적 체험으로 노출된 자로서, 헬라-로마 문화의 세계 속에서 새로운 기독교 복음을 선포하고 있다.

바울 자체가 유대주의 종교전승의 보존자요 변혁자로서 이제껏 우리가 추적해 온 히브리 지혜전승의 변천의 과정의 마무리 단계에서 있는 인물이다. 특히 아래에서 살펴볼 바울의 "십자가에 못 박힌

---

27) 위더링톤은 키의 출판되지 않은 SBL에 발표한(Kansas City, 1991) 다음의 논문을 인용한다: H. C. Kee, "Wisdom and Apocalyptic". Ben Witherington III, *Jesus the Sage*, 297.

그리스도"에 대한 지혜론은 복음서 저자들의 지혜 기독론과는 또
다른 형태를 취한다. 이는 히브리문학의 지혜전승들이 원시기독교
의 케리그마 형성시기 다양한 해석과 신학적 강조로 각각의 신약신
학 사상에 유입되어 들어가고 있음을 방증하고 있다. 한 가지 공통
된 사실은 기독교사상 형성의 주된 구성요소로서 작용하는 지혜전승
의 일관적 역할이다.

바울서신이 히브리 지혜전승의 맥락에서 파악될 수 있는 근거
들 중 하나는 우리가 앞서 고찰한 사해두루마리의 지혜문서와의 관
련성 때문이다. 예를 들면, 4Q지혜문서 A에서 아내를 "그릇"으로
묘사하는 장면이 나온다(4Q416 2 ii 21): "더 나아가 네 가슴의 그
릇(또는 네 합법적 그릇)을 수치스럽게 하지 말라." 바울은 데살로니
가전서 4:4에서 유사한 표현을 사용한다: "각각 거룩함과 존귀함
으로 자기의 아내(그릇) 대할 줄을 알고." 또한 쿰란문서의 태형에
대한 규정에서 39대를 때리는 것의 기록과(4Q417 1 I 27) 고린도
후서 11:24에서도 40에서 하나 감한 매에 대한 언급이 상응한
다.[28] 주제 면에서도 유사한 논의를 발견할 수 있다. 고린도후서
6:14-15[29]의 믿는 자와 믿지 않는 자의 대조를 "빛"과 "어둠"으로,
"그리스도"와 "벨리알"로 이원론적 구조로 다루는 것은 쿰란공동체
의 "두 영에 대한 이론"(Two Spirits)이 담긴 1QS3-4의 가르침과
유사하다. 이러한 이원론적 구도가 결국 쿰란공동체의 가르침의

---

28) Daniel J. Harrington, *Wisdom Texts from Qumran*, 87-88.
29) "너희는 믿지 않는 자와 멍에를 함께 메지 말라 의와 불법이 어찌 함께 하며 빛과
    어둠이 어찌 사귀며 그리스도와 벨리알이 어찌 조화되며 믿는 자와 믿지 않는 자
    가 어찌 상관하며"

본체인 "존재 자체의 신비"의 지혜소유 여부와 관련되어 있다. 뿐만 아니라 지혜와 대조되는 세력으로서의 벨리알이라는 이름은 신약성서 전체에서 본문에서만 등장하는데 쿰란문서에서는 교훈적 편지인 4QMMT를 비롯하여 찬양 두루마리와 그 외에도 여러 군데에서 발견되고 있다.30) 또한 쿰란공동체의 하박국서 2:4b31)에 대한 주석은(1QpHab) 바울의 핵심적 기독교 진리인 믿음으로 말미암은 구원에 대한 해석과 직결되어 있다(롬 1:17). 에세네파의 하박국 주석은 율법을 지키는 자들을 '의의 교사'에 대한 믿음을 소유한 자들로 규정하고 있기 때문이다.32) 즉 더 이상 전통적 율법준수가 중요한 것이 아니라 의의 교사의 "존재 자체의 신비"에 대한 가르침을 얼마나 충실하게 믿고 따르느냐가 구원의 관건이 되었다.33) 마찬가지로 바울도 하박국의 해당본문을 에세네파의 해석에 준하여 형식적 율법준수의 문제가 아닌 예수의 가르침과 십자가 사건에 대한 믿음의 문제로 집중한다: "또 하나님 앞에서 아무도 율법으로 말미암아 의롭게 되지 못할 것이 분명하니 이는 의인은 믿음으로 살리라 하였음이라"(갈 3:11).

바울서신이 지혜전승의 맥락에서 파악될 수 있는 또 다른 근거는 그의 선포 속에 자주 등장하는 히브리 지혜문학의 형식과 주제들 때문이다. 물론, 바울은 전통적 지혜문학에서 등장하는 잠언들

---

30) James C. Vanderkam, "The Dead Sea Scrolls and Christianity," in *Understanding the Dead Sea Scrolls: A Reader from the 'Biblical Archaeology Review'* ed. *Hershel Shanks* (New York: Vinrage Books, 1993), 188.

31) "의인은 그의 믿음으로 말미암아 살리라"

32) James C. Vanderkam, "The Dead Sea Scrolls and Christianity," 199.

33) John J. Collins, *Jewish Wisdom in the Hellenistic Age,* 123.

과 경구들, 수수께끼나 비유들을 지배적으로 사용하지는 않는다. 그러나 신구약 중간시기 시락서와 솔로몬의 지혜서에서 발견되는 "예언적 지혜자"(prophetic sage)[34]의 특징들이 바울서신에서 부각되고 있다. 가령, 로마서 1:18-32에 나타나는 인간의 죄와 우상숭배에 대한 정죄는 솔로몬의 지혜서에서 원천자료를 발견할 수 있으며 마찬가지로 로마서 13장의 하나님으로부터 부여된 지배자의 권위에 대한 설명은 지혜서 6:1-11에 기반한 표현이다.[35] 바울의 혁신적 기독론에 대한 선포가 신명기 30:12-14의 본문에 대한 재해석을 통해 로마서 10:6-10[36]와 같이 탄생했다. 그런데 이는 시락서에서 묘사되는 지혜가 토라를 거처로 삼기 이전의 지혜전승을 반영하고 있는 것이다(24:4-5):

---

34) 브라운이나 엘리스가 도입한 개념으로서 전통적 지혜자들의 가르침이 세계질서에 대한 인간의 관찰을 근거로 한 경험론적 지혜라면 "예언적 지혜자"들은 전적으로 하늘의 은혜에 근거한 신비한 계시의 지혜이다. 즉, 예수 그리스도의 십자가에 나타난 하나님의 지혜는 인간적 경험과 고찰을 통해서 가능하지 않고 하나님에 의해 선택된 믿음의 의인들에 의해 경험될 수 있는 지혜임을 의미한다: R. E. Brown, *The Semitic Background of the Term 'Mystery' in the New Testament* (Philadelphia: Fortress, 1968), 40-50; E. E. Ellis, *Prophecy and Hermeneutics in Early Christianity* (Tübingen: J.C.B. Mohr, 1978), 53ff.

35) Richard B. Hays, "Wisdom According to Paul," 112.

36) "믿음으로 말미암는 의는 이같이 말하되 네 마음에 누가 하늘에 올라가겠느냐 하지 말라 하니 올라가겠느냐 함은 그리스도를 모셔 내리려는 것이요 혹은 누가 무저갱에 내려가겠느냐 하지 말라 하니 내려가겠느냐 함은 그리스도를 죽은 자 가운데서 모셔 올리려는 것이라 그러면 무엇을 말하느냐 말씀이 네게 가까워 네 입에 있으며 네 마음에 있다 하였으니 곧 우리가 전파하는 믿음의 말씀이라 네가 만일 네 입으로 예수를 주로 시인하며 또 하나님께서 그를 죽은 자 가운데서 살리신 것을 네 마음에 믿으면 구원을 받으리라 사람이 마음으로 믿어 의에 이르고 입으로 시인하여 구원에 이르느니라"

나는 높은 하늘에서 살았고 내가 앉는 자리는 구름기둥이다

나 홀로 높은 하늘을 두루 다녔고 심연의 밑바닥을 거닐었다

이와 같이 바울은 신구약 중간시기를 통과한 히브리 지혜전승을 기반으로 점차로 지혜 기독론적 토대를 쌓고 있다. 고린도전서에서 바울은 비로소 고린도교회 교인들이 유혹받던 지혜에 대한 영지주의적 가르침을 혹독하게 비판하고 대안으로서 하나님의 지혜를 기존의 예언적, 현자적, 묵시적 전승들을 통합하여 설명한다. 곧 고린도전서 2:7에서 대표되고 있는 "은밀한(musterio) 지혜"에 대한 선포이다. 이는 시락서 4:18에서 지혜가 하나님의 비밀을 계시한다는 기록, 지혜서 6:22에 기록된 지혜의 기원이 신비(musterion)라는 말씀, 지혜서 7:21에서 지혜는 신비를 가르친다는 주장과 연결된다.[37] 흥미로운 것은 바울 자신은 이 신비를 선포하는 사명에 부르심 받았음을 천명하고 있는 장면이다: "사람이 마땅히 우리를 그리스도의 일군이요 하나님의 비밀(musterion)을 맡은 자로 여길찌어다"(고전 4:1). 바로 이러한 이유로 바울을 '예언적 지혜자'로서 칭할 수 있는 것이다.[38]

그렇다면 바울이 선포하고 있는 하나님의 지혜인 이 비밀은 무엇인가? 그것은 바로 십자가에 달리신 그리스도이다(고전 1:23-24):

---

37) Ben Witherington III, *Jesus the Sage*, 309.
38) Ben Witherington III, *Jesus the Sage*, 331.

우리는 **십자가에 못 박힌 그리스도**를 전하니 유대인에게는 거리끼는 것이요 이방인에게는 미련한 것이로되 오직 부르심을 입은 자들에게는 유대인이나 헬라인이나 그리스도는 하나님의 능력이요 **하나님의 지혜니라**

바울에게 전수된 히브리 지혜전승의 변천이 율법으로, 하나님의 영으로, 또는 존재 자체의 신비로 규정되어 오다가 바울에 이르러 십자가에 달리신 그리스도로 통합 완성되었다. 그리고 이 지혜는 헬레니즘 세계에서 이제껏 고려되었던 지혜의 성격과는 근본적으로 상이한 실체이다. 유대인들에게도 그리고 이방인들, 특히 헬라인에게도 거리끼는 것이고 미련한 것으로 쉽게 받아들일 수 없는 지혜이다. 여기에서 기존 지혜전승과는 결별된 바울의 독특한 지혜론이 소개되고 있다. 바울이 주장하는 그리스도의 십자가의 핵심주제는 기독교 믿음의 근본이기도 한 것으로서 십자가에 달리신 그리스도의 지혜가 멸망하는 세계에 속한 사람들에게는 '어리석음'이 되는 것이다. 그 지혜에 대한 받아들임은 곧 구원과 직결되는 문제가 된다. 반면에 십자가의 구원을 받아들이지 못하는 어리석음은 곧 심판과 멸망이다. 하나님은 본래 감추어져 있던 지혜의 신비를 예수 그리스도의 사건을 통해 계시하였다. 그래서 그 지혜는 어떠한 지식이 아닌 믿음을 통해서 하나님의 구원에 이르게 한다 (고전 1:21): "하나님의 지혜에 있어서는 이 세상이 자기 지혜로 하나님을 알지 못하는 고로 하나님께서 전도의 미련한 것으로 믿는 자들을 구원하시기를 기뻐하셨도다."

바울이 이러한 독특한 지혜론을 선포하게 된 이유는 고린도교회의 영지주의적 지혜 숭배에 기인한다. 바울은 고린도교인들의 지혜주장이 그리스도의 십자가를 헛되고 거리끼는 것으로 돌리는 것에 주목하였다. 그리고 이것이 고린도 교회 내의 분열을 낳게 한 이유이다. 그래서 바울은 모든 종류의 지혜에 대하여 하나님의 심판을 선포하고 있는 것이다(1:18-20):

십자가의 도가 멸망하는 자들에게는 미련한 것이요 구원을 받는 우리에게는 하나님의 능력이라

기록된 바 내가 지혜 있는 자들의 지혜를 멸하고 총명한 자들의 총명을 폐하리라 하였으니

지혜 있는 자가 어디 있느냐 선비가 어디 있느냐 이 세대에 변론가가 어디 있느냐

하나님께서 이 세상의 지혜를 미련하게 하신 것이 아니냐

흥미로운 것은 바울이 이 세상의 지혜 있는 자들의 지혜가 미련하며 멸망당할 것을 말하면서도 동시에 자신이 드러내는 지혜는 여전히 유효하다고 말하고 있는 부분이다. 이는 바울 지혜론의 또 다른 독특성으로 배타적 지혜 소유에 대한 유대교의 묵시문학에서 연원하고 있다. 즉 바룩서 3:9-4:4에 의하면 하나님이 "세상의 지배자들"과 유력자들에게 지혜를 숨기신 것으로 그려진다. 대신에 하나님의 선택된 이스라엘에게 토라의 형태로 지혜가 주어졌음을 증언한다. 이것이 바울에게 이르러 더 이상 토라가 아닌 "하나님의 지

혜"로서의 "십자가에 못 박힌 그리스도"로 선포된 것이다. 이 하나님의 지혜는 모든 종류의 인간지혜와 자율적 주장들을 넘어선다.[39]

　히브리 지혜와 바울의 지혜는 공히 전통적인 지혜전승과 긴밀하게 관련된 토라전승, 예언전승, 묵시전승 등이 함께 만나는 통합된 장에서 일관된 형식과 주제를 이어가고 있음을 확인할 수 있다. 기존 질서에 대한 전제와 회개선포, 이원론적 세계구조와 배타적 지혜 소유 등의 주제들이 여전히 바울의 사상적 기반에 원천을 이룬다. 그러나 바울이 하나님의 지혜로 선포하고 있는 십자가에 달린 그리스도의 구원의 신비는 이전의 타협적 문화 통합의 길과는 뚜렷한 단절을 이룬다. 유대주의와 헬라주의의 만남이 단적으로 거부되기 때문이다: "십자가의 도가…유대인에게는 거리끼는 것이요 이방인에게는 미련한 것이로되"(고전 1:18, 23) 믿음으로 부르심에 응답하는 자들에게는 진정한 지혜의 길이 열린다: "오직 부르심을 입은 자들에게는 유대인이나 헬라인이나 그리스도는 하나님의 능력이요 하나님의 지혜니라"(고전 1:24). 이제, 지혜에 대한 문제는 율법과 영에 대한 문제를 넘어서 믿음의 문제로 그 사상적 환경이 전환 되었다. 지혜전승의 요체는 바울에게 역설이었다. 율법이면서 영이며, 거부이면서 화합이었고, 죽음이면서 생명이었다. 이 역설에 민감하게 반응했던 바울은 이제 양자를 초월한 십자가에 못 박힌 그리스도 안에서 참 지혜를 발견한 것이다. 종교적

---

39) Birger A. Pearson, "Hellenistic-Jewish Wisdom Speculation and Paul," in *Aspects of Wisdom in Judaism and Early Christianity*, ed. Robert L. Wilken(Notre Dame, Indiana: University of Notre Dame Press, 1975), 48-49.

천재인 바울의 이러한 탁월한 신학적 작업으로 말미암아 이후 복음
서의 지혜 기독론에 온전한 의미가 가해지게 되었다. 단순한 지혜
전승의 연속적 변천과정에서의 마지막 국면으로 자연스레 귀결된
지혜론이 아니라 기존 전승의 연속선상에도 불구하고 분명한 단절
이 가미된 진리 선포가 바울의 준비된 보편적 이성과 실존적 영성
그리고 이방세계의 기독교전파라는 특별한 목적 안에서 십자가의
지혜 기독론으로 구현된 것이다.

3. 지혜전승과 일반서신

이곳에서는 신약성서의 일반서신 가운데 야고보서에 국한하여
지혜전승과의 관련성을 살펴보려 한다. 왜냐하면, 일반서신을 통
틀어 지혜와 가장 관련 깊은 서신이 야고보서이기 때문이다. 물론,
히브리서 3장 4절에 보면 지혜전승의 중심주제인 창조주 하나님에
대한 언급이 나오긴 하나 이는 모세의 권위보다는 하나님의 아들
된 예수의 권위를 부각시키기 위한 '하나님의 집' 비유를 위한 표현
일 뿐, 지혜전승과의 관련성은 부족하다.[40] 또한 일반서신 가운데

---

40) 히브리서 1:1-3에서는 기독론적 구원론과 창조론이 함께 등장한다. 특히 2절에
서는 "아들로…말미암아 모든 세계를 지으셨느니라"라는 선포를 통해서 직접적
지혜 기독론과의 관련성이 드러난다. 그러나 이 선포는 피오렌자가 지적하듯, 골
로새서 1:15-20과 빌립보서 2:6-11와 같이 보다 진전된 기독론으로서 예수 그
리스도의 고양과 하나님 보좌 우편에서의 통치의 개념까지 아우르고 있다. 본서
의 관심은 원시기독교 초기의 히브리 지혜전승의 배경적 영향에 있으므로 히브리
서에 대한 논의는 이곳에서 포함시키지 않았다: cf. Elisabeth Schüssler
Fiorenza, "Wisdom Mythology and the Christological Hymns of the New

지혜(소피아)와 관련된 어휘는 야고보서를 제외하면 베드로후서 3장 15절 한 군데에서만 나오며 그것도 바울의 지혜가 깃든 유익한 서신들에 대한 언급을 위해 잠깐 사용되었을 뿐이다. 야고보서에는 4회에 걸쳐 소피아가 언급되고 있고(1:5; 3:13, 15, 17) 하르틴이 야고보서와 Q자료의 연관성의 문제를 제기한 이후[41] 야고보서를 지혜전승의 관점에서 연구하는 것은 일반적인 현상이다. 해링턴 역시 사해두루마리의 지혜문서와 야고보서의 관련성을 지혜교훈(wisdom instructions)에서 찾고 있으며 이는 Q자료와 바울서신에서도 여전히 공통적으로 드러나는 특징임을 지적하고 있다.[42]

야고보서는 일반적으로 전통에 충실한 문서로서 받아들여진다. 새로운 주장을 말하기보다는 이미 알고 있는 사실들을 깨우쳐주는 데 주력한다. 예를 들면, 5장 11절에서는, "보라 인내하는 자를 우리가 복되다 하나니 너희가 욥의 인내를 들었고 주께서 주신 결말을 보았거니와 주는 가장 자비하시고 긍휼히 여기시는 이시니라"를 교훈하며 현재 야고보서의 가르침을 듣는 자들로 하여금 욥의 인내를 기억하여 역경 속에서도 오래 참음의 덕을 세우도록 격려하고 있다 이러한 교훈적 특징이 전통적인 히브리 지혜전승과의 연관성을 주목하게 만든다.[43] 실제로, 다음의 야고보서 구절들은 구약

Testament," in *Aspects of Wisdom in Judaism and Early Christianity.* ed. Robert L. Wilken (Notre Dame, Indiana: University of Notre Dame Press, 1975), 35.

41) P. J. Hartin, *James and the Q Sayings of Jesus* (Sheffield: Sheffield Press, 1991), 140ff.

42) Daniel J. Harrington, *Wisdom Texts from Qumran,* 89.

성서의 잠언과 유사하다:

그러나 더욱 큰 은혜를 주시나니 그러므로 일렀으되 하나님이 교만한 자를 물리치시고 겸손한 자에게 은혜를 주신다 하였느니라(약 4:6).

진실로 그는 거만한 자를 비웃으시며 겸손한 자에게 은혜를 베푸시나니(잠 3:34).

화평하게 하는 자들은 화평으로 심어 의의 열매를 거두느니라(약 3:18).

마음의 화평은 육신의 생명이나 시기는 뼈의 썩음이니라(잠 9:30).

너희가 알 것은 죄인을 미혹된 길에서 돌아서게 하는 자가 그의 영혼을 사망에서 구원할 것이며 허다한 죄를 덮을 것임이라(약 5:20).

미움은 다툼을 일으켜도 사랑은 모든 허물을 가리느니라(잠 10:12).

---

43) 퍼듀는 다음의 4가지 야고보서의 교훈적 특징을 강조한다. 이는 전통적 히브리 지혜문학의 성향과 유사하다: 1. 새로운 정보를 주기보다는 전통적 자료에 충실; 2. 일반적 적용이 가능한 자료에 초점; 3. 주요 기능은 새로운 교훈에 대한 가르침보다는 이미 알고 있는 것을 상기시킴; 4. 인간의 미덕을 강조. L. G. Perdue, "Parenesis and the Epistle of James," *Zeitschrift für die neutestamentliche Wissenschaft und die Kunde der älteren Kirche* 72 (1981), 241-256.

그러나 일반적으로 야고보서는 시락서의 벤 시라와 동일한 사상적 맥락에 서 있다.[44] 예를 들면, 야고보서 3장의 말의 실수를 경계하면서 "혀는 온 몸을 사르는 불"과 같다는 교훈은 물론 전통적 잠언에서도[45] 자주 언급되는 내용이지만 잠언에서는 주로 지혜자와 어리석은 자의 대조를 지적하거나 또는 입과 마음의 상관성에서 덕과 지혜를 세우는 맥락에서 나타난다. 야고보서와 같이 구체적으로 입의 폐해에 대하 지적하는 경계의 교훈은 시락서 19:6-12; 20:5-8, 18-20; 32:7-9; 37:16 -18과 유사하다. 무엇보다도 인간의 자유의지에 관한 시락서 15:11-20의 교훈은 야고보서 1: 12-18에서 그 울림이 뚜렷하다:[46]

"내가 죄를 짓는 것은 주님의 탓이다" 하고 말하지 말아라. 주님께서 당신이 싫어하시는 것을 하실 리가 없다.

"그분이 나를 빗나가게 만드셨다" 하고 말하지 말아라. 주님께 죄인이 무슨 필요가 있겠느냐?

주님께서는 모든 악을 미워하시므로 주님을 두려워하는 사람은 악을 좋아하지 않는다.

한처음에 주님께서 인간을 만드셨을 때 인간에게 자유 의지를 갖도록 하셨다(시락서 15:11-14).

---

44) Ben Witherington III, *Jesus the Sage*, 238.
45) 잠 4:24; 10:8, 11; 13:2-3; 14:3; 15:1-4; 18:7-8 등에서 발견된다. 시락서와 야고보서에서처럼 입의 폐해와 가장 관련된 잠언의 구절은 21:23이다: "입과 혀를 지키는 자는 그 영혼을 환난에서 보전하느니라."
46) D. Bertrand, "Le fond de l'epreuve. Épître de Jacques 1,12-18," *Christus* 30(1983), 212-218.

시험을 참는 자는 복이 있나니 이는 시련을 견디어 낸 자가 주께서 자기를 사랑하는 자들에게 약속하신 생명의 면류관을 얻을 것이기 때문이라

사람이 시험을 받을 때에 내가 하나님께 시험을 받는다 하지 말지니 하나님은 악에게 시험을 받지도 아니하시고 친히 아무도 시험하지 아니하시느니라

오직 각 사람이 시험을 받는 것은 자기 욕심에 끌려 미혹됨이니 욕심이 잉태한즉 죄를 낳고 죄가 장성한즉 사망을 낳느니라(약 1:12-15).

이와 같은 야고보서와 시락서의 유사성을 위더링톤은 세 가지 측면에서 요약한다.[47] 첫째, 야고보서의 저자는 예수나 또는 시락서의 반질서적 교훈을 말하기보다는 잠언의 지혜자와 시락서의 벤 시라와 같이 전통적 지혜문학의 질서원리에 충실한 입장을 취한다. 둘째, 시락서와 야고보서 공히 잠언지혜의 초기 전통에서 자주 드러나는바, 일반화의 해석학적 성향을 강하게 띤다. 끝으로, 야고보서는 초대교회 형성 시기의 일반적 '가톨릭적(Catholicism) 교훈서'로서 작용하기보다는 오히려 보다 앞선 유대교적 지혜전승의 색깔을 가지고 예수 전승과 헬라적 사상의 만남을 가능케 하고 있다는 의미에서 시락서와 닮은꼴이다. 결국, 야고보서의 형성은 다음과 같은 과정을 취하고 있다고 볼 수 있다: "유대교 지혜 사상의 보다 관습적인 틀에 Q 자료의 산상수훈 자료의 통찰과 바울서신에

---

47) Ben Witherington III, *Jesus the Sage*, 238.

드러난 사상과의 대화를 통해 얻은 관점들이 통합된 것이다."48) 이렇듯 야고보서의 저자는 어떤 혁신적인 사상을 기독교세계에 도입하기보다는 전통적 사상의 기반위에 이교적 헬라사상과 새로운 예수 사건을 소화하려고 노력했던 온고이지신의 신학자였음을 알 수 있다.

그러나 동시에 야고보서의 한계를 지적할 수 있다. 왜냐하면, 바울서신에서처럼 특별한 예수사건의 계시적 함의로의 도약이 결여되어 있으며 지혜 복음서에서 지향하는 지혜 기독론 선포의 예언적 성향도 간과되어 있기 때문이다. 더군다나 현재 야고보서를 듣는 초기 유대인 기독교공동체에게 '실현된 종말론'의 비전을 결정적으로 주지 못하고 있다. 즉, 고난의 상황에서 이미 하나님의 다스리심이 하나님을 믿는 의의 공동체에게 들어와 다스리고 있음을 선포하는 묵시적 소망과 위로의 메시지는 아직 발견되지 않는다. 그저 야고보서 1장 12에 나와 있듯이,49) 죽음 이후의 저 세상에서의 보상을 바라보며 이생에서는 죽음을 달게 받거나 또는 그 죽음의 상황이 어떠하든지 간에 믿음에 충실한 죽음의 길을 순순히 택하도록 하는 순종적 인내와 순교를 투박하게 교육한다. 따라서 하나님의 통치와 더 나아가 하나님의 나라에 대한 메시지는 부족하다.50) 물론, 궁극적인 성도의 희생적 경건을 순전한 어조로 강조하는 야고보의 실천적 열정을 들을 수는 있으나 신학적 정교화와 체계화의

---

48) Ben Witherington III, *Jesus the Sage*, 239.
49) 시험을 참는 자는 복이 있나니 이는 시련을 견디어 낸 자가 주께서 자기를 사랑하는 자들에게 약속하신 생명의 면류관을 얻을 것이기 때문이라.
50) Daniel J. Harrington, *Wisdom Texts from Qumran*, 89.

결핍은 지적될 수밖에 없다. 그럼에도 불구하고 야고보서가 히브리 지혜전승의 원시기독교 수렴과정 가운데 하나의 중요한 단계를 제시해주고 있음에 그 전승사적 의의를 지닌다. 왜냐하면 야고보서는 Q자료 적용에 있어서, 원시기독교 형성시기에서는, 복음서 기자들과 바울서신과는 다른 흐름이 있었음을 증언해 주고 있기 때문이다.[51]

이와 같이 초기 기독교인들은 전통적 히브리 지혜전승과 예수 전승이 헬레니즘의 문화적 배경에서 만났을 때 다양한 해석과 적용의 방향으로 나아가고 있었음을 알 수 있다. 그러나 우리가 지혜전승의 흐름을 지혜 자체의 정체성과 기능에 대한 탐구로 집중하게 된다면 원시기독교 형성 시기 다음과 같은 일련의 지혜변천의 과정을 일별할 수 있다. 기존의 히브리 지혜전승에서의 신비로운 존재였던 태초로부터 하나님의 창조에 참여했던 '인격화된 지혜'가 야고보서의 저자와 같은 초기 유대인 기독교인들에게는 율법적인 지혜교훈으로 적용된다. 이것이 바울에게서 예수의 역사적 사건인 십자가에 못 박힌 그리스도라는 실존적 실체와 동일시되어 나타나고 있다. 다른 편으로 공관복음서에서는 지혜자 예수(Jesus as Sage)와 지혜 자체이신 예수(Jesus as Sophia)로 부각되었고 마침내 요한복음의 지혜찬양(요 1:1-5, 9-14)을 통해서 태초로부터 선재한 인격체이신 지혜로서의 예수 그리스도라는 완전한 지혜 기독론(Wisdom Christology)으로 발현되었던 것이다.

---

51) Ben Witherington III, *Jesus the Sage*, 247.

4. 히브리 지혜전승의 재발견

우리는 앞서 벤네마에 의한 네 가지 히브리 지혜전승의 흐름을 다음과 같이 정리한 바 있다: 토라 중심의 지혜전통, 영(Spirit) 중심의 지혜전통, 묵시주의 지혜전통, 그리고 쿰란공동체의 지혜전통이다.[52] 네 가지 지혜전승의 흐름이 원시기독교형성시기 각각의 복음서나 서신들에 녹아들어가 있다. 그러나 각각의 전통들을 기독교문헌에서 따로 분리하여 발견할 수 있는 것이 아니라 이미 문헌형성 시기 이전에 필연적인 사상적 전제들로 각 문헌에 흘러들어가고 있음을 Q자료나 요한계 문서의 바탕이 되는 헬라철학적 세계관 등의 배경에서 알 수 있다. 그럼에도 불구하고 각 전승의 지류에 따른 갈래를 나누어 보면 다음과 같이 정리할 수 있겠다:

토라 중심의 지혜 전통:
     신명기, 잠언, 시락서 ⟹ 마태복음, 야고보서
영 중심의 지혜 전통:
     헬라주의 철학, 솔로몬의 지혜서 ⟹ 요한복음
묵시주의 지혜 전통:
     다니엘, 에녹 1서 등 ⟹ 바울서신, 계시록
쿰란공동체의 지혜 전통:
     예언서의 종말론, 사해두루마리 ⟹ 바울서신

이 가운데 예수 그리스도의 지혜 기독론은 토라중심의 지혜전

---

52) Cornelis Bennema, "The Strands of Wisdom Tradition in Intertestamental Judaism: Origins, Developments and Characteristics," 68-78.

통과 영중심의 지혜전통의 지배적 경향의 산물로서 곧 마태복음과 요한복음에서 부각된 사상을 발판으로 지혜 기독론의 발현으로 이어지고 있음을 볼 수 있다. 그러나 쿰란공동체의 지혜전통은 예언서의 심판선포와 의의 교사의 가르침에 대한 믿음을 강조하는 특징을 통해서 바울서신의 구원을 위한 믿음의 선포와 임박한 종말론적 윤리에 영향을 미치고 있다. 우리가 본서에서 미처 논의하지는 못했으나 요한계시록의 최후심판과 파루시아에 대한 선포는 묵시주의 지혜전통인 다니엘서와 에녹 1서를 비롯한 유대주의의 묵시문학을 배경으로 한다. 히브리 지혜전승의 유산 없이 신약성서의 기록이 불가능해 보일 정도로 초기 기독교 문헌형성에 끼치고 있는 지혜전승의 지배적 영향력은 아무리 강조해도 지나치지 않을 것이다.

원시기독교 형성의 시작을 알리는 일성은 세례요한의 "광야에 외치는 자의 소리"로부터 임을 기억할 때 그리고 구약성서의 마지막 예언문서인 말라기에서 "여호와의 크고 두려운 날이 이르기 전에 내가 선지자 엘리야를 너희에게 보내리니"(말 4:5)의 엘리야가 세례요한으로 동일시된다면 기독교문서의 신구약을 잇는 연결고리는 세례요한이다. 그리고 이 광야의 예언자와 이후 궁극적 메시야 예언의 성취자로 임재 한 예수의 공통점은 다름 아닌 이 세상의 거절과 순교이다. 흥미로운 것은 이제껏 살펴본 히브리 문학전승의 주제들이 지혜에 대한 거절과 하늘로의 퇴거, 이에 따른 세상의 심판이다. 결국 세상에서 사람들에게 허락된 구원의 길은 이 지혜의 소유이다. 지혜를 따르는 질서의 삶과 이를 통한 풍성한 생명을 누리는 것이 곧 구원이다. 미련함은 지혜를 받아들이지 않고 자의적으로 살아가는 삶이요 무질서와 죽음만이 기다리는 삶의 길을 의미한다. 이런 점에서 히브리 지혜전승의 지혜의 길 추종 여부의 신학적 주제 자체도 신약성서의 중심주제인 예수 그리스도 복음의 순종 여부에 따른 구원과 심판의 케리그마와 그 본질을 함께 한다.

그러나 두 가지 히브리 지혜전승과는 근본적으로 상이한 도약이 원시기독교 공동체에게서 이루어진다. 하나는 바울에게 나타나는 역설적 도약이며 또 다른 하나는 인간으로 임재한 하나님의 말씀 사상이다. 십자가에 못 박힌 그리스도가 지혜의 실체이며 그 지혜가 계시될 수 있었던 것은 지혜 자체가 피와 살을 입은 인간으로 이 땅에 구체적인 인격체로 임했기 때문이다. 여기에서 우리는 지혜의 길에 대한 무지(無知)와 부지(不知)를 말하는 지혜전승과의 결정적인 간극을 발견할 수 있다. 물론 그러한 간극을 설명해 주는 자료 중 하나는 기독교복음 형성시기 사상적 틀로서의 헬레니즘 문화의 영향이다. 예를 들면 성육신의 교리는 헬라철학의 추상화의 영향이며 바울의 역설적 교리의 배경에는 동방의 묵시사상과 결합된 헬라문화의 이원론의 절대화가 자리하고 있는 것은 주지의 사실이다.[53] 그럼에도 불구하고 기독교사상은 끊임없이 물질과 영, 지혜와 미련, 생명과 죽음의 극단을 초월한 예수 그리스도의 신비로 믿음의 사람들을 이끌고 있다. 마치 잠언의 지혜 여인이 계속하여 젊은이들을 초청하고 있듯이 말이다(잠 9:4-6):

어리석은 자는 이리로 돌이키라 또 지혜 없는 자에게 이르기를 너

---

53) Martin Hengel, 『유대교와 헬레니즘 ②』, 346.

는 와서 내 식물을 먹으며 내 혼합한 포도주를 마시고 어리석음을
버리고 생명을 얻으라 명철의 길을 행하라 하느니라

예수는 그 지혜의 외침이다. 이런 의미에서 헹겔이 인정한 바,
길고 긴 히브리 지혜전승의 흐름 속에서 생각할 수 있는 최고, 최선
의 지혜의 결정체는 예수이다.[54] 예수는 지혜전승 위에서 그의 가
르침을 구원의 십자가로 실행했다:

수고하고 무거운 짐 진 자들아 다 내게로 오라 내가 너희를 쉬게
하리라(마 11:28).

---

54) Ben Witherington III, *Jesus the Sage*, 202.

결 론

　이 책에서 살핀 연구의 가장 큰 의의는 구약성서에 흐르고 있는 히브리 지혜전승이 원시기독교 형성시기 기독교복음의 근본적인 사상적 배경이었음을 발견한 데 있다. 이와 같은 결과는 무엇보다도 구약성서의 지혜문학에 대한 재발견을 통해서 가능하였다. 즉, 과거에 국제적 지혜로 치부되어 구약학 연구 분야의 본류로 취급되지 못했던 지혜문학 또는 지혜전승이 사실상, 그 형성과정에서부터 솔로몬시대의 르네상스의 결과물이 아니라 전통적인 가정과 성소로부터 기원했다는 사실이다. 즉, 족장시대로부터 12지파의 사사시대를 거쳐 왕국시대 그리고 포로기와 그 이후에 이르는 모든 역사적 현장 가운데 각각의 삶 속에 속속들이 배어 있는 교훈과 깨달음, 규정들로부터 기원한 히브리 민족 자체의 토착적인 지혜임을 밝힐 수 있었기 때문이다.[1] 그러나 이보다 더 중요한 사실은 이

---

1) 1장의 논의를 참조하라!

스라엘 역사의 발전과 쇠퇴의 과정에서 현자들 중심의 지혜정신이 담당한 신앙전통의 보존과 개혁의 역할이다. 특히, 여러 차례의 거대제국과 다양한 문화적 도전의 상황 속에서도 야웨 신앙을 보존하고 새로운 상황에 적응할 수 있었던 비결은 지혜전승의 주인공들인 지혜자들의 보편적 신앙경험에 근거한 수용적이면서도 통합적인 능력에 있었다.

본 결론부에서는 구약성서 신앙의 기저에 흐르는 히브리 지혜전승의 근본적 요소들을 밝히면서 구약성서의 신학이 기존의 구속사 중심의 신앙으로부터 지혜문학의 창조 신앙으로 새롭게 읽힐 때 더욱 근본적 이해가 가능함을 결론적으로 안내하려 한다. 왜냐하면 구속사 중심의 신앙으로써는 이후 헬라시대를 거치면서 나타나는 야웨 신앙의 통합과정을 적절하게 설명할 수 없기 때문이다. 다시 말하면, 창조신앙의 보편적 관점을 간과할 때 다양한 타문화와의 융합과정이 현저했던 헬레니즘 시대의 신학적 사고의 과정이 그림자 뒤로 묻히게 되어 원시기독교 형성의 사상적 자양분을 잃어버리는 현상이 있기에 그렇다. 이는 예수 운동을 발화점으로 한 초기 기독교교회의 본질을 밝히는데 핵심적인 요소이기도 하다. 히브리인들의 정신적 기반인 지혜 사상의 흐름이 어떻게 출애굽 구원의 역사적 신앙과 율법으로 민족 공동체를 이룬 계약적 신앙의 신학적 선포들 가운데 주변부로 밀려났는지 그러나 정작 지혜전승이 히브리 신앙의 보존과 전수를 가능케 해 주었던 정신적이고 문학적인 장(場)이었음을 전승사적 관점에서 논의할 것이다.

실제적으로 이곳에서 주목하는 전승의 개념은 구약성서와 신약성서를 이해하고 신학적인 고찰을 수행할 때 핵심적인 이슈로서, 일시적인 종교적 경험과 영성운동으로 끝나버리는 단편적인 초월성과의 만남이 아니라 오고 오는 시대를 거쳐서 더욱 강조되는 진리로 다가오는 계시와 체험적 역사가 시대와 상황이 바뀌는 가운데에서 새롭게 부각되고 더욱 강렬하게 경험되는 일체의 과정을 말해 준다. 이와 같은 의미에서 지혜전승의 변천을 줄곧 추적해 온 본 연구서는 구약성서신앙의 본질적인 형성과정을 총괄적으로 검토, 분석한 것으로 간주해도 무리가 없을 것이다. 특히, 유대주의가 헬레니즘과 충돌하였을 때 고대 이스라엘의 야웨 체험의 신앙이 고답적이고 형식적인 종교의 형태로 쇠퇴하여 역사 현장 가운데 사라진 것이 아니라는 점에 주목해야 한다. 한편으로는, 적극적으로 헬레니즘적 사상과 문화를 받아들이고 또 다른 편으로는 여전히 전통에 충실한 가운데 새롭게 변혁되어 계승, 발전할 수 있었던 이유 또한 지혜전승자들의 보편적 사고와 통합적인 융합능력에 기인한다.2) 이러한 지혜전승이 원시기독교의 케리그마 형성에 결정적 역할을 담당하고 있다. 예수의 십자가와 부활, 승천과 재림의 사건이 지혜전승의 지배적 흐름과 관련하여 연결되고 그 함의가 풍성해질 수 있다는 것은 예수 사건의 초월적 의미를 간과하는 것이 아니라 예

---

2) 신약성서학자 린지는 구약성서의 지혜문학의 본질적 능력을 동화과정 (process of assimilation)으로 강조한다. 지혜전수자들의 문화적 감각과 사유능력을 통해서 변화하는 시대의 다양한 타문화권의 외부전승들을 융합시키는 과정에서 본래의 유대교적 신앙의 정수를 변질시키지 않은 채 적극적 소통과 통합의 능력을 발휘하여 히브리 지혜전승의 근본적 뼈대 위에 핵심적 사상들을 더욱 세련되게 발전시켜 온 능력을 지혜자들의 특징으로 적절하게 지적한다: Sharon H. Ringe, *Wisdom's Friends*, 30.

수 사건과 가르침의 계시성과 진리성을 표현하는 가장 효과적인 수단으로서 히브리 지혜전승의 주된 모티프들과 문학양식들이 동원되고 있다는 사실을 밝혀준다.

결론의 두 번째 섹션인 지혜문학의 정경화의 문제는 본문의 주된 토의에서는 다루지 않았지만 지혜전승의 이러한 근본적 기능에도 불구하고 고대이스라엘의 신앙선포에 있어서는 여전히 지혜문학이 율법전승과 예언전승 다음으로 위치할 수밖에 없는 상황을 논하고 특별히 벤 시라에게서 나타나는 주전 1세기까지 어느 정도 정비되어 있는 구약성서의 정경화 과정에 대하여 살펴보려 한다. 벤 시라 자신이 지혜교사임에도 불구하고 히브리 신앙의 정경을 표현함에 있어서 율법서와 예언서 그리고 그 이외의 책들로 표현하고 있는 이유는 여전히 '율법'을 중심으로 한 유대인들의 신앙적 정체성을 여실히 드러내는 장면이다. 그러나 벤 시라는 그 율법을 말하면서, 또 예언을 언급할 때에도 여전히 지혜를 의미하고 있었다.

끝으로, 새로운 과제로서 어떻게 보면 숨 가쁘게 달려온 제2성전 시대로부터 초기 기독교 형성시기에 이르는 600년간의 히브리 지혜의 역사가 단 한 번의 연구로 끝날 수는 없기에 계속되는 연구과제와 전망을 통하여 본 연구의 한계를 점검하며 히브리 지혜전승 연구와 관련된 다음 단계로의 도약을 위한 제언들을 제시하며 마무리하려 한다.

1. 신앙과 전승

이제까지 히브리 지혜전승의 변천을 시대별로 검토하면서 발견한 한 가지 사실이 있다. 기존의 학자들에 의해 주장되어온 이스라엘 지혜의 국제화가 사실은 이스라엘 본래의 고유한 전승으로부터 기원한 것이라는 사실이다. 이와 같은 사실은 두 가지 측면에서 발견되었다. 한편으로는 구약성서를 이루는 전승들의 보존과 개혁의 과정들 가운데 지혜전승과 여타 율법전승, 예언전승, 묵시전승과의 관련성 속에서 지혜가 차지하는 중심적이고 독특한 위치의 발견을 통해서였다. 기존의 연구들은 지혜전승의 본격적 발전이 솔로몬 시대의 지혜의 국제화의 영향 또는 포로기 이후의 보편적 사상의 유입 등으로 이루어진 것으로 보았다. 그러나 구약성서의 다양한 전승들의 발전이 전통적인 지혜전승에 근거를 둔 서기관 또는 현자들의 집단들에 의해 이루어지고 있고 지혜전승의 성격 자체가 보편적이고 특정적인 사상들의 수용과 통합에 있다는 사실이 증명되면서 지혜전승은 주변부에서 중심부로 이스라엘의 거룩한 문헌의 형성 과정 가운데 자리하고 있음을 볼 수 있었다.

또 다른 한편으로, 고대근동의 타 문화권에서 자주 등장하는 교육기관에 대한 증언들에 비해 상대적으로 구약성서에서는 빈약한 교육제도에 대한 보도들이 지혜문학의 발전 자체를 비본질적이고 후대에 속한 것으로 판단케 한 배경이 있었다. 그러나 앞선 논의에서 이스라엘의 고대 왕국형성 이전으로부터 가정적 교훈과 지파지혜 또는 부족지혜의 교육 환경이 이미 형성되어 있었으며3) 그 자연적 지혜교육과 신앙교육의 토대 위에 이스라엘의 지혜가 전수되어 왔음을 확인할 수 있었다. 바로 이 히브리 지혜전승이 고대이스라엘의 역사적 영고성쇠를 통과하면서 각 시기의 신앙적 위기 앞에 야웨 경외 신앙의 보존과 변혁을 가져오게 하는 존재론적 근거(창조질서)와 인식론적 기반(세계경험)을 제공함으로써 야웨 신앙의 생존과 고유한 발전을 가능케 한 장본인이다. 그러나 기존의 학자들은 고고학적으로 접근 가능한 이웃문화의 일반적 교육환경과 제도에 근거한 국제적 지혜의 성격의 관점을 단정적으로 히브리 지혜 이해에 부과시킴으로써 지혜전승을 구약성서 신앙의 변방으로 밀려나게 한 결과를 초래했다. 이런 면에서 히브리 지혜문학을 발전론적 관점에서 후대의 신학화의 결과물로 보는 기존의 학자들의 견해는 더 이상 타당치 못한 주장으로 판명된다.

우리는 본서의 제1장, "히브리 지혜전승"에서 구약성서의 다양한 전승들을 지혜전승과 함께 논의하면서 히브리 지혜전승의 세 가지 본질적 요소를 발견하였다. 그것은 곧 율법전승과의 만남에서 작용하고 있는 우주론적 요소, 예언전승과의 만남에서 경험론적 요소, 묵시전승과의 만남에서 실존론적 요소였다. 이러한 요소들이 히브리 지혜전승의 창조신학의 구성 원리를 다음과 같이 이끌고 있음을 살폈다: 창조질서의 유지(Cosmos), 삶의 경험(Experience),

---

3) 거스텐버거는 시편에 대한 그의 주석서에서 이러한 가정적, 지파적 교육환경 또는 제의환경을 전제하고 모든 시편들을 분석하고 각각의 삶의 자리를 상응하는 환경과 연결하여 논의하고 있다: Erhard S. Gerstenberger, *Psalms, Part 1 with an Introduction to Cultic Poetry*(Grand Rapids, Michigan: William B. Eerdmans, 1998); Erhard S. Gerstenberger, *Psalms, Part 2, and Lamentations*(Grand Rapids, Michigan: William B. Eerdmans, 2001).

창조자 하나님(Creator). 구약성서 신앙의 기저에 면면히 흐르고 있었던 지혜전승의 구성 원리들은 구약성서를 창조신학적 지평 위에서 새롭게 읽게 하는 결정적 계기를 마련한다.

먼저, 오경은 삶 자체를 야웨 하나님의 말씀인 율법에 정초한다. 율법은 이스라엘 민족의 존재근거이며 생존과 번영의 근본원리이다. 이스라엘 백성은 모세를 통한 시내산 계약사건 이후 율법의 백성으로 살아가게 되었다. 그러나 이 법은 단지 순종과 불순종의 도덕적 규범준수의 차원으로 그치지 않고 삶과 우주의 근본 구조로 내재화된다. 신명기에서 절정에 달하고 있는 율법 준수의 명령은 단순한 조건적 화복의 결과를 이야기하지 않는다. 하나님과의 계약관계에 들어간 백성들은 계명의 말씀들을 통하여 하나님을 만나게 되며 하나님과 더불어 살아가게 된다. 모세만이 대면할 수 있었던 야웨 하나님을 그들은 이제 성막의 지성소에 임한 말씀으로 만나게 된다. 그 계명과 더불어 살아감의 목적은 하나님 경외이다: "또 너희가 요단을 건너가서 차지할 땅에 거주할 동안에 이 말씀을 알지 못하는 그들의 자녀에게 듣고 네 하나님 여호와 경외하기를 배우게 할지니라"(신 31:13). 이스라엘 백성의 가나안 정착이후 사사시대와 왕정시대의 역사를 통하여 확인할 수 있는 사실은 그들의 율법준수 여부는 그들의 생존과 직결된다는 엄중한 사실이었다. 그리고 하나같이 역사서 기록자들(소위, 신명기역사가)의 일관된 지적은 가나안 문화를 쫓는 우상숭배는 곧 야웨 경외의 자리로부터의 이탈이었다.

율법이 행동 규범으로부터 우주적 법칙으로 의식되기 시작한 본격적인 계기는 포로기 이후 메소포타미아 문명의 창조신화에 노출된 이후부터이다. 물론, 이미 가나안의 우가릿 신화로부터 다신론적 세계관에 노출되기는 했으나 여전히 세계이해의 폭은 메소포타미아 문명의 서쪽 끝 팔레스틴 고원지대에서는 국소적이었다. 보다 체계적인 이원론적 세계관의 마르둑 신화나 다신론적 구조의 아트라하시스의 신화로부터 우주의 생성원인과 운행법칙에 대한 관심이 집중되기 시작하였다. 포로기 시대의 히브리신앙의 전수자들은 다신론적 세계관과 대결해야 하는 상황 속에서 유일신 하나님의 말씀으로 창조된 세계에 대한 선포를 기존의 야웨 신앙을 견지하는 가운데 발전시킬 수 있었다. 바빌론의 마르둑 신과의 대결에서 이스라엘의 민족신 야웨의 패배라는 전통적 고대근동의 종교관에 굴복하지 않고 도리어 이스라엘 민족의 율법준수의 실패라는 새로운 신학적 해석을 끌어낸 포로기 시대의 현자들은 더 나아가 조상들의 하나님 야웨는 단순한 전쟁수행의 하나님이("만군의 여호와") 아니라 본래 말씀으로 세상을 창조하신 우주적 통치의 하나님("만물을 지은 여호와")으로 신앙의 영역을 확장시킨다. 이제 율법은 도덕적 또는 사회유지의 규범으로 작용할 뿐만 아니라 이스라엘 민족뿐만 이방민족 그리고 온 세계의 존재근거로 자리하게 된다. 이러한 신앙적 위기 시대에 도리어 히브리신앙의 통합적 발전을 가져올 수 있었던 당사자가 바로 다양한 전승층들에 관심을 갖고서 변화하는 시대의 문화적 도전에 응전하며 융합과 통합의 능력을 발휘할 수 있었던 히브리 지혜전승의 현자들 그룹이었다.4)

---

4) Michael Stone, "Ideal Figures and Social Context: Priest and Sage in the

오경전승으로부터 흘러들어오는 야웨 경외의 정신과 창조주 하나님의 정신은 예언전승에서는 민족적이고 인격적인 차원으로 구체화된다. 그러나 일반적인 적용보다는 실제적인 역사의 위기와 변천의 과정에서 삶과 죽음, 심판과 회복의 특수한 구원사건의 발현으로 부각되었다. 주전 8세기 이후 문서예언자들의 예언경험은 사실상, 원시적 예언현상에서 발견되는 황홀경적 신비체험이나 초월적인 계시의 특정한 개인경험이기보다는 집단화되고 역사화 된 신학적인 사건으로 평가하는 것이 더 나을 것이다. 왜냐하면, 분명히 아모스나 호세아 또는 이사야의 개인적인 신비사건이 그들의 예언 선포의 실질적인 계기가 되었다 할지라도 예언전승을 통해 전수되고 기록된 현재의 예언서들은 오랜 신앙공동체의 고백과 역사적 다변화의 상황에 적절히 응답하고 해석된 신학적 선포들의 결과물이기 때문이다. 두말할 것도 없이 이러한 예언전승의 기반은 야웨 계약백성으로서의 율법준수의 삶이 자리하고 있었다. 왕정시대 정착 이후 예언자들의 출현이 우리에게 알려주고 있는바, 현실 인간 왕의 통치가 삶의 중심이 아니라 예언자들이 끊임없이 강조하는 참된 이스라엘의 왕이신 야웨의 통치가 모든 선포의 핵심이었다. 왕좌에 오르는 이스라엘의 왕은 자신의 뜻이 아니라 하나님의 말씀인 율법을 늘 옆에 두고 하나님을 경외하며 왕권이 아닌 신권을 행사하는 대행자들이었다(신 17:18-20).

그가 왕위에 오르거든 이 율법서의 등사본을 레위 사람 제사장 앞

Early Second Temple Period," 580-581.

에서 책에 기록하여 평생에 자기 옆에 두고 읽어 그의 하나님 여호
와 경외하기를 배우며 이 율법의 모든 말과 이 규례를 지켜 행할
것이라 그리하면 그의 마음이 그의 형제 위에 교만하지 아니하고
이 명령에서 떠나 좌로나 우로나 치우치지 아니하리니 이스라엘
중에서 그와 그의 자손이 왕위에 있는 날이 장구하리라

그러나 이스라엘의 왕들은 예언서들에서 하나같이 지적하듯이
야웨 경외의 정신을 떠나 자기 마음대로 왕권을 행사하였으며 따라
서 하나님의 법으로부터 이탈하여 왕국파괴의 길을 치닫게 되었다.
하나님의 말씀을 받은 예언자들은 이스라엘의 죽음을 선포할 수밖
에 없었으며[5] 민족구원의 유일한 길은 계명 준수의 삶으로 돌아오
는 길밖에 없었다. 흥미로운 사실은 예언자들의 혜안은 이스라엘
구원의 범위가 민족적 차원으로 끝나지 않고 점차로 보편적인 온
우주의 차원으로 확대되는 것을 볼 수 있다. 하나님의 구원역사는
이스라엘에게만 국한된 것이 아니라 이방민족에게까지 이미 작용
하고 있으며[6] 더 나아가 온 우주에까지 미친다.[7] 이러한 우주론
적 역사관은 단순한 선험적 계시의 차원으로 확보되었다기보다는

---

5) Donald E. Gowan, *Theology of the Prophetic Books: The Death & Resurrection of Israel* (Louisville: Westminster John Knox, 1998).
6) "여호와의 말씀이니라 이스라엘 자손들아 너희는 내게 구스 족속 같지 아니하냐 내가 이스라엘을 애굽 땅에서, 블레셋 사람을 갑돌에서, 아람 사람을 기르에서 올 라오게 하지 아니하였느냐"(암 9:7).
7) "네 구속자요 모태에서 너를 지은 나 여호와가 이같이 말하노라 나는 만물을 지은 여호와라 홀로 하늘을 폈으며 나와 함께 한 자 없이 땅을 펼쳤고"(사 44:24); "이는 물이 바다를 덮음 같이 여호와의 영광을 인정하는 것이 세상에 가득함이니라"(합 2:14).

민족적이고 역사적인 경험들을 통과한 신학적이고 철학적인 사상의 반영으로 판단할 수 있다. 특히 포로기를 거쳐 포로기 이후에 등장하는 예언서들에서 우주론적 회복의 선포가 더욱 두드러진 것을 고려할 때 이와 같은 야웨 신앙의 보편화 현상을 더 용이하게 이해할 수 있다.

그러나 그럼에도 불구하고 예언사건의 근본적인 발화점은 천상 세계의 노출이든 역사적 사건의 체험이든 특별한 경험인 것만은 분명한 사실이다. 예언자들의 역할이 하늘의 섭리와 인간의 정치를 연결하는 것으로 볼 때, 예언전승에 스며들어있는 천상경험과 현실경험의 중요성은 확대될 수밖에 없다. 예언자들이야말로 경험주의자들이며 하늘과 지상을 넘나드는 경계인 체험의 어찌 보면 위기의 사람들(liminal figure)이었다. 물론, 인류학자들이 말하는 토속 신앙의 마법사들의 황홀경적 체험이기보다는 앞서서 지적했듯이 정경화되고 공동체화된 역사 경험에 더욱 비중을 둔 경험주의적 신학자들이었다. 예언전승의 전수자들을 처음 예언운동의 시기와는 어느 정도 시기적으로나 공간적으로나 떨어져 있었던 서기관 집단으로 판단해 본다면 실제적으로 예언문학에 배어든 보편성과 역사성은 지혜자들의 신학적 해석이 여전히 관계하고 있음을 부인할 수 없다. 결국은 예언전승의 경험론적 차원은 그 출발에 있어서 신비의 영역에서 그 적용과 선포의 과정에서 역사화되고 현실화되어 실재의 영역으로 구현되는 과정을 거치면서 더욱 실제적인 인간경험의 세계로 성육화되고 있다. 이 과정에서 중요한 역할을 감당하고 있는 그룹이 현자들의 서기관 집단임은 두말할 필요도 없다.

문제는 율법전승의 계명 준수의 강조와 예언전승의 구원사 중심의 역사전개가 각각의 전승들의 이면에 흐르고 있었던 지혜전승의 우주론적 그리고 경험론적 정신에 기반하고 있다는 사실을 그동안의 교리사적 또는 구원사적 구약성서 읽기가 간과하고 있었다는 점이다. 따라서 근대적인 성서해석이 시작된 이래 특히 독일계 종교사학파의 성서해석은 구속사적 읽기를 중심으로 하는 계약정신과 선민사상 그리고 심판과 회복사상이라는 신학적 메시지에 치중하게 된 것이다. 특히 이스라엘 민족의 특별한 역사경험에 대비되는 보편적인 인간경험과의 차이점이 강조되면 강조될수록 이스라엘 구원의 핵심에는 창조적 지평에서의 우주론적 구원보다는 국소적 차원에서의 민족 또는 특별한 공동체의 구원에 신학적 초점이 맞추어져 왔었다. 이는 일면 특별한 개인과 민족을 언약의 당사자로 삼아 하나님의 구원을 지상에서 실현해가는 창조주의 섭리의 전체적 구원의 과정에서는 타당하나 이는 그 출발의 차원에서만 해당되는 메시지일 뿐 우리가 예언전승의 궁극적 선포에서 확인한 것처럼 창조주 하나님의 온전한 섭리는 창조신학의 우주론적 지평에서 펼쳐진다.

이와 같은 맥락에서 다니엘서를 포함하여 이후 신구약중간기에 출현하는 묵시문학의 전승은 지혜전승의 창조신학적 사고의 극대화로 이해할 수 있다. 현실세계의 역사의 무질서와 종말론적 파국은 창조주 하나님의 실패가 아니라 인간적 범주에서 설명할 수 없는 더욱 광대한 창조주의 섭리가 우주 저편에 여전히 놓여있다는 믿음의 선포이다. 결국, 창조주에 의해 베풀어진 세계질서의 원리는 처음 창조로부터 인간의 역사를 통과하여 종말에 이르기까지 모든 인간의 사고와 만물의 운행에 적용되며 실현되어지고 있으며 이 창조세계의 질서(샬롬) 성립여부가 인간과 세계의 구원과 멸망을 좌우한다. 묵시문학의 사회학적 현상에서 발견되는 박해와 무질서의 현장에서 경건한자들이 순교하기까지 붙들고 있는 것은 바로 하나님의 창조섭리에 근거한 정의의 실현이며 이 창조질서의 보존과 승리가 죽음의 순간에서도 신앙을 붙들고 있는 자들의 실존적 경험으로 작용하게 된다(단 6:26-27).

> 내가 이제 조서를 내리노라 내 나라 관할 아래에 있는 사람들은 다 다니엘의 하나님 앞에서 떨며 두려워할지니 그는 살아 계시는 하나님이시요 영원히 변하지 않으실 이시며 그의 나라는 멸망하지 아니할 것이요 그의 권세는 무궁할 것이며 그는 구원도 하시며 건져내기도 하시며 하늘에서든지 땅에서든지 이적과 기사를 행하시는 이로서 다니엘을 구원하여 사자의 입에서 벗어나게 하셨음이라 하였더라

이스라엘의 신앙은 전승으로 우리에게 전해졌다. 한 시대의 단편적 사건으로 끝난 것이 아니라 오고 오는 세대에 새롭게 해석되고 적용되었다. 그럼에도 불구하고 변화를 경험하기보다는 본질적 메시지의 고유한 선포가 강화되었다. 무엇이 이를 가능하게 했을까? 이스라엘 민족만의 선택된 계약 사상으로는 헬라시대의 격랑은 고사하고 바빌론 포로시기의 파도를 넘을 수 없었을 것이다. 무

속적 신비체험이나 서정적이고 감정적인 회개선포만으로 예언자들의 사상이 후대의 야웨 공동체에게 전수될 수 없었을 것이다. 후기 유대주의의 무수한 묵시문학의 출현 가운데 다종교적 문화의 변수들 속에서 민족주의적 절개만을 다니엘서가 외쳤다면 이방문화에 융해될 수밖에 없었을 것이다. 다름 아닌 지혜전승의 흐름이 야웨 신앙의 우주론적 말씀의 뿌리를 굳건히 내려 하늘경험과 역사경험을 통합하게 했으며 창조주 하나님의 통치 질서를 세계 속에서 여전히 경험할 수 있도록 인도하였다. 지혜자들의 창조신학적 지평이 구약성서의 신앙을 더욱 전통의 지속적 보존과 개혁의 흐름이라는 차원에서 해석하는 길을 열어주고 있기에 오늘 이 시대에 여전히 말씀을 살아있는 하나님의 뜻으로 붙들게 만든다.

2. 지혜문학의 정경화

구약성서의 묶음들 가운데 가장 으뜸 된 화음을 이루는 것은 토라(율법서)이며 다음에 느비임(예언서)이 으뜸에 버금가는 화음으로 부각되어 있다. 그러나 지혜문학은 케투빔(성문서) 안에서 비로소 버금딸림화음으로 우리에게 들려지고 있는 실정이다. 그러나 본서는 여전히 지혜전승이 으뜸음으로 야웨 신앙의 연주를 주도하고 있음을 관찰해 왔다. 야웨 신앙 유산의 전수자들이 현자 그룹이었으며 시대의 변화에도 불구하고 신앙의 본질을 새로운 상황에 적용시키는 것도 그들이었기 때문이다. 그러나 그럼에도 불구하고 왜 지혜문학은 정경화 과정 가운데 세 번째 위치로 자리매김했는가를 살펴볼 필요가 있다. 이는 이미 앞선 4장의 논의에서 벤 시라 시대에 이루어졌던 정경화의 진행과정을 다루면서 잠깐 논의한 바 있다. 벤 시라 본인은 시락서 서문에서 당시의 확립된 정경으로서 토라와 느비임 까지는 소개한다. 그러나 정작 지혜서에 관해서는 성문서(Writings)라는 애매한 범주 안에 "그 뒤를 이은 다른 글들" 또는 "다른 선조들의 글"로만 묘사한다. 정경화의 후속주자로 나타나는 지혜문학의 위치는 그러나 도리어 지혜전승의 발전과 변천과정의 또 다른 측면을 설명해 준다. 바로, 헬레니즘 시대에 이르러 토라와 지혜는 하나로 수렴되는 과정을 거치게 된 것이다.

첫 번째로, 지혜자 벤 시라에게 토라는 곧 지혜와 동일시되었다. 이를 헹겔은 일종의 "토라 존재론"으로 묘사한다.8) 즉, 전통주의자로서 벤 시라는 토라의 존재론적 근거를 잠언 8장의 지혜의 선재성과 관련시켜 여전히 율법 준수의 전통을 견지하면서 동시에 그 지혜가 현재 변화하는 세계경험 속에서 유효하게 작용하고 있다는 인식론적 이해와 통합시키고 있다. 이와 같은 입장은 전도서에서 확인할 수 있듯 새로운 헬레니즘 세계에서 반(反)율법주의적 경향을 보인 유대인들과는 다른 길을 가도록 하였다. 물론, 벤 시라의 통합적 사고의 기반에는 당시의 신정체제 내 지배세력으로서의 사회학적 배경이 자리하고 있기에 욥기나 전도서에서 보이듯 반정통주의의 길을 가지 못하게 한 이유가 있기도 하였다. 그러나 이러한 사회계층적 설명으로는 충분치 않은 히브리 지혜 사상의 근본 구조

---

8) Martin Hengel, 『유대교와 헬레니즘 ③』, 182.

가 벤 시라의 사상에 뿌리내리고 있다. 벤 시라는 이 시기에 동양과 서양의 양대 산맥의 충돌 가운데 본래의 히브리 지혜 사상의 본질이었던 우주론적 근거와 인식론적 경험에 기반하여 헬라사상을 유대주의적 율법 사상의 틀 안에서 통합시키는 길을 가고 있다. 이것이 가능했던 것은 당시의 유대적 지혜와 그리스 철학이 헹겔의 지적대로 다음과 같은 공통점이 존재하고 있었기 때문이다: 1. 이성적, 경험적 특징과 보편적인 경향; 2. 우주의 신적 질서에 대한 관심; 3. 현저한 인간적, 윤리적인 관심.9) 벤 시라는 이러한 공통기반 위에 전통적 유대교를 변화하는 시대에 적합한 토라-지혜 신앙으로 새롭게 변혁시킨 장본인이다. 그렇기 때문에 정경화 된 묶음의 보도에 있어서 토라와 느비임 다음으로 케투빔을 언급한 것은 일정한 정경적 권위의 순서를 나열한 것이 아니라 지혜 또는 가르침의 범주를 묘사한 것이다. 즉, 서문에서 벤 시라의 손자가 율법과 예언서와 그 뒤를 이은 다른 글들을 언급하면서 이를 총칭하여 "위대한 가르침들" 또는 "교훈과 지혜"로 묘사하는 것을 보면 당대에 유대인들에게 있어서 히브리성경은 더 이상 율법적 의미의 '토라'이기보다는 교훈적 의미의 '지혜'로 받아들여지고 있음을 볼 수 있다.

둘째, 더 나아가 시락서에서 토라와 지혜의 동일시가 가능했던 결정적 요인은 토라 자체가 본래부터 지니고 있었던 이중적 구성요소에 기인한다. 즉 토라(율법서)는 법(laws)과 이야기(narrative)로 구성되어 있다. 랍비들이 토라를 해석할 때 법조항에 대하여 직

---

9) Martin Hengel, 『유대교와 헬레니즘 ③』, 180.

접 설명하기보다는 이야기 부분과 관련하여 해석하는 것이 일반적이었다. 본래 토라와 예언서가 부각되었을 때에도 토라 읽기는 율법에서 바로 해석하기보다는 예언서의 약속 중심의 선포에서 율법 부분의 해석으로 옮겨가는 경향이 있었다.[10] 벤 시라 시대에 이르러 지혜서가 점차로 정경화 되면서 마찬가지 형태의 토라 읽기가 자리하게 되었다. 이제는 잠언과 같은 지혜서에서 토라 설명으로 옮겨가는 과정이 일반화되었던 것이다. 해석의 과정에서 토라의 관습법이나 제사법 조항들보다는 산문체의 이야기 부분들과의 관련성이 더욱 부각되었다. 따라서 삶의 경험과 관찰 위주의 지혜서는 토라의 율법규정이나 경건한 삶의 지침에서 순종하는 삶으로 안내하는 핵심적 기능을 담당하게 되면서 자연스레 정경의 중심부분으로 편입되기에 이르렀다. 실제로 벤 시라는 지혜가 토라 전체에서 하나님의 거룩한 임재를 상징하고 있다고 설명한다. 곧 지혜는 창조와 출애굽 이야기에서 광야 유랑에서 그리고 왕국시대의 솔로몬 성전의 봉헌 이야기에서 내내 하나님 임재의 다양한 모습을 드러내고 있는 것으로 보았다.[11] 이제 지혜는 기존의 율법적 준수조항이나 예언서의 구원약속 선포와는 다른 지혜적 가르침의 영역을 유대주의의 정경적 요인에 추가시키고 있음을 확인할 수 있다. 시락서에서 발견할 수 있는 것은 정경화 과정의 권위적 순위 배열이 아니라 모든 정경의 글들 가운데 펼쳐진 지혜의 가르침이었다.

끝으로, 벤 시라뿐만 아니라 일반적인 현자 그룹에게 인식되었

---

10) Gerald T. Sheppard, "Canonization: Hearing the Voice of the Same God through Historically Dissimilar Traditions," *Interpretation* 36 (1982), 27.
11) Gerald T. Sheppard, "Canonizatin," 28.

던 인격화된 지혜의 존재에 대한 부각이 가져올 위험요소가 지혜서를 독립적인 정경적 범주로 다루는 것을 어렵게 하였다. 신약학자 린지에 의하면 유일신 야웨 신앙의 배경에서 창조시기로부터 독립적 성향을 지닌 것으로 알려진 인격화된 지혜에 대한 강조가 쉽사리 정경적 문서로 전면에서 다루어지기에는 부담이 있었으리라고 본다.[12] 잠언이나 여타 지혜문헌에서의 지혜에 대한 지나친 부각은 태초부터 지혜가 하나님의 존재와는 또 다른 신격으로서 존재했다는 다신론적 세계관의 위험을 노출할 수 있기 때문이다. 유대주의의 신앙전통에 충실하면서도 새로운 시대상황의 변화에도 민감했던 지혜자들은 지혜를 창조시기 유일신 야웨의 본성으로서 즉, 창조적 능력과 통치질서의 구현으로 처리하면서 다신론적 위협의 문제를 극복하고 있다. 벤 시라를 비롯한 지혜자들은 이 하나님의 속성으로서의 지혜를 토라와 상응하는 개념으로 또는 토라를 해석하는 안내자로 소개하고 있는 것이다. 더 나아가 지혜의 기능을 더욱 적극적으로 하나님과 인류를 이어주는 중간자로서의 역할로 확대하여 강조하고 있다.[13] 바야흐로 지혜는 하나님 구원의 통로로서의 위상을 이미 기독교형성 이전 시기 확보하게 되었다.

---

12) Sharon H. Ringe, *Wisdom's Friends*, 37.
13) Claudia V. Camp, *Wisdom and the Feminine in the Book of Proverbs* (Decatur: Almond Press, 1985), 272.

3. 새로운 과제와 전망

본서의 연구를 통해 신구약 중간시기에 대한 정밀한 연구가 향후 더욱 요청되는 것으로 드러나고 있다. 이 시기의 자료에 대한 충분한 고려가 히브리 지혜전승과 원시기독교의 기원을 매개하는 구체적인 자료를 밝혀 줄 수 있으리라 기대되기 때문이다. 더군다나 가톨릭 신학에 비해 개신교 신학은 위경은 고사하고 외경에 대한 연구도 몇몇 전문가들 외에는 연구의 범주 밖으로 밀려나 있는 실정이다. 그러나 위경뿐만 아니라 사해사본과 그 외의 유대교의 자료들을 통해서 다양한 유대교적 사상의 흐름을 세밀하게 규정할 필요가 부각된다. 왜냐하면 이 시기 다양한 유대주의의 흐름들 가운데 기독교의 출발과 잇닿아 있는 전승들과 인물들을 발견할 수 있기 때문이다. 이는 바로 원시 기독교의 기원에 대한 연구와 신약성서의 형성배경에 대한 토론을 더욱 풍부하고 활발하게 해줄 수 있을 것이다. 이와 같은 필요성은 본서의 연구과정 가운데 드러난 한계성에 기인한다. 왜냐하면 본서에서 고작 다룰 수 있었던 성경 이외의 문서는 시락서와 솔로몬의 지혜서에 불과하고 그 외의 유대교의 문서들은 지면상의 제약과 연구자의 역량부족으로 인해 본격적으로 다루지 못하고 있기 때문이다. 또한 사해사본에 대한 연구도 선행학자들의 사해사본 지혜서 연구에 의존하고 있을 뿐 직접적인 자료 분석과 더 많은 자료들의 접근이 어려웠던 어려움이 노출되었다. 향후, 이러한 한계점을 보완할 보충연구와 토론이 요구된다.

본서의 또 다른 어려움은 각 인용된 책들의 저작연대에 대한 논쟁이다. 구약성서의 책들에 대한 기록과 편집 시기에 관한 공통된 합의점은 불가능하다. 그러한 상황에서 본 연구자는 전도서를 프톨레미 왕조 시대로, 시락서를 셀류코스 왕조 시대로, 솔로몬의 지혜서를 하스모니안 왕조시대로 전제하고 논의를 진행하였다. 사실상 이와 같은 시대규정은 다분히 임의적이며 여전히 규명되어야 할 토론의 여지를 지니고 있다. 학자들 마다 상이한 시대추정이 가능할 것이다. 그러나 본서의 관심은 히브리 지혜전승의 시대적 변화의 연속적 요소와 새로운 변화의 계기를 포착하는데 있었고, 실제로 연구의 대상이 되었던 책들은 저작시대가 분분하다고 하더라도 신구약 중간기 헬레니즘 시대의 큰 역사적 흐름의 맥락 가운데 하나같이 놓여있다는 사실은 부인할 수 없다. 예를 들면, 시락서의 저작 시기는 프톨레미 왕조시대에서 셀류코스 왕조시대에 이르기까지 연결되어 있기 때문이다. 따라서 이곳에서는 각각의 지혜서의 명확한 시대설정보다는 전체로서의 지혜전승 자체의 변천과정에 집중하였음을 밝힌다. 그러나 그럼에도 불구하고 여전히 각 책들의 시대배경에 대한 논쟁과 비판에 대하여 본 연구자가 최종적 책임자임을 부인하지 않는다.

연구과정 가운데 발견된 또 다른 과제는 이미 헹겔에 의해 지적된 사실이지만 그동안 실행되어 오지 못한 문제이다. 바로 원시 기독교의 '세계주의'이다. 즉, 편협하고도 국수적인 당시 유대교로부터 율법적이고 민족적인 틀을 깨치고 이방인을 포용하는 새로운 운동과 사상으로 전개된 것이 초기 기독교였다.[14] 그러나 이후 기독교회의 발전과 전개의 과정은 다시금 새로운 울타리 세우기와 자기 소외의 길을 걸어갔다. 왜냐하면 콘스탄틴 황제의 기독교 공인 이 전의 초기 기독교회는 박해의 역사를 거쳤기 때문이다. 로마의 지 하 카타콤으로 들어갈 수밖에 없는 상황에서 기독교회의 신앙은 보 편적이고 세계적인 신앙으로 성장해 가기보다는 생존을 위한 묵시 적이고 고립적인 신앙으로 왜소화될 수밖에 없었다. 이러한 사정 으로 인해 오늘날 원시 기독교 연구의 방향은 여전히 '임박한 종말 론'이나 '묵시적 사상'으로 경도된 길을 걸어온 것이 사실이다. 그러 나 이제까지 우리가 살펴본 바에 의하면 원시 기독교의 기원 자체 가 보편적이고 경험적 신앙에 근거한 히브리 지혜 사상과 연계되어 있음을 알 수 있었다. 이에, 원시 기독교의 '세계적'인 신앙의 회복 과 연구가 구약성서의 지혜문학과의 신학적인 관련성을 밝히는 문 제와 더불어 새로운 과제로 떠오른다. 이는 오늘날 특별히 한국 기 독교의 사회로부터의 소외현상에 대한 새로운 신학적이며 본질적 인 기독교적 답변의 돌파구가 될 것으로 사료된다.

---

14) Martin Hengel, 『유대교와 헬레니즘 ③』, 178.

참고문헌

강성열.『구약성서로 읽는 지혜 예언 묵시』. 서울: 한들, 2004.

구덕관.『지혜와 율법』. 서울: 대한기독교출판사, 1989.

_____. "신·구약 중간기의 구약지혜전승."『지혜전승과 설교』, 구덕관박사
　　　　회갑기념문집출판위원회편. 서울: 대한기독교서회, 1991, 208-229.

마르틴 헹엘.『유대교와 헬레니즘 1』. 박정수 옮김. 파주: 나남, 2012.

_____.『유대교와 헬레니즘 2』. 박정수 옮김. 파주: 나남, 2012.

_____.『유대교와 헬레니즘 3』. 박정수 옮김. 파주: 나남, 2012.

마틴 헹엘.『신구약 중간사』. 임진수 옮김. 서울: 살림, 2004.

박정수. "초기 헬레니즘 시대 유대교의 지혜의 성격: 전도서와 벤 시라서를
　　　　중심으로."『신약논단』12권 1호 (2005): 219-248.

왕대일.『묵시문학과 종말론: 다니엘의 묵시록 새롭게 읽기』. 서울: 대한기독교
　　　　서회, 2004.

_____. "구약 묵시문학 다니엘서의 지혜정신."『지혜전승과 설교』, 구덕관박
　　　　사 회갑기념문집 출판위원회 편. 서울: 대한기독교서회, 1991,
　　　　162-207.

장일선.『삶을 위한 지혜: 히브리 지혜문학 연구』. 서울: 대한기독교서회, 2000.

_____.『히브리 예언서 연구』. 서울: 대한기독교서회, 1991.

차정식. "예수의 반(反) 헬레니즘과 탈식민성."『기독교신학논총』24권 (2002):
　　　　101-138.

천사무엘.『지혜전승과 지혜문학: 지혜문학의 눈으로 다시 보는 성서』. 서울:
　　　　동연, 2009.

Albertz, Rainer. *A History of Israelite Religion in the Old Testament Period,*
　　　　Volume II: From the Exile to the Maccabees. tr. by John Bowden.
　　　　Louisville: Westminster John Knox, 1994.

Bennema, Cornelis. "The Strands of Wisdom Tradition in Intertestamental Judaism: Origins, Developments, and Characteristics." *Tyndale Bulletin* 52.1 (2001), 61-82.

Blenkinsopp, Joseph. *Wisdom and Law in the Old Testament: The Ordering of Life in Israel and Early Judaism.* New York: Oxford University Press, 1983.

_____. *Sage, Priest, Prophet: Religious and Intellectual Leadership in Ancient Israel.* Louisville: Westminster John Knox Press, 1995.

_____. *Judaism The First Phase: The Place of Ezra and Nehemiah in the Origins of Judaism.* Grand Rapids, Mich.: William B. Eerdmans, 2009.

Barton, Stephen C. (ed.). *Where Shall Wisdom be Found?: Wisdom in the Bible, the Church and the Contemporary World.* Edinburgh: T & T Clark, 1999.

Bock, Darrell L. & Charlesworth, James H. *Parables of Enoch, Early Judaism, Jesus and Christian Origins.* Edinburgh: T&T Clark, 2012.

Brooke, George J. "Biblical Interpretation in the Wisdom Texts from Qumran." Pages 201-220 in *The Wisdom Texts from Qumran and the Development of Sapiential Thought.* Eds. by Charlotte Hempel, Armin Lange, and Hermann Lichtenberger. Leuven: Peeters, 2002.

Brueggemann, Walter. *Theology of the Old Testament: Testimony, Dispute, Advocacy.* Minneapolis: Fortress Press, 1997.

Camp, Claudia V. *Wisdom and the Feminine in the Book of Proverbs.* Decatur: Almond Press, 1985.

Clarke, Ernest G. *The Wisdom of Solomon.* Cambridge: Cambridge University Press, 1973.

Clements, Ronald E. *Wisdom for a Changing World: Wisdom in Old*

Testament Theology. Berkeley: Bibal, 1990.

Clifford, Richard J. *The Wisdom Literature*. Nashville: Abingdon, 1998.

Collins, John J. *Jewish Wisdom in the Hellenistic Age*. Louisville: Westminster John Knox, 1997.

_____. *Beyond the Qumran Community: The Sectarian Movement of the Dead Sea Scrolls*. Grand Rapids, Mich.: William B. Eerdmans, 2010.

_____. *The Apocalyptic Imagination: An Introduction to the Jewish Matrix of Christianity*. New York: Crossroad, 1984.

Crenshaw, James L. *Old Testament and Wisdom: An Introduction*. Louisville: Westminster John Knox, 1998.

_____. *Ecclesiastes*. Philadelphia: Westminster, 1987.

Cresko, Anthony R. *Introduction to Old Testament Wisdom: A Spirituality for Liberation*. New York: Orbis Books, 2005.

Dell, Katharine J. "On the Development of Wisdom in Israel," Pages 135-151 in *Congress Volume: Cambridge 1995*. ed. by John A. Emerton. Leiden: E. J. Brill, 1997.

DiLella, A. A. "The Meaning of Wisdom in Ben Sira." Pages 133-148 in *In Search of Wisdom: Essays in Memory of John G. Gammie*. Eds. by Leo G. Perdue, Bernard B. Scott, and William J. Wiseman. Louisville: Westminster John Knox, 1993.

Dunn, James D. G. "Jesus: Teacher of Wisdom or Wisdom Incarnate?" Pages 75-92 in *Where Shall Wisdom Be Found? Wisdom in the Bible, the Church and the Contemporary World*. Ed. by Stephen C. Barton. Edinburgh: T & T Clark, 1999.

_____. *Jesus Remembered: Christianity in the Making*. Grand Rapids: William B. Eermans, 2003.

Flusser, David. *The Sage from Galilee: Rediscovering Jesus' Genius*. Grand

Rapids: William B. Eerdmans, 2007.

Fontaine, Carol. *Traditional Sayings in the Old Testament.* Sheffield: Sheffield Academic Press, 1982.

Fox, Michael V. *A Time to Tear Down & A Time to Build Up: A Rereading of Ecclesiastes.* Grand Rapids: William B. Eerdmans, 1999.

Frick, Frank S. *A Journey through the Hebrew Scriptures.* Fort Worth, Tex.: Harcourt Brace College Publishers, 1995.

Gemser, B. "The Spiritual Structure of Biblical Aphoristic Wisdom." Pages 209-219 in *Studies in Ancient Israelite Wisdom.* ed. by James L. Crenshaw. New York: KTAV Pub. House, 1975.

Gese, Hartmut. *Lehre und Wirklichkeit in der alten Weisheit.* Tübingen: J. C. B. Mohr, 1958.

Grabbe, Lester L. *Wisdom of Solomon.* Sheffield: Sheffield Academic Press, 1997.

Hanson, Paul D. *The Dawn of Apocalyptic.* Philadelphia: Fortress, 1975.

Harrington, Daniel J. *Wisdom Texts from Qumran.* New York/London: Routledge, 1996.

_____. "Two Early Jewish Approaches to Wisdom: Sirach and Qumran Sapiential Work A" Pages 263-275 in *The Wisdom Texts from Qumran and the Development of Sapiential Thought.* Eds. by Charlotte Hempel, Armin Lange, and Hermann Lichtenberger. Leuven: Peeters, 2002.

Hayes, John H. Hayes & Prussner, Frederick C. *Old Testament Theology: Its History and Development.* Atlanta John Knox Press, 1985.

Heaton, E. W. *The School Tradition of the Old Testament.* Oxford: Oxford University Press, 1994.

Hempel, C. & Lange, A. & Lichtenberger, H. (eds.). *The Wisdom Texts from*

Qumran and the Development of Sapiential Thought. Leuven:
Leuven University Press, 2002.

Hengel, Martin. *Judaism and Hellenism: Studies in their Encounter in
Palestine during the Early Hellenistic Period, Vol. I.* tr. by John
Bowden. Philadelphia: Fortress Press, 1974.

Janzen, David. "Politics, Settlement, and Temple Community in
Persian-Period Yehud," *CBQ* 64 (2002), 490-510.

Janzen, J. Gerald. "The Place of the Book of Job in the History of Israel's
Religion." Pages 523-537 in *Ancient Israelite Religion: Essays in
Honor of Frank M. Cross.* Eds. by Patrick D. Miller, Jr., Paul D.
Hanson, and S. Dean McBride. Philadelphia: Fortress, Press, 1987.

Kampen, John. *Wisdom Literature: Eerdmans Commentaries on the Dead
Sea Scrolls.* Grand Rapids: William B. Eerdmans, 2011.

Leiman, S. *The Canonization of Hebrew Scripture: The Talmudic and
Midrashic Evidence.* Hamden, Conn.: Arcon, 1976.

Lemaire, A. *Les écoles et la formation de la Bibel dans l'ancien Israel.*
Göttingen: Vandenhoeck & Ruprecht, 1981.

Levine, Lee I. *Judaism and Hellenism in Antiquity: Conflict or Confluence?*
Peabody, Ma.: Hendeickson, 1999.

Lips, Hermann von. *Weisheitliche Traditionen im Neuen Testament.*
Neukirchen-Vluyn: Neukirchener Verlag, 1990.

Loader, K. *Polar Structures in the Book of Qoheleth.* BZAW 152; Berlin: de
Gruyter, 1979.

Mack, Burton L. *Logos and Sophia: Untersuchungen zur Weisheitstheologie
im hellenistischen Judentum.* Göttingen: Vandenhoeck & Ruprecht,
1973.

_____. and Murphy, Roland E. "Wisdom Literature." Pages 371-410 in

Early Judaism and Its Modern Interpreters. Eds. by Robert A. Kraft and George W. Nickelsburg. Philadelphia: Fortress Press, 1986.

Martínez, Florentino G. & Tigchelaar, Eibert J. C. *The Dead Sea Scrolls: Study Edition*, Vol.2. Brill: Leiden, 1998.

Mendenhall, George. E. "Covenant," *ABD Vol. 1*. New York: Doubleday, 1992: 1193-1194.

Miller, J. Maxwell & Hayes, John H. *A History of Ancient Israel and Judah*. Philadelphia: Westminster Press, 1986.

Morgan, Donn F. *Wisdom in the Old Testament Traditions*. Oxford: Basil Blackwell Publisher, 1981.

Murphy, Roland E. *The Tree of Life: An Exploration of Biblical Wisdom Literature*. Third Edition. Grand Rapids: William B. Eerdmans, 1990.

_____. *Ecclesiastes*. Nashville: Thomas Nelson, 1992.

Neusner, Jacob. *Judaism and Christianity in the Age of Constantine: History, Messiah, Israel and the Initial Confrontation*. Chicago: University of Chicago Press, 1987.

Newsom, Carol A. *The Book of Job*. Nashville: Abingdon, 1996.

_____. "The Book of Job as Polyphonic Text." *Journal for the Study of the Old Testament* 97 (2002): 87-108.

Ollenburger, Ben C. "Discoursing Old Testament Theology," *Biblical Interpretation* 11 (2003), 617-628.

Perdue, Leo G. *Wisdom and Creation: The Theology of Wisdom Literature*. Nashville: Abingdon 1994.

_____. "The Vitality of Wisdom in Second Temple Judaism during the Persian Period." Pages 152-160 in *Passion, Vitality, and Foment*. ed. Lamontte M. Luker. Harrisburg, PA: Trinity Press International, 2001.

_____. *Wisdom Literature: A Theological History*. Louisville: John Knox Press, 2007.

Rad, Gehard von. *Wisdom in Israel*. Nashville: Abingdon, 1972.

_____. "The Joseph Narrative and Ancient Wisdom." Pages 292-300 in *The Problem of the Hexateuch and Other Essays*. New York: Mcgraw-Hill, 1966.

_____. *Old Testament Theology*. Vol. 2. tr. by D. M. G. Stalker. Louisville: John Knox Westminster, 2001.

Reventlow, H. G. *Haupt probleme der alttestamentlichen Theologie im 20 Jahrhundert*. Darmstadt: Ertrage der Forshung 173, 1982.

Rowley, H. H. *The Relevance of Apocalyptic*. London: Athlone, 1944.

Russell, D. S. *The Method and Message of Jewish Apocalyptic*. Philadelphia: Westminster, 1964.

Sanders, J. T. *Ben Sira and Demotic Wisdom*. Chico, Calif.: Scholars, 1983.

Schiffman, Lawrence H. *Reclaiming the Dead Sea Scroll: The History of Judaism, the Background of Christianity, the Lost Library of Qumran*. Philadelphia and Jerusalem: The Jewish Publication Society, 1994.

Schmid H. H. *Wesen und Geschichte des Weisheit: Eine Untersuchung zur altorientalischen und israelitischen Weisheitsliteratur*. BZAW 101; Berlin: Verlag Alfred Töpelmann, 1966.

Scott, Bernard B. "Jesus as Sage: An Innovative Voice in Common Wisdom." Pages 399-415 in *The Sage in Israel and the Ancient Near East*. Eds. by John G. Gammie and Leo G. Perdue. Winona Lake, Ind.: Eisenbrauns, 1990.

Scott, M. *Sophia and the Johannine Jesus*. Sheffield: JSOT Press, 1992.

Sheppard, Gerald T. "Canonizatin: Hearing the Voice of the Same God through Historically Dissimilar Traditions." *Interpretation* 36

(1982), 21-33.

_____. *Wisdom as a Hermeneutical Construct: A Study in the sapientializ-ing of the Old Testament.* Berlin: de Gruyter, 1980.

Skehan, Patrick W. *The Wisdom of Ben Sira: A New Translation with Notes.* New York: Doubleday, 1987.

Sneed, Mark. "Is The 'Wisdom Tradition' a Tradition?" *Catholic Biblical Quarterly* 73 (2011), 50-71.

Ulrich, Eugene. *The Dead Sea Scrolls and the Origins of the Bible.* Grand Rapids: William B. Eerdmans, 1999.

Vanderkam, James C. "The Dead Sea Scrolls and Christianity." Pages 181-202 in *Understanding the Dead Sea Scrolls.* Ed. by Hershel Shanks. New York: Vintage Books, 1992.

_____. *An Introduction to Early Judaism.* Grand Rapids: William B. Eerdmans, 2001.

_____. & Flint, Peter. *The Meaning of the Dead Sea Scrolls: Their Significance for Understanding the Bible, Judais, Jesus, and Christianity.* New York: Harper Sanfrancisco, 2002.

Vemeylen, J. (ed.). *Treasure of Wisdom: Studies in Ben Sira and the Book of Wisdom.* Festschrift M. Gilbert. Leuven: Leuven University Press, 1999.

Weinfeld, M. *Deuteronomy and the Deuteronomistic School.* Oxford: Oxford University Press, 1972.

Westermann, Claus. *Blessing in the Bible and the Life of the Church.* Philadelphia: Westminster, 1978.

_____. *Roots of Wisdom.* Edinburgh: T & T Clark, 1995.

Whybray, R. N. *The Intellectual Tradition of the Old Testament.* Berlin: de Gruyter, 1974.

Wilken, Robert L. (ed.). *Aspect of Wisdom in Judaism and Early Christianity.* Notre Dame: University of Notre Dame Press, 1975.

Witherington III, Ben. *Jesus the Sage: The Pilgrimage of Wisdom.* Minneapolis: Fortress Press, 1994.

Wright, Benjamin G. & Wills, Lawrence M (eds.). *Conflicted Boundaries in Wisdom and Apocalypticism.* Atlanta: Scholars Press, 2005.

Zimmerli, W. "The Place and Limit of Wisdom in the Framework of Old Testament Theology," *Scottish Journal of Theology* 17 (1964), 146-158.

찾 아 보 기

〈성경/외경 색인〉

창세기

출애굽기

레위기

민수기

신명기